LEADERS

START TO FINISH

领导力

LEADERS
START TO FINISH
A ROAD MAP FOR DEVELOPING
TOP PERFORMERS

从起步到卓越

[美] 安妮·布鲁斯（Anne Bruce）[美] 斯蒂芬妮·M. 蒙坦内兹（Stephanie M. Montanez）◎著

郭然 殷海江◎译

台海出版社

图书在版编目(CIP)数据

领导力：从起步到卓越 /（美）安妮·布鲁斯，（美）斯蒂芬妮·M. 蒙坦内兹著；郭然，殷海江译. --北京：台海出版社，2018.7

书名原文：Leaders Start to Finish：A Road Map for Developing Top Performers

ISBN 978-7-5168-1959-3

Ⅰ. ①领… Ⅱ. ①安… ②斯… ③郭… ④殷… Ⅲ. ①企业领导学 Ⅳ. ①F272.91

中国版本图书馆 CIP 数据核字（2018）第 136337 号

著作权合同登记号　图字：01-2018-3415

领导力：从起步到卓越

著　　者：［美］安妮·布鲁斯　［美］斯蒂芬妮·M. 蒙坦内兹

译　　者：郭　然　殷海江
责任编辑：刘　峰
装帧设计：异一设计

出版发行：台海出版社
地　址：北京市东城区景山东街 20 号　　邮政编码：100009
电　话：010-64041652（发行，邮购）
传　真：010-84045799（总编室）
网　址：www.taimeng.org.cn/thcbs/default.htm
E-mail：thcbs@126.com

经　销：全国各地新华书店
印　刷：天津中印联印务有限公司
本书如有破损、缺页、装订错误，请与本社联系调换

开　本：710mm×1000mm　　1/16
字　数：357 千字　　印　张：22
版　次：2018 年 8 月第 1 版　　印　次：2018 年 8 月第 1 次印刷
书　号：ISBN 978-7-5168-1959-3

定　　价：69.00 元

开卷篇

【与时俱进的领导力指南——确保提升公司的领导力至更高绩效水平】

自十多年前本书的第一版发行至今，世界已发生了天翻地覆的变化。当时人们还从未听说过 iPhone 或安卓（Android）——这个小巧闪亮的长方形设备后来带来了移动电话的革命，播放音乐、改变交流方式、网络浏览、奖券兑换、导航甚至是手电功能——全部通过我们的指尖触碰屏幕即可实现。这些小巧的设备是人们方便连接的符号，只要轻敲即可进入人才、知识和机会的虚拟世界。

《纽约时报》（*New York Times*）外交事务专栏作家和畅销书作者托马斯·L. 弗利德曼（Thomas L. Friedman）称这种现象为“全世界的超链接性”，而且它在接下来的十年间正在逐渐改变我们成长、成名和发展顶尖人才的模式。

是的，从本书第一版发行起，一个非凡时代已降临。这是如此惊艳的时代，成为一个领导者比以往任何时候都更富传奇色彩。

【机遇新时代——推动绩效和生产力的提升】

过去的十几年不可能平安滑过，了无痕迹。谁也不会忘记“9·11 事件”和接下来的经济大萧条。当我们利用这些事件和变化作为借口蜷缩在“沮丧岛”时，本书的新版本则带来了正能量和实用方法——交付予你灵感和工具，帮助你看清这个充满机遇的新时代。事实上，我相信对于经理人、培训者、主管、企业主、人力资源负责人和顾问来说，现在正是最佳时刻进入人才领域，鼓励员工不仅成为最好的合作伙伴和同事，还要学着成为卓越的领导者！

当我在一个领导力研讨会或培训工作坊中说“美国劳动力市场拥有全世界的人才，来自世界各地，有着不同的外形和身高，以及各种文化背景和阅历”时，应对该信息的办法已经体现在你手持的这本最新领导力图书和手册中。本书提供的基本工具及技能，可助你形成新的领导力行动计划。所以作为开发领导力的你，接纳并调整为新模式的时候到了。无论你处在任何领导级别，都该做一个彻底转换了。如果你这样做，我会还你一个承诺。

【领导力承诺】

成功的关键是用开放的心态和缜密的策略来使用本书中的领导力新观点和新方法，并严格遵循书中详尽的“怎么做”和“做什么”的引导。这样不仅能快速培养各个级别的领导者，也会把自己现有的领导力水平推向更高绩效和更快生产率的高度。所以这也是同时开发自我的绝佳机会。

我之所以毫不犹豫地作此承诺，是因为过去的十多年来，我持续不断地测试了本书中的公式、列表、练习和工作表，并在全世界范围内成功实践——从波兹曼（Bozeman）到布达佩斯（Budapest），从丹佛（Denver）到迪拜（Dubai）。好消息是，它们非常有效！而具挑战性的一面则是，这需要时间、奉献精神和真切的承诺。另外，你必须有强烈的愿望去打造一个更好的、更智能的和更有优势的组织，并从现在开始，通过每天与每个员工的沟通来实现这一点。如果你读完这本书，你就会一跃而起，接受挑战！

【提升行囊的品质】

现在，“领导者”这个词比以往更有力量，更能代表它的真实含义。现在的领导者，不仅要有更大的责任让员工和自由人成为团队，还需要学会花小钱办大事。也有个体凭自身力量走出去成为顾问或承包商——利用经济低迷或回升的机会，听从内心召唤去深度挖掘和追寻渴求的礼物。无论你是率领千军万马的领袖，还是孤军奋战的创业者，采纳这些技巧和态度，都会帮助你在征程中不断前行，取得更大进步。培养团队成员成为新的领导者，也意味着你是在创造有价值的关系，相当于在行程中不断提升行囊的品质！

【征程，从足下始】

在这本最新版的书中，你会找到很多细节通往我几年前布设的地图。就像智能手机上的 GPS 一样，我不仅放了地图在这里，还标注了如何从一点到达另一点的方向指示，又在沿途设置了很多标牌。我已用一条新路更新了方向——或叫通往成功的路线——并突出提醒了可能存在的死胡同。我已努力让你的旅程可实现，甚至充满乐趣——就好像你手机或 iPad 上的一个新应用一样！

【新合作者：一起来帮助指引你的领导力征程】

我非常高兴地向大家介绍新版本的合作者，斯蒂芬妮·蒙坦内兹（Stephanie Montanez）。斯蒂芬妮一直是我的朋友和我的骄傲，她在领导力话题方面贡献了极大的智慧。她对此书的最大影响就是将本书的内容提到了一个新的高度。感谢你，斯蒂芬妮，你就是领导者中的超级巨星。

在本书的新版本中，我们的目标是逐渐影响你成为这样的领导者：不仅充满高度敬业的热情，同时把这种敬业精神传播到你所能影响的人群中去——可能是你的团队成员、客户、老板或销售商。帮助你尽可能按照书中提供的路线图，带着智慧、热情和可衡量的结果平稳抵达目的地，是我们最大的心愿。

【培养领导者成长】

本书关注如何从最基层员工中培养和提拔领导者。为了培养出①拥有高绩效的热情的一线教练；②把员工放在首位的高生产率的中高级经理人；③亲身示范革新企业文化的高级管理者，分别需要做什么，是本书重点阐述的内容。这是一本实践和信息指导手册，帮助前沿企业，无论大小，开发和培训领导力。通过关注在企业内部培养领导力的详细步骤，这本 ASTD 出版的图书回答了如下问题：领导者是做什么的？以及领导者是如何产生的？

❖本书汇聚了大量简单易学、用户友好的工具 ——一座资源金矿

为本书编辑准备的研究报告是由这些年来我们主导的会谈（通过电话亲自交流）组成，这期间我们和全世界上百位企业高管、团队成员、人力资源专家、教学模型设计专家和培训师进行了沟通。可能你了解其中的公司或认识某些人，也可能你读过关于他们的报道，曾经非常崇拜他们的领导力风格和调动员工最佳潜质的能力。

在过去的20年间，我遇到过、合作过和访问过无数的 CEO 和世界级领袖，从赫伯·凯勒尔①（Herb Kelleher）到亨利·基辛格②（Henry Kissinger）、肯·布兰查德③（Ken Blanchard）和汤姆·彼得斯④（Tom Peters）。我非常荣幸有机会和有感染力的巨匠们，如诺曼·文森特·皮尔博士⑤（Dr. Norman Vincent Peale）和金克拉⑥（Zig Ziglar）一起工作。我也写到了与我一

---

① 赫伯·凯勒尔，出生于美国东北部，毕业于纽约大学法学院，曾任新泽西州法院书记员，1967年创立西南航空公司。经过20多年的不懈努力，凯勒尔把西南航空公司从微不足道变成了美国超一流航空巨舰。公司被《财富》杂志排名“最佳公司”榜首。他本人也被誉为“神话缔造者”。

② 亨利·基辛格，是一位出生于德国的犹太人，美国伟大的外交家、思想家和政治家。1973年获诺贝尔和平奖。曾先后担任尼克松政府和福特政府的国务卿。作为一位现实政治的支持者，基辛格在1969年到1977年之间在美国外交政策中发挥了中心作用，他倡导缓和政策，使美苏之间紧张的关系得到缓解，并在中美建交中扮演了至关重要的角色，促成了中国的开放和新的世界战略格局的形成。

③ 肯·布兰查德，美国著名的商业领袖，管理寓言的鼻祖，当代管理大师，情景领导理论的创始人之一，最富有洞察力和同情心的学者。他与斯宾赛·约翰逊合著的《一分钟经理人》高居《纽约时报》和《商业周刊》畅销书排行榜榜首。他被誉为是当今商界最具洞察力、最有权威的人之一。

④ 汤姆·彼得斯，在美国乃至整个西方世界被称为“商界教皇”，顶级商业布道师，《财富》杂志把汤姆·彼得斯评为“管理领袖中的领袖”。主要代表作《追求卓越》被称为“美国工商管理圣经”。

⑤ 诺曼·文森特·皮尔博士（1898－1993），闻名世界的著名牧师、演讲家和作家，被誉为“积极思考的救星”、“美国人宗教价值的引路人”和“奠定当代企业价值观的商业思想家”。

⑥ 金克拉，国际知名的演说家、作家及全美公认为销售天王暨最会激励人心的大师。与各种年龄层次的人交流的热心、情致和才能，使他成为国际知名的演说家之一。他的《与你在巅峰相会》一书，成为无数公司、学校、教会、销售组织的教科书，销售突破1 550 000册，再版58次，创美国出版之最。

起工作过的其他领导者们，他们也许并没有那么著名，但当面临开发各级领导者的领导力水平时，他们都有非常有效和强有力的措施。

另外，这些年来我们也研究了大量授权给我或斯蒂芬妮的论文，还研究了我们完成的给各种规模的公司提供的培训服务。本书涉及大量我们亲自碰到或访谈过的公司和个人。几年来我们一直跟进和研究的公司和员工，他们在我们主办的全国或全球的领导力课程的主题演讲中展示了他们的经商秘诀，给我们留下了深刻印象。

❖本书读者范围

如果你看到下面的某个描述，激动地站起来嚷到，“嘿！这是我！”那么本书就是为你这样的读者创作的：

- 创建或改进领导力培训项目的教学模型设计开发专家；
- 希望为以下任一对象提供领导力建设咨询的经验丰富的学习专家：前沿顾问、中高级经理、高级或执行总经理；
- 公司没有成熟的领导力培训项目，但又想从一两门课程开始尝试的培训师；
- 希望在一个特定时间段内建立一整套领导力训练项目的领导力训练开发专家；
- 需要易启动的、高效的领导力技能培训方案的人力资源专家；
- 希望获得当前世界上最新最好的领导力实践数据的终身教育讲师；
- 希望快速开发领导力培训项目的新手；
- 需要完善本机构领导力培训课程的人力资源培训师；
- 希望快速引用关于远程教育和在线学习的最新数据的领导力设计开发者；
- 希望了解最新发展动态和易上手的培训举措的虚拟培训组织设计者。

本书总结了大量商业企业所采用的成功方法，来开发包括这些领域在内的适合更大范围应用的领导力培训项目。它遵循这样的信念：领导力是可开发的、可激励的和可培养的；每个人内在都有潜藏的领导力和竞争力；在共同利益的驱动下，员工内在潜能可被激发从而达到打造高绩效团队的目的。

我们也希望你会发现这一点：此书并不仅仅是发人深思的作品，在你打造团队领导力项目时这些方法是可实践和可落地的。希望在不久的将来，你从此书中选取适合的部分进行应用，并把成功的应用成果共享出来，改进未来的领导力课程。

引　言

【培养"我能"的领导者】

"无论你认为自己能做到，还是做不到，你都是对的。"工业革命时期亨利·福特[①]（Henry Ford）所说的话清晰地提醒着，尤其对当代人来说，人们只愿意做他认为自己能做到的事情。领导力开发的关键在于，激励人们相信自己能够做到。

在日渐重要的领导者中培养"我能"的态度，这件事看起来比较棘手。你怎样在变化、不确定性交错，有时甚至是可怕的经济动态中，挖掘出持久的希望和行动？在恐怖袭击、公司丑闻和金融困顿的余波中，职场已经和十几年前本书首次印刷时有着天壤之别了。今天，绝大多数公司必须花小钱办大事，否则就会消亡。高昂的失业率让人们出于恐惧去工作——常常接近倦怠极限（我们的朋友，领导力演讲家艾瑞克·伯斯蒂克（Aric Bostick）在他的新书访谈中详细谈到了"倦怠后的爆发"）——管理者们殚精竭虑去实现目标，根本顾不上团队的激励。在变化造成创伤的时代，像facebook和智能手机带来的干扰严重挫伤了生产效率，员工更愿意去和朋友或亲戚相处，而不愿意待在"压力山大"的办公室里。

① 亨利·福特（Henry Ford，1863－1947）：20世纪最伟大的企业家，福特汽车公司创始人，汽车大王。

【激励员工的领导者】

你知道吗?

高达70%的美国员工说他们在企业得不到鼓舞和激励;

超过90%的美国员工说他们辞职的原因是因为和领导者之间没有任何的情感连接;

不到33%的工人认为他们的领导者是说到做到的有影响力的个体;

员工离职每年花掉美国经济3280亿美元的经费……

(资料来源:HumanResourcesSources. org 网站)

【聪慧、现实和灵活的领导力】

我们最喜欢的一句领导力名言是拉夫·瓦尔多·爱默生①(Ralph Waldo Emerson)所言:“竭尽所能吧……因为那是你能调动的全部。”尽管有些人会以经济危机作为借口躲起来,但我们还是见证了新型领导者的诞生。今天的领导者是聪慧、现实和灵活的,他们筹划好了发展的方向,努力朝着目标推进,不介意可能的弯路。明智的领导者们借此机会修炼自己的领导技能,学习崭新或创新的规程。(我们推荐你订阅最具创新意识的领导力杂志《快速成长公司》(Fast Company),这是领导者的必备,杂志上都是关于现实问题的创新想法和前沿解决方案,领导者读过以后可以应用在实际工作中。在就近的报摊找一本来读,告诉我们你的想法,或者去 fastcompany. com 网站上快速浏览最新内容。)

越来越多的被解雇的人在利用这个机会去从事咨询工作、开发新的商业领域或考取大学学位。今天商业大环境下的领导力有了新的含义;它不再是只为精英们保留的特权,而是每一级人员都可以具备的素质。就像一杯水,会补充能量给所有运动的人,领导力也是一种普遍的素质,给各种规模的工

---

① 拉尔夫·沃尔多·爱默生(1803年5月25日-1882年4月27日),生于波士顿,美国思想家、文学家。1836年出版处女作《论自然》。

作场所注入能量。

实际上，今天的领导力培训和发展对员工和管理者来说都很必要。各级员工要求去弥补离职员工造成的漏洞，管理者们必须承担更多培训剩余员工的责任——要求他们保持一个敬业的、高绩效和高产能的、安全快乐的工作环境。那就是未来，那就是挑战，那就是远征——培养和武装领导者们，经受暴风骤雨的挑战，带领公司闯入明天。

【培养领导者愿意倾听基层员工的心声】

许多伟大的点子可能诞生于街角、员工休息室或办公楼的旋转门内。作为管理者，如何把领导力在每个员工中普及，而不仅是一个精英所在的职务？你怎样从内在激发各级员工，把他们看作是公司最关键的人？你执掌公司时是否近距离倾听过最底层员工们的心声？价值百万的点子可能从任何级别的领导力中冒出来，但人们需要知道你信任他们。这是任何公司开发顶尖人才的第一步。

今天的职场还需要跟过去一样多的领导力培训和开发。其实我们应该更进一步说，需要更多。需要你作为经理、人力资源总监、首席培训官、VP 或员工发展教练，来实践那些挖掘员工更大潜力的领导力实践。需要你不仅扮作“老板”，有时还得是员工的同盟和伙伴——扮成愿意倾听基层员工心声的角色，去发现可能的价值连城的创意和想法。现在是该考虑这些问题的时候了。

❖向扎珀斯（Zappos）学习

扎珀斯的领导者们认识到了员工的价值，他们创编了一本每年都要更新的书，由老员工所写的在这家企业工作的感受组成，给新员工来阅读。管理层并没有在印刷前挑出负面的评论，相反，他们保持了企业核心价值所推崇的诚实品格，让所有内容完整付印。另外，在经济困难时期，管理层会从所有员工中征集宝贵意见，然后选用其中有效的建议。这两点大概就是扎珀斯被评为最敬业工作场所的原因吧——工作时间结束后，他们还会聚在一起，有时甚至住在一起——这也是为什么企业利润可观的原因——从 1999 年几乎没赚什么钱，但三年后销售总额超过 7 亿美元。CEO 托尼·谢（Tony Hsieh）

意识到企业的价值不只是对领导力的重视，更在于把每个员工都当作领导者来对待的意愿。

员工认为如果自己经过培训和被授予所在领域的权力，是能够当好领导者的。他们看到你以身作则，就会被激励去模仿。

本书中，我们为顶尖人才开发者提供了 GPS 级的路线图和说明书，告诉你该怎么走才能到达目的地。我们给你准备了所需的技能，让你承担 GPS 的播音功能，最终向员工宣布："你已到达目的地。"

【领导力与每个人都有关系——你做了哪些与领导力相关的事?】

过去认为领导力只是精英高管层的事，而现在看来，领导力则是每个人的事，每个人的责任。员工希望能够以身作则，采取主动，及早为某天就任管理职位做好准备。另一方面，管理层也希望能为每个领导者提供个人成长和职业成长的机会，同时营造高绩效、高生产率、安全和快乐的工作环境。这是理想，也是挑战：从现在起，为明天培养未来的领导者。

所以才需要你。为了明天，你做什么准备了吗？你是否致力于挖掘所有员工的潜能和公司的潜能？在打造领导力培训项目，保证公司在 21 世纪获得更大成功时，缺乏什么样的支持？好消息来了！成功的领导力是可以通过学习获得的——包括任何级别的领导力在内！

【使用本书开发领导力，无需博士学位】

你不必拥有企业发展学位、正式教练认证或者几年的培训或设计经验，或者被任何人赋予打造领导力项目的责任。任何人都在领导力开发的旅程中。这是非常必要的。如果你已拥有相关背景、教育经历和经验，那么你会比绝大多数人更早地迈出步伐，你会发现本书是无价的资源宝藏，可从中轻松选取内容应用到工作中。但是，在培训需求大爆炸的今天，许多培训热衷者经验缺乏，还不得不承担公司领导力开发的重要任务。如果你正在寻找大量的资料和指南来帮你实现这一目标，这本书就能满足你的需求。下次如果有谁说，"此处就需要一个真正的领导力开发项目。"那么就看你的了。

【怎样使用本书】

在你使用本书的个人策略中，谨记它并非一本意在按部就班打造领导力的培训指南。它没有高过头顶的投影可以抄录，也没有一篇篇的幻灯片来写就，更没有另类简报的展示来创建，教室形态来复制，房间挂图来跟进，或者破冰过程来开篇。但是美国培训与发展协会（ASTD）提供了大量高质量的培训图书和帮助措施，可通过 ASTD 的网站（www. astd. org）、他们的书目、亚马逊和任何书店获得。本书所提供的是可以轻松应用并易被转化成高强度领导力的重要建筑模块，但需要你自己去拧上螺丝。如果你采用了本书的领导力指南，你就变成了传递和应用这套资料的积极参与者。

尽管本书并非传统培训指南，但有大量的可独立完整使用的打包件，也有互动练习，还有特定的培训提示，以及可以传达给领导者的培训师实用资料。本书的这几个特点让它与众不同。让这个简捷快速的课程为你服务吧！用它来终止你额外附加的工作，早日启动更重要的培养公司未来人才的进程吧！

❖选择你使用本书的策略

你怎样创建领导力项目，完全取决于你自己。起步时，可参考下列三种情形及对应指导，来建立针对任何级别学习者发人深思的课程。

❖情形 1：救救我！我需要开发一套全新的领导力课程，该怎么办呢？

你可以使用这套书从头建立一整套培训计划。你会发现本书内容的呈现顺序符合领导力项目的逻辑演进过程，从领导力的基础开始，逐渐加入必要的技能，如识别领导力胜任力、继任培养、教练等。那些被自然分割的学习模块代表了不同的领导力技能，前面章节所述为后来技能的基础，按顺序一块块搭建出完整的领导力体系。

❖情形 2：求助！我需要快速改进现有的培训项目！

你同样可以使用本书中的内容来调整或增强你现有的领导力培训。如果你原有的项目提供了团队建设方面的基础领导力技能开发或交流技巧，你就可以增加绩效管理、知识管理或领导力计划等内容。你只要从本书的目录中选择满足你特定要求的内容，把这部分嵌入原有课程学习中即可，并不会违背你的企业文化和个性。

❖情形3：帮帮我！我们的项目过时了，我们现在就要赶上潮流！

如果你发现你的信息和工具已经不适合今天的办公环境和学习需求，你可以用这本书更新版本中的信息和课程来增补原来的数据。

❖怎样使用信息和调整应用

让一切简化吧！让每一级别的学习变得简单易懂，帮助推动领导者的快速成功。你应该非常了解公司和员工的需求了，使用本书中与需求匹配的部分，通过改编、修正、删减和展开来让这些内容满足你的目标，应用每一课时要考虑学习者的胜任力水平。以下是三个调整应用的建议：

考虑领导者的技能水平：要先问学习者是初学者，还是专家，也可能技术水平和能力介于两者之间。一定要把课程调整到适合学习者的水平。不要把初学者放在学员都是专家的课堂里。这不仅会挫败初学者的自信，也会让专家们泄气。

评估经验：评估学员在你要培训的领域有多少经验。有些人可能学习过理论，但未实践过；有些人则具有大量的实际操作经验，会对可能的进展提出不同的意见或建议——他们已经实践过了，不希望重复。

激励和挑战：具备丰富经验的员工非常希望接受挑战。需要激发这些家伙的斗志！由于他们在团队中一直保持领先，所以他们具有绝佳的才华和经验可以与别人分享。要时刻关注他们，并提出难题挑战他们。如果你不这么干，他们很快就会消极应对或干脆走神不理你了。

【本书特点】

在这个第二次的修订版中，你会发现我们更注重领导力工具的实用性。我们去掉了练习、工具、案例场景和更多的图标，取而代之的是更简便快捷的关键点引用、醒目引文和大量工具条，包括现实世界的案例研究、每章总结和引发思考的讨论问题，让你和团队在领导力开发的过程中得到帮助。

有一句著名的谚语：如果你不知道要去哪儿，任一条路都会带你到达目的地。同样，如果你不知道从哪里出发，到达你想去的地方就会变成一次痛苦的旅行。本书就是致力于让你走上一条崭新的激动人心的路，从头至尾打造高绩效人士。带着这个路线图上路，相当于我们已经帮你减负，并给你更大的授权。希望本书能为你注入新的驱动力和能量，以及信心。这个路线图会让我们停下来思考，问自己一个问题，诸如："我可以找到更快捷的路线吗?我的目标可能是自己从未想过的吗？我现在在哪里？我真的想去哪里？我需要在哪里？我该怎样开始?"

【领导力的各个标识在等你到来】

本书中这么多的篇章展现在你面前，每章都会涵盖一个成功领导力的重要标志。在走过的任何道路中，沿途你总会被迫停下来，去补充吸收更多的东西，才能继续前行。有时你可能会选择绕行，因为当时你并不感兴趣，或者时机并非合适。不管你沿途停在哪里，你的领导力开发需要什么，能肯定的是，本书将把你和你的公司带到通往更高级别领导力的神秘之路上。

【功夫不负有心人】

绝大多数人会花生命中一半以上的时间来工作，谁都希望自己有所成就。我们都希望此生能实现更大的目标，而不仅仅为了薪水和职位去奋斗。我们想让自己的付出有意义。我们想告诉你的就是，你所做的一切——开发各级水平的领导力——是如此的意义非凡！我们意识到你并不需要我们和这本书，不需要心理师、专业教练、著名的商业巨匠和昂贵的周末放松就能成功。你已具备成功的必要条件。你最需要的可能就是一点儿时间，去思考整个过程，看清楚自己的目标，然后把行动计划注入其中。我们就在这里帮助加快和促进整个过程。该出发了。感谢与我们相伴。

目录

开卷篇 / 1

引言 / 1

第一章 摆脱职场戏剧，实践诚信领导力

【何为诚信?】 / 2

【领导者对自己是真实的】 / 2

【获得诚信——停止职场戏剧】 / 3

【什么特质让诚信领导者脱颖而出呢?】 / 7

【如何帮助领导者提升自制力】 / 8

【诚信言行把上下级的心连在一起】 / 10

【诚信领导】 / 10

【结束语】 / 12

第二章 施展人性领导力，礼貌对待员工

【你的组织缺乏人性吗?】 / 14

【你的组织存在礼貌吗?】 / 15

【什么是以人为本的领导者?】 / 21

【结束语】 / 28

第 三 章　跨代领导力：弥合职场代沟

【跨越代沟的领导力管理和示范】 / 30

【四种为多代团队增加前进动力的重要策略】 / 33

【培训领导者掌握恰当的交流技巧】 / 36

【如何为多代团队设定领导目的】 / 38

【在多代团队中实现目标】 / 39

【着眼代沟的一些提示】 / 41

【结束语】 / 44

第 四 章　成为有影响力的领导者

【人人都有影响力】 / 46

【影响力不需要权威或引人注目的形象】 / 47

【人人都可成为有影响力的人】 / 48

【领导者怎样产生领导力】 / 49

【开发影响力五步法】 / 49

【高处有更大发展空间】 / 53

【扩大影响范围】 / 54

【开发并扩大你的影响力】 / 56

【结束语】 / 57

第 五 章　愿景和目标打造领导者信心与激情

【形象化练习】 / 59

【愿景创造未来】 / 59

【促动愿景五步法】 / 61

【激发共享愿景】 / 63

【愿景描述结构化】 / 65

【激发愿景】 / 68
【愿景与高绩效殊途同归】 / 68
【结束语】 / 70

第六章 领导力基石：正直、价值观、直觉和道德
【正直：人类智慧的最高形式】 / 72
【上行下效】 / 73
【ROI（投资回报率）=诚信回报率（Return-on-Integrity)】 / 73
【坚持还是变通：价值导向策略】 / 75
【最佳公司声誉源于价值观、信用和诚信】 / 79
【鼓励领导者的直觉】 / 80
【培养领导者时道德的重要性】 / 82
【结束语】 / 85

第七章 希望和信任始于领导力授权
【诚信让授权变得真实可信】 / 87
【现实世界的授权案例】 / 87
【警告：避免造成灾难因子，立刻开始授权】 / 88
【来自授权的协作效应】 / 88
【授权是 21 世纪打造企业家思维的方法】 / 90
【希望和信任的重要性】 / 91
【领导者在组织内如何打造希望和信任】 / 95
【强调授权】 / 98
【结束语】 / 99

第八章 打造具有强大内驱力的团队
【了解下属是哪些人】 / 101

【团队改造】 / 102
【打造团队的八个高效行动】 / 108
【借助影响力领导团队】 / 111
【帮助领导者认知团队类型和职能】 / 113
【虚拟地工作在一起】 / 115
【结束语】 / 117

第 九 章 战略战术计划制定指南
【战略战术计划的变革】 / 120
【战略方法——我们需要做什么来维持生存与发展?】 / 120
【战术方法——我们的组织如何、何时达到目标?】 / 121
【切入正题:让你的员工们参与制订长短期计划】 / 122
【战术计划的实质是做实事而不是纸上谈兵】 / 123
【保证战术计划和战略计划的一致性】 / 124
【创建战略计划四部分蓝图法】 / 124
【贯彻执行战略计划时确保每个人都参与】 / 134
【创建战术计划六部分蓝图法】 / 136
【结束语】 / 139

第 十 章 职场魔法:每个员工的领导力发展计划
【设定目标尚不足够】 / 141
【领导力计划——发现之旅】 / 143
【创建帮助领导者保持魔法的领导力计划】 / 149
【按计划来管理指挥和领导】 / 153
【结束语】 / 155

第十一章 | 领导力和企业文化：人力资源开发战略

【成功的方程式：企业文化=组织的个性】 / 158
【领导人才资本与企业文化有什么关系？】 / 159
【人力资本管理的五种领导力策略】 / 160
【文化和人力资本的作用】 / 164
【结束语】 / 166

第十二章 | 领导力接力棒：接班人培养计划

【加州地区独占鳌头的接班人培养者：萨特健康中心】 / 168
【接班人培养计划与替代招聘的比较】 / 172
【吸引和留用最有才华的人】 / 173
【从组织内部培养领导者】 / 177
【潜在接班人的职业发展规划】 / 181
【最终检验：传递接力棒并放手】 / 182
【结束语】 / 184

第十三章 | 用胜任力素质打造企业优势

【使用基于优势的工具和员工开发计划来提升领导力】 / 186
【实施员工开发计划的目的是什么？】 / 188
【实施员工开发计划的简易“七步法”】 / 190
【如果领导者不知道该去哪里，任何路都会带领他们到达目的地】 / 191
【什么是胜任力？】 / 193
【胜任力与组织目标的匹配要服从于商业目的】 / 202
【领导力胜任力】 / 202
【结束语】 / 204

第十四章 成功教练和人才管理周期

【成功教练“11 诫”】 / 206
【了解常见的领导力教练风格】 / 206
【八种基本教练风格】 / 207
【开发个人案例分析】 / 208
【教练指导方针】 / 210
【在适职过程中进行教练，是领导力的战略工具】 / 212
【适职过程第一步】 / 213
【领导力适职训练在行动】 / 218
【教练的力量】 / 221
【结束语】 / 223

第十五章 领导虚拟世界——领导者需要“远程临场”

【让我们回到未来——从现在开始】 / 225
【领导者注意啦：保持灵活，“边走边学”】 / 226
【虚拟领导者与技术唇齿相依】 / 226
【加强远程存在感】 / 227
【虚拟领导者和他们的组织并非以同一种方式连接】 / 229
【虚拟世界的多样化人员】 / 230
【虚拟工作的缺陷——字里行间捕信息】 / 230
【虚拟团队可以是“混血儿”】 / 232
【管理虚拟团队的七个高效能习惯】 / 233
【通过国际分部来领导虚拟团队】 / 234
【结束语】 / 237

第 十六 章 | 绩效管理——通过卓越沟通实现

【绩效沟通是循序渐进的过程】 / 239

【建立早期反馈机制的重要性】 / 240

【领导者的一天：绩效管理场景】 / 248

【结束语】 / 255

第 十七 章 | 知识管理，比竞争对手学得快

【ASTD——更好、更强大的知识管理工具】 / 257

【创造世界级的学习环境】 / 257

【知识管理】 / 258

【领导者胜任力培训的重要性】 / 260

【认识到知识的有效期很短】 / 261

【致力于终身教育而非终身雇佣】 / 263

【组织是否准备好去充当员工的主要导师？】 / 264

【学习的未来】 / 264

【全面的领导力开发和培训】 / 265

【结束语】 / 267

第 十八 章 | 目标、激情和成就——“3P 原则”

【扎珀斯，互联网销售急先锋】 / 269

【什么是目标和激情？】 / 272

【怎样把激情和目标注入公司的每个团队？】 / 272

【怎样让团队的激情与绩效同在？】 / 274

【结束语】 / 276

第 十九 章 考量重要的和已完成的，忘掉其他因素

【恐惧驱动力：落下一块你就被解雇了！】 / 278

【重新评估现行绩效考评工具】 / 279

【考量对真实世界有价值的参数：案例研究文件夹】 / 282

【有效的测量工具和技能推动员工成功】 / 285

【绩效的艺术】 / 299

【结束语】 / 301

总　结

附件 A　实现领导者人才品牌化 / 310

附录 B　“最佳绩效教练”反馈使用指南 / 319

附件 C　“马拉松边界”成功系统 / 322

推荐 / 325

译者的话 / 327

第一章　摆脱职场戏剧，实践诚信领导力

本书开篇即聚焦诚信领导力，是因为诚信是领导力的灵魂和根基所在，缺乏诚信的管理注定一败涂地。没有诚信的外在呈现，管理起来就仿佛是对管理类图书所讨论条款的照猫画虎，刻板模仿；而没有诚信的内在支撑，这些教条将如飘摇的柳絮失去树干般无所依从。因此，培养领导者的诚信技能和言行在各级管理水平中都是举足轻重的。

在商业领袖的诸多个性中，诚信被证实是最受尊重和称颂的人格特质，并被广泛应用在鉴别领导力的测试程序中。如果有人为贵公司设计开发领导力训练项目，请一定告知诚信领导力的概念、如何实践及其重要性。

本章中你可以学到

◆认清自我，真诚坦荡。领导者必须能够：

- 理解“诚信”的真实含义
- 判断是什么让他们脱颖而出
- 用与对待自己一致的态度来执行管理

◆自知自觉，自我克制。领导者必须做到：

- 承认直觉，正视情绪
- 不避己短，表达人性
- 己所不欲，勿施于人

下面本章将为领导者们讲解诚信为何重要、如何做到诚信，以及如何挖掘领导者自身的这一重要特质。如果你正要开发一个团队的领导力培训任务，请先抓住这一环节，补好这一课。万丈高楼平地起，诚信领导力相对于领导力其他特质而言，恰如大厦的根基一样至关重要。

【何为诚信?】

诚信包含了三个特性和因素：
真实、可信和诚恳

诚信让我们内心平和而满足。一个诚信的人等于向世界默默宣告：“我是货真价实的。”想了解某人、某事或某物的真假是人类之天性。一个人在买一幅毕加索油画时，一定要看到原画鉴定书才敢放心购买。但是诚信又很难鉴别，对一块沃特福德水晶[①]（Waterford crystal）可以通过轻轻敲击它发出清晰的“乒～”的一声来断真伪；但在很多情况下，这个判断更主观些，当听到某人在说谎时你的直觉会告诉你，你就会在心里嘀咕：“ 嘿！这家伙瞎编呢吧?”

在一个组织内部，员工们都会自觉听从那些诚信领导者们的指挥。他们支持和尊敬这样的领导者，认可这类领导的愿景，并信任他们，相信他们的决策是代表了绝大多数员工的利益。

【领导者对自己是真实的】

一个诚信的领导者是真实和坦诚的，他的诚信言行是能够关心和尊重员工最首要的先决条件，也是自尊自重的表现。一个“货真价实”的领导者对

---

① 沃特福德市是爱尔兰东南部首府，以手工切割玻璃而闻名。沃特福德水晶工厂是该地区最有名的旅游景点之一。

他的信念也是诚实守信的。

诚信领导力并不仅仅是指领导者们怎么去做。更重要的是，他们本质上是什么。领导者们不应该以与对待自己不一致的态度去管理和执行。这才是诚信领导力能够存在并得以繁荣兴旺的关键所在。

【获得诚信——停止职场戏剧】

马琳·杰斯（Marlene Chism），《停止职场戏剧》（*Stop Workplace Drama*）一书的作者，将诚信领导力定义为："诚信领导力是一个人在他的职务以外的影响其他人的力量。一个诚信领导者应该以身作则，言出必行。"

威廉·彭（William Penn）说过："谁也没有资格指挥别人去做什么，除非他要求自己先做到了。"一个诚信领导者深知影响力和权力之间的差别。影响力来自于内在，以目标为导向；而权力则包含了操纵和控制。

马琳·杰斯认为培养一个人的诚信领导力也同时意味着让这个人的精神成长终身不惰。"一个人的诚实程度是和他的认知水平同步的"，她这样说，并解释到，认知水平是指能够识别身边戏剧是自己内在精神成长状况的投射而不是反射出其他人的缺陷的能力。

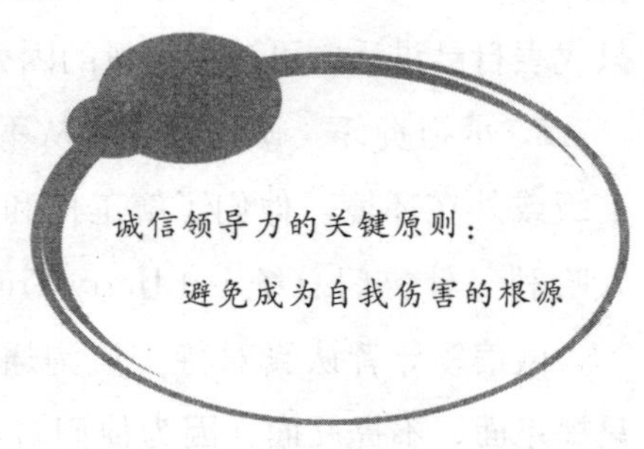

"外部环境仅仅反映出管理者的内在"，她说，"当管理者个人内在影响力和诚信力提升时，外部环境也开始镜像出这种成长。"（外在是内在的投射）

❖ 诚信领导力的五个特质

马琳·杰斯总结出诚信领导力的五个特质归纳如下：

1. 不参与职场戏剧。在杰斯的书中，她拿著名的人际心理分析工具"卡普曼戏剧三角形"的图形来举例说明，这个概念最初是由心理学家史蒂芬·卡普曼①（Stephen Karpman）提出的。该理论认为在一个失衡的关系

① 史蒂芬·卡普曼，美国心理学家，医学博士。以首创"戏剧三角形"模型而闻名。

中，有三个突出的角色（如图 1.1 中三角形的三个顶点），其中 V 代表受害者（victim），P 代表加害者（persecutor），R 代表拯救者（rescuer）。

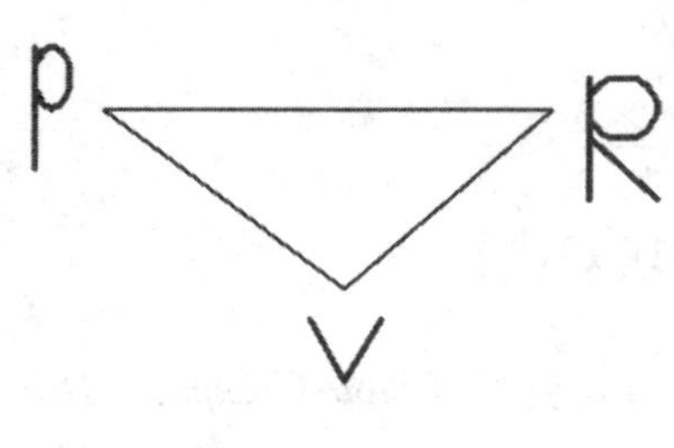

图 1.1　卡普曼戏剧三角形

管理者不能扮演受害者的角色，去抱怨经济糟糕或员工恶劣。同时，诚信领导者也不能鼓励员工扮演因为自己的问题而去谴责别人或环境的受害者，并希望领导者冲进来充当拯救者。管理者更忌讳扮演加害者的角色，通过使员工感到羞辱或罪恶感的手段来达到目的。

诚信领导者必须让自己同步置身于雇员的潜在冲突和状况中，要避免因为过度奖励，偏向某方，攻击某方，或操控游戏而卷入职场戏剧中。“他们意识到需要两方来进行游戏，除非是在玩单人纸牌游戏。”杰斯说，“他们不会因为偏听偏信就被卷入职场戏剧中。比如说，莎莉到办公室里发表一些代表唐娜的观点，诚信领导者就会要求莎莉邀请唐娜加入对话。这样做是为了每个人都只代表自己讲话，可减少大量的因为误解而制造的营救者行为。”

2. 承担责任。诚信领导者从不因为职场戏剧导致的失败就去责备雇员、上级或外在环境。他们了解工作和责任之间的区别。正如著名的诚信领导人哈利・杜鲁门总统①（Harry Truman）所说：“问题到此而止！”

诚信领导者认真对待交流沟通方式。他们只表达需要的，不提不要的。只提正面，不提反面，因为他们对自己带给当下所处情形的能量很在意。称职的领导者保证信息对每位员工的必达，各种变化和任务都会通知到位。诚信领导者会在责任和选择间保持平衡。“一个人的职务越高，他的责任越应该和他的新机遇、自由和机会相称。”

3. 积极推动授权。诚信领导者期待并鼓励员工负责任的言行。杰斯解释道，已获得授权的领导者从四种表现来寻找员工缺乏责任感的蛛丝马迹：责

① 20 世纪 40 年代，美国政府机构效率低下，推诿成风。问题摆在面前时，人们像踢皮球一样踢来踢去（pass the buck）。杜鲁门总统上任后，对这种现象忍无可忍，因此提出一句口号：“问题到此而止！（The buck stops here!）”

备、憎恨、辩护和评判；他们使用教练技术来教授负责任的沟通技巧，而不是抱怨、找借口或悔恨。

“他们并不会轻易地受制于职场戏剧故事情节，因为他们会从每个人的选择和表述中找到答案。”杰斯说道，“他们会从语言、行为和结果的不一致来发现诚信差距。他们用一颗开放的心去倾听员工的抱怨，但并不马上着手解决问题，而是寻求意见。所以员工不会摔门而去以泄私愤，而是学会处理问题的技巧。”

4. 呈现情绪掌控力。诚信领导者们并不惧怕情绪。人类有五种能量系统：生理的、情感的、智能的、精神的和环境的。诚信领导者们了解自身情绪的复杂性，他们能够控制情绪而不是被情绪所左右。他们了解生理机能恢复的重要性，所以很有规律地去放松身心，并希望团队成员也这样做。当处理内部矛盾时，他们不是被卷入情绪中，而是懂得把虚构情节与真正的事实剥离。正如杰斯所述，“他们知道人类的天性是喜欢通过编造情节来更好地表述这个世界，也了解情绪不能改变事实，而事实却可以扭转情绪。”

5. 通过培养团队管理者来建立正确的态度。诚信领导者懂得在各方面进行培训和开发的重要性，所以重视每一个机会，无论是办公室的一个小型指导会议，或者是一个工作中的“中场休息”，还是一个正式的培训过程。因为帮助一个人成长的方法不外乎以下几点：他所拥有的经验，所走过的地方，所遇到的人和所读过的书。

杰斯为领导者所开发的其中一个工具是“态度生成器”（Attitude Builders）。这是非常简便快速帮助团队成长改进的工具，无须准备，不必计划，一切 OK。“态度生成器”是一段 mp3 格式的音频对话内容，参与对话者有作者、教练、企业老板或技术专家，附带完整的学习帮助和简便问题，指导团队在听完对话后进行讨论。

这个简便的内部培训工具让雇员听完各种人在各种场合下的关于个人成长、健康、财富和领导力等内容的对话后，由领导者或小组成员组织展开讨论，对团队关系进行批判性思考和友情建设。“事实上，根本不需要一系列的课程来学习团队建设，只需要去交流，改变心态，与工作伙伴建立连接。”杰斯陈述道，“态度生成器这类职业培训工具提供了成本低廉的方式，让对话交流、团队建设和个人成长得以同时实现。”

总的来说，每月一小时的训练就会让领导者们有全新的思维方式、开阔的眼界和对生活更全面的看法。

领导者个人责任承诺书

杰斯开发了帮助领导者获得诚信的承诺书：

我郑重承诺，我要对自己的生活经历承担责任；

我郑重承诺，我要对如何使用时间承担责任；

我郑重承诺，我要对金钱的消费承担责任；

我郑重承诺，我要对自己的人际关系状态承担责任；

我郑重承诺，我要尽自己最大的努力实现自我目标；

我郑重宣告，我是我自己的创造者。

在遭遇外部环境和各种问题的挑战时，尽管我不能马上判断出什么是自己正确的选择，但我保证能认清现实，发现机遇。

一旦做出选择，我就会变得非常有责任感。我不再抱怨、议论和责备他人，我的内在会变得能量十足。

我不做自己情绪、外部环境和其他人言行的牺牲品。

我承认当我做了不该做的事，陷入自责、悔恨、辩解和评判的状态时，是因为我没有认真问自己到底需要什么；或者是我没有设置边界和底线并明确地告诉自己不能逾越；也可能是自己有不切实际的奢望；或者在某些方面我的交流不够准确产生误会导致了这种后果。

我承认尽管有失望，仍然有机会去成长，去学习怎么沟通更有效，去跨入一个全新的世界，去看看不同的事物。

我对我选择的后果全权负责，并享受由此获得的奖赏和精神层面的进步。

因为是我自己做出选择，所以我负责任；因为我负责任，所以我很强大。

我很高兴以一个创造者的角色，宣誓承担个人和职业中方方面面的责任。

签名　　　　　　　　日期

规避职场戏剧的七个小技巧

杰斯创建了以下七个步骤来规避职场戏剧，实现诚信管理。

1. 定期安排员工例会。如果处理得当，定期例会能成为讨论解决问题、奖励最佳表现的舞台；会议可能产生的问题包括占用团队时间做无关的演讲、拖延时间、没有议程和枯燥乏味；

2. 创建清晰的员工指导。在员工入职时，明确标准操作流程和员工手册的具体内容，每年至少回顾总结一次，需要惩处时就让“制度”这个“坏小子”出来说话；

3. 改变开门办公策略。习惯了“打开大门说亮话”的你，请调整为指定时间段或通过预约来和员工交流，这样可以防止深度沟通被随意造访打断；

4. 推动问题解决。当员工找你抱怨时，要首先认同他的抱怨，然后引导他直面事实，指出所存在的问题是如何影响工作效率的，最好能进一步启发他提出可行的解决方案；

5. 停止办公室八卦。如果莎莉来找你说：“别告诉唐娜这是我说的，这样她会不高兴。”这时只需要一个冷静的问题就能终止这种道听途说的做法：“你为什么要来告诉我唐娜的问题?”同时也将你不能忍受“拯救者”行为的态度清晰地传达出来；

6. 安排员工放松身心。不休息、不恢复体能等于易怒，烦躁，粗暴和易错。能量管理是达到最佳表现和最高效率的关键手段。养成每隔至少两个小时强制小憩的规律；

7. 以身作则，亲自示范。希望员工做到的，自己先当好榜样。掌控情绪，周期性休息放松，保持公正，倾听，正直，尊重，以及幽默感。记住威廉·彭说的那句话：“谁也没有资格指挥别人去做什么，除非他要求自己先做到了。”

【什么特质让诚信领导者脱颖而出呢?】

诚信领导者们花费大量的时间和精力在自制力的（self - mastery）提升上，或者叫“自知之明”（self - knowledge）。他们是这样做的：

1. 在意直觉，正视情绪。

2. 不避己短，表达人性。

3. 己所不欲，勿施于人。

【如何帮助领导者提升自制力】

领导者可以通过完成以下三个步骤后面对应的练习来提升自制力。

❖ 第一步　在意员工的直觉和情绪

诚信领导者会通过微调内部罗盘（直觉）来回应员工的情绪需求。他们非常重视员工的感受。他们对待员工的方式并非控制和理性。诚信领导者会去认真了解员工基本的情感需求，并通过真诚关爱来满足这些需求（详见第十一章）。

以下为员工最常见的情感需求列表：

- 认可与赞许
- 成就与进步
- 团队归属感
- 挑战与激情
- 骄傲与自信
- 爱与支持

所对应的练习：请领导者就以上所列的每种情绪举出真实的案例，来说明自己是如何做到诚信领导的。可建议的例子有：如果领导者了解到某个员工非常喜欢挑战和激情，就应该把最新和最激动人心的项目分配给他，通过用工作安排来满足员工强烈的兴趣爱好，领导者就可以获得更高的团队工作热情和更高的工作效率。

另外一个有价值的建议是，领导者应该经常使用以下交流方式来展示对员工的诚信度：

- “帮我一下，告诉我你是怎么想的。多说点儿!”
- “告诉你对这事的感觉和想法。”
- “你担心哪方面的问题呢?”
- “在这种状况下，什么对你影响最大?”
- “你怎么来处理这件事?”

❖ 第二步　不避讳自己的缺点和错误，充分展现人性

如果领导者在自己的弱项和问题上开诚布公，那么整个团队犯两次同样错误的可能性就微乎其微。让领导者了解和认可自己的缺陷，与了解他们的优势一样重要，可帮助建立强大的人际关系。

以下是关于这方面的几点提示：

- 显示你的人性。员工很高兴知道你和他们是一样的人；
- 寻求帮助。如果你不知道怎么做，说出来让大家帮助你。人们会因为你的诚实而尊重你；
- 跟大家分析、讨论一个代价昂贵的错误，以免别人再犯。员工们会欣赏你冒着被攻击的风险敢于承担责任的勇气；
- 敢于说出真相。不要企图隐瞒或者歪曲遮盖事情的本来面目。

要让领导者了解，展示个人缺点错误在自我层面是非常艰难甚至是尴尬的。但最后，他们会赢得追随者们无条件的尊重和崇拜。如果他们还需要更多的说服工作，就让他们先回忆一段曾经犯错的日子，或者需要帮助但却独自面对困难的过程。然后再让他们分享这些错误和缺点如何有益于创造机会获得学习经验的感受，听众们也一并受益。此目的在于让领导者理解诚信领导力所产生的深远益处。

❖ 第三步　己所不欲，勿施于人

这种品质也常被称为“言行一致”，是一个领导者有自知之明的极致表达。领导者在做希望别人做到的事情时获益良多。领导者们应该知道，言行一致可以让他的话语更有力，对整个事业的贡献也最深远，并赢得所有团队成员的尊重和欣赏。以下几种简便方法可以表明他们把自己视作团队的一员：

- 走出办公室和员工们在一起；
- 以身示范合格言行；
- 成为一个领袖，而不是一个老板；
- 参加到集体项目中展示奉献精神。

为了加深领导者们对诚信领导力的理解，让他们在一张纸上写下“我听

说过的最诚信的人”，给他们几分钟时间写下脑中想到的人名，再问一下，这些人什么样的态度和行为让他们觉得诚信，并指出绝不是智商和学术成就给人留下这个印象。领导们就会总结出是他们的激情和勇气，关爱和同情，还有诚实和慷慨的心。

【诚信言行把上下级的心连在一起】

在每一级别的领导力训练中都应该加入诚信言行的培养。它是领导力的核心本质，并不仅仅是要求领导者做什么。它通过关系的建立来创造价值。一旦开始学习诚信，领导者会更快地体会到员工的感受和关心所在，能够理解员工的恐惧、向往和抱负。通过这种深层次的连接，他们就能够传达关爱员工的信息，而员工也会为领导者的使命积极付出，并达到最佳表现。

> 我不一定会胜利，但定会真诚行事。我不一定成功，但会保持一贯的信念。我会与任何正直的人并肩而立。他对的时候，我会给予支持；他错的时候，我肯定会离他而去。
>
> ——亚伯拉罕·林肯（Abraham Lincoln）

【诚信领导】

来对本章做个全面回顾吧。首先快速复习一下达到自知之明的三种方式：

1. 在意直觉，正视情绪。
2. 不避己短，表达人性。
3. 己所不欲，勿施于人。

然后在1~5分之间评估一下自己实施三种诚信领导力行为的能力。

表1-1　个人能力进步表

识别员工情感需求	1	2	3	4	5
1. 认可与赞许					
2. 成就与进步					
3. 团队归属感					
4. 挑战与激情					
5. 骄傲与自信					
6. 爱与支持					
不避讳自己的缺点和错误	1	2	3	4	5
1. 显示你的人性					
2. 寻求帮助					
3. 分析讨论代价昂贵的错误					
4. 敢于说出真相					
言行一致	1	2	3	4	5
1. 走出办公室和员工们在一起					
2. 以身示范合格言行					
3. 成为一个领袖，而不是一个老板					
4. 参加到集体项目中展示奉献精神					

表格里的每一种行为的进步都会帮助你提升领导力，使你向成功和诚信更近一步。对得分小于3分的选项应该格外重视，付出更多的努力去改善。

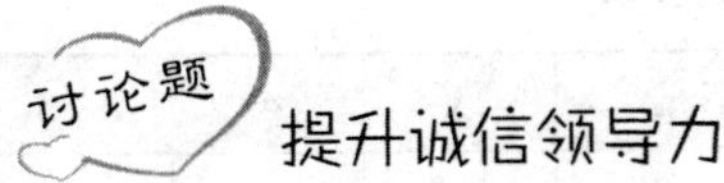

1. 为什么诚信是各级领导力的诸多特质中最重要的一环?
2. 你如何让自己在诚信领导力上表现卓越?
3. 你目前在哪个方面拥有最强的诚信领导力?
4. 在诚信方面你面临的最大挑战是什么?

【结束语】

很多机构把领导者的行为和品质区别对待，这是不对的，请不要再重蹈覆辙。帮助领导者们明白诚信领导力并非指他们做什么，而是指他们内在的品质是什么。诚信是领导力所应具备的最重要的人性——这是我们在第二章中要讲到的。

第二章　施展人性领导力，礼貌对待员工

从头学习了解商业本质即人性，对领导者来说至关重要。因此领导者更该意识到，领导技能必须镶嵌人性柔术。本章致力于培训领导者达到“员工的价值并不仅仅是税收创造者，而是人类自身”的认识高度。领导者将了解调动领导力人性面的真实含义。换句话说，他们将学习如何保护员工的天性。理解人性是领导力训练的关键部分，如果你的训练计划尚未包含这一内容，也应该及时补上。

人类天性中最深的信条，就是对被赏识的渴望。

——威廉·詹姆斯①（William James）

本章中你可以学到

◆判断自己是否具有人性化特质。领导者必须

- 理解什么是人性化并激活它
- 理解什么叫“以人为本”
- 学习如何把个人和领导者合二为一
- 了解“全人”（Whole－Person）策略对领导力的贡献

◆认同人是最值得投资的潜力股。领导者应该

- 近距离观察美国最优秀公司的“全人”领导方式
- 研究并效仿这些组织和员工的心灵特征
- 对待员工以人性为底限，做到以人为本、关爱和灵魂的沟通

① 威廉·詹姆斯（1842.01.11－1910.08.26），美国本土第一位哲学家和心理学家，也是教育学家，实用主义的倡导者，美国机能主义心理学派创始人之一，也是美国最早的实验心理学家之一。

礼貌待人的重要性

接受领导力培训的领导者们会变得更有自知之明，并且意识到建立和维持组织正常运转的职业关系是多么重要。

当被无理对待后，88% 的员工打算找公司讨个说法；而 94% 的人则要跟加害者算账。

——《不礼貌的代价》(*The Cost of Incivility*)，作者：克里斯蒂娜·皮尔逊(Christine Pearson)

克里斯蒂娜·波拉特(Christine Porath)

【你的组织缺乏人性吗?】

为什么我只是要求帮个小忙，却得到整个人性的支持?

——亨利·福特

无论你是谁，人力资源总监、员工培训教练、人力资源管理者、VP、人力资源设计发展顾问，问自己一个问题吧：我的组织缺乏人性吗？这问题并不太好回答。如果是的话，你得明白它已经潜在地影响到领导力的提升和团队的成长了。赶紧对照本书所附表格检测一下，看看内部管理迫切需要的人性面培训需求吧！

人才和人性是本书创作的基石，从每章内容中你不仅会学到实践技能和课程，还能对领导力的人性面有很深入的了解，并把这些观点应用到公司内部。

大量的实例说明，世界级的公司都非常重视人性，并在商业活动中把人放在第一位。

【你的组织存在礼貌吗?】

你是否曾有这样的想法：礼貌是不是藏起来了？毫无疑问我们在组织中如此渴望尊重，却似乎没有恰当的工具找到它。这一观点不仅暗合组织底限行为，在我们社会的最核心层面亦是如此。本章节将帮助你找到必要的工具，使用它们找到结果。

❖戴安娜·达姆龙（Diana Damron）3C 理论

人性化管理沟通专家戴安娜·达姆龙曾提出关键的3C 理论：交流（communication）、个性（character）和礼貌（civility）。在一次访谈中达姆龙说，"我们通过锻炼我们的礼仪来交流我们的性格。"换句话说，我们通过如何对待自己和其他人来告诉大家我们是谁。我们要重回正轨，也就是从最基础的部分开始。

不尊重员工代价昂贵

你知道吗……?

- 80%以上的员工认为在一个人性化的环境中工作至关重要。
- 非人性化常常来自于领导力。
- 一个被粗暴对待的员工，其表现常常是低效率和低水平执行力的。
- 12%的员工因为非人性化或相关原因离开公司（额外花掉该公司平均雇员薪水的1.5~3倍，同时伴有对公司信誉和雇员积极性的损害）。

素材来源：约翰·霍普金斯：《巴尔的摩（Baltimore）职场人性化研究》
北卡罗来纳大学克南-福兰格尔商学院：《职场的不礼貌行为——换位思考》

达姆龙曾谈到她的童年："如果我们不用那些神奇的字眼，比如：'请'、'谢谢'和'不客气'，妈妈就要找我们的大麻烦了。"她继续说，"我们更愿意在朋友的家里来使用这些词。那些妈妈们会因为我们的礼貌而奖励更多的布朗尼。我们很早就学习到，礼貌绝对是有价之宝！”如果你够幸运，你也可以听到她说“请”、“谢谢”或者她那极具个性的“YUP!”

❖你将因不礼貌付出的代价

小时候因为不说“谢谢”而被妈妈找麻烦确实够讨厌的了，但在成人商业世界中不礼貌却是要付出更大代价的。

顾客看到某公司雇员间的恶劣关系会断然不会购买该公司产品的。他们会对允许这种恶意相处的公司留下恶劣的印象，并不怕告诉其他人，让他们放弃和该公司的生意。不良信誉很快会在推特、脸书等上面传播开来。

即便通过努力摆脱这种循环，一个允许不礼貌行为的公司也要付出巨额代价。退一步说，即便公司领导者并不清楚团队间的粗鲁相待，员工的印象会是公司根本不在乎——不礼貌行为是被允许的。“让员工想通问题所在是很难的。”达姆龙指出，“尤其当他们是自己的合作伙伴或者上司，甚至是双方的攻击目标时。如果你不断向后看是很难向前走好的。所以员工要付出代价，团队要付出代价，公司也要付出代价。这代价简直就是被粗鲁抢去的战利品！”

领导者们，请常常站在被粗鲁对待的员工角度想想吧。想象一下边向后看边向前走成一条直线的可能性吧！要么遭到员工的口诛笔伐，要么当众受辱，这就是后果。所以这种做法绝不可能一路向前，而是不断跌跌撞撞，甚至拖垮整个机构。

❖被中伤的礼仪

“我们曾经鄙弃礼貌，废止礼节，现在才诧异地发现人性化几乎遁形，抓都抓不住了，”达姆龙说，“过去我们把礼仪描绘成是一大堆对刀叉勺的僵硬无聊的教条，很悲惨，这些景象现在变成了现实，我们也付出了沉重的代价。”

达姆龙引用佩吉·波斯特（Peggy Post）在第十七版的《艾米莉·波斯特的礼仪》① 中的描述：“礼仪如水，他们停歇在同样的准则基石上：尊重，关

---

① 《艾米莉·波斯特的礼仪》(*Emily Post's Etiquette*)

爱和诚实。”这不正是我们一直在找寻的品质吗？从政治到教育，从法庭到客厅，我们一直在渴求尊重、关爱和诚实的回归。一旦被精确定义，你就会意识到，礼貌、礼仪和人性化本质上是一回事。以他人为本是金科玉律：你希望别人如何善待你，就怎样善待别人。

> 创造快乐友好的形象，并非仅仅是礼貌问题，还有商业价值。
>
> ——艾米莉·波斯特（Emily Post）

在她的演讲、课程和会议报告中，达姆龙强调了实践的重要性。如果有例证呈现，实践就会变得容易和有实效得多。领导者必须是体贴、人性化和友善的实践典范。否则呢？团队就会谨慎行事，信心瓦解，效率渐渐变得低下。

找到一个好的领导示范者可能比你想象得要难。戴安娜指出，《不良行为的代价》（*The Cost of Bad Behavior*）一书的作者们常常提到“我们很诧异总是有相当多的经理、雇员和专家跟我们讲不知道人性化意味着什么。”那现在来一起总结一下吧：“人性化就意味着为他人着想！”因此，领导者必须以身示范。可是一个领导者根本不知道什么是人性化会怎么样呢？问题会产生，雇员会离开，或者至少是消极怠工。对企业的忠诚度下降，底限受到挑战。据估计，员工流失带给美国公司的年损失已经达到3280亿美元。

在破碎的家庭里，在好莱坞的故事情节里，在政治家的愚蠢姿态里，要找这样的例子确实太难。可是我又真的渴求这些。加州大学洛杉矶分校的名人堂（UCLA Hall of Fame）篮球教练约翰·伍登（John Wooden）在他的图书《伍登领导力》（*Wooden on Leadership*）中这样写道，“我相信没有比你自己的实践更有力的领导力训练工具了。”对于职场中渐渐增加的压力，要想逃脱只有一条路可走，那就是领导者必须以身作则。如果他们不知道怎么样做到人性化，一定要帮助他们达到这一点。像达姆龙这样的人性化教练，非常擅于并且乐于把情绪化的不安全的环境，转化为充满尊重的健康的工作场所。

❖迈开你的脚步

走进他们中间去。走进你的团队和领导者中间去。从他们的角度来看看自己。如果你不想被公开谴责，想象一下你的团队成员在顾客或者同事面前被苛责时的感受。如果某人确实需要调整态度或者需要按规定校正行为，私下找他谈。你的团队或者领导层看到你平等善待每个人了吗？这是一贯行为吗？如果不是，就说明你没有在储备支持和忠心。

❖如果你仍然疑惑

粗鲁行为，有时以防卫行为的姿态出现，会来自于一个没怎么接受过训练的家伙。作为一个领导者，要通过阐述自己的人性化观点，来确保你的团队在这方面是训练有素的。那么这个表述是否清晰？实现目标的方法和步骤是否合理和明确？你可以面带笑容，暖语如春，但是如果你不培训自己的团队，你的人性化理念还是被误导了。领导者要把关心和尊重员工作为所有专业行为的基准，如果他们被问及是否愿意自己的团队因为重视人性化而被认知，答案依然是肯定的，那么人性化的行为标准就可以建立起来让所有团队成员遵守了。

❖耐克向上！

耐克显然是知道如何激励员工的。他们的广告语简洁清晰而有说服力。别说话；起来做！领导们，是该向耐克学习的时候了。不要只坐着旁观；不要让你的团队变得软弱、顽固和懈怠。假设你的团队开始一个举重训练项目，你就是他们的私人教练。分别帮每个人确立目标，确定训练计划。跟私人教练一样，你的工作就是让他们变得更强壮。你就是他们的典范。

选择特殊的技巧。你可能从这里开始：1）认真倾听而不打断；2）频繁使用“请”、“谢谢”和“不客气”等字眼；3）工作时间把私人手机收起来；4）在发送 E－mail 前要反复阅读以确保表达清晰、礼节到位；5）用文字来回答，而不是一声嘀咕；6）保持微笑！（你是否注意到，当你微笑时，训练或任务都变得简单多了，至少简单一些吧！）

然后你就会看到：成长！提升！团队变得强大了。团队的灵活和稳定足以应对任何的挑战。有你作为他们的教练，他们合作得更愉快，工作得更拼命。去做吧！

❖时间很重要——使用友善的力量吧

为什么我们弄得这么复杂呢？它不是核物理学，礼貌是与友好连接的——通过与另外一个人的情感接触来连接。而我们正在快马加鞭，E-mail，文字沟通，不断通话，努力变得更友善……

练习：你的团队和礼貌

请在下次团队会时使用以下检测表格和讨论激发器：

□礼貌隐藏在你的工作场所呢，还是定期被练习和实践？

□员工间和员工与客户间的礼貌都被训练到了吗？

□用微笑招待每个客户了吗？

□你常常听到“不客气”吗？

□你能站在团队立场上考虑问题吗？

□你怎么看待团队集体的看法？

□你是个以身示范的领导者吗？

□如果你设置了门槛并以身示范，那么在日常事务上做了一些什么样的改变？

□礼貌是你优先考虑的事情吗？如果是，为什么？如果不是，为什么？

□在你的团队成员中礼貌表现如何？

□对你的团队来说，礼貌是第一要务吗？如果是，为什么？如果不是，为什么？

□你能写出什么关于人性化和尊重他人的座右铭吗？作为一个领导者，你如何使用它？

好，就这么多吧，这已经要花上不少时间了，免得那帮家伙们说他们没有时间保持友善！

而事实上，我们没工夫不友善。我们的情绪和行为是可传染的，你希望什么在公司里传播？作为领导者，这是你的选择。社交活动是一种有副作用的冒险行为，花时间保持友善和练习礼貌是有巨大的回馈和报偿的。在《友善的力量》（*The Power of Nice*）一书中，作者琳达·卡普兰·泰勒（Linda

Kaplan Thaler）和罗宾·科瓦尔（Robin Koval）曾热情地提到法兰克（Frank），他们曼哈顿办公室的一个可爱的保安。他总是向每个穿过前门的人热情问好，以此创造了一个温暖和热情的环境，从而带来很好的销量。顾客也是人，他们喜欢友好的接待和额外的热情。这样他们的情绪就会带动积极的行为。

别让自己的言行妥协给时间来操控，现在就行动起来吧！记住，你就是那个典范！你的团队从你的言行中获得暗示，来决定他们该怎么做。那么今天你会传播什么样的情绪呢？

❖远离机器——回到与人的接触中

你一定有过这样的感受：你在一个重要的会谈中，正准备发表自己的关键看法，却有人拿起电话开始长篇大论！你的灵感和热情立刻偃旗息鼓了。你被一部电话抢去了风头，再次成了它的副手——怪不得达姆龙在一篇讲话中管手机叫作“矩形恶霸（rectangular bully）”呢。

但是人性化可以帮我们找回优先权。通讯工具只是设备，而我们和我们的团队是人类！在你认为我说的是废话前，想想为什么我们并没有以团队真实的价值来对待他们呢？还有，下次你去吃午饭时，四下里望一望。你周围吃饭的人是在和同桌交谈呢，还是紧盯着一个小屏幕？

工作场所的很多问题是源于我们太了解技术而太不了解同事。我们更愿意通过文字和 E－mail 来沟通，只要我们不必亲自去接触同事。所以领导者应该离开办公室，站在团队的面前。他们必须是人性化的表率。一个年轻姑娘写信来说，她玩手机上瘾了，让她专注于会议，专心吃顿饭或者和朋友相处都是极其痛苦的事。可是有什么着急的邮件要看呢？有什么重要的信息要回呢？有什么 Facebook 的重要内容她非得马上知道呢？所以请抓紧这次改变每个人在办公室面貌的机会，通过与人的接触来调整吧！触摸屏是便捷的，而与人性化的接触却是至关重要的。

❖厚耶？薄耶？

不，不是指比萨饼皮，而是说你大事化小的能力。你很薄皮敏感吗？是不是很容易生气？那你就是在团队中制造很多不必要的职场戏剧。要多用幽默感，少感到被冒犯。想想会发生什么，如果我们“刻意”地对一个刚刚说了轻率言辞的人施以大度不加介怀，而不是轻易给他贴个故意伤害的标签（我们都干过这样的傻事）？是不是就会有非常多的混乱与骚动，终止于一个会心的大笑，一个理解的笑容，或者是一个安心的回应了？

❖你敢吗？

通过练习人性化，你可以改变企业的复杂现状。跟锻炼后血液被泵送到全身皮肤，你的脸也熠熠发光的道理一样，通过人性化的练习，你和你的团队领导也把生命和活力带到了团队的任何地方，从而改变团队面貌。

你做了选择。选择成为一个典范。选择变得体贴关怀。选择抓住这美妙的一刻开始。你的选择是有传染性的。

去传播人性化吧！

> 把员工放在首位的价值观是非常重要的，尤其在我们的行业，因为万豪酒店是做人的生意，不仅仅是做服务的生意。
>
> ——J. W. 马里奥特①（J. W. Marriott）

【什么是以人为本的领导者?】

彼得·圣吉（Peter M Senge）说，21 世纪以来，人们最深刻的认识是：与人一起工作为人们创造了满足的源泉，比工作本身更有意义。而能够创造这种意义的，非工作莫属。

告诉你的领导者，尊重员工的价值并且信任他们，不光是因为他们在工作方面的职能，还因为他们是人本身。如果有人问：“谁有那么多时间去开发维护这些关系?”这样想的话，你的领导者将不会得到组织资产最大化的益处。（关于这个话题，请看第十一章）

---

① J. W. 马里奥特，万豪国际集团董事局主席兼 CEO。

❖成功领导者和组织与“全人”策略相关

组织负担不起对员工生活的重新划分。划一条虚线代表一个员工离开他的个人生活开始工作，而工作中他的所有个人人性方面的需求都将被忽略。那条线从去年画出，现在已经变得过时和模糊不清了。我们知道一个人不可能因为工作就放弃他的个人生活，因为这违背人心。一个人的个人生活是受其他因素干扰的，职业生涯和个人生活是紧密相连的。这就是“全人”的含义。

要鼓励领导者在管理其他人时采取“全人”投入策略。如果这样做，他们会发现诸多益处来自于团队和组织：创新、创造、高效能和高产出、促动、激发、关爱、胜任力、文化、传统、价值、感受、专业、智力资本和正直等正能量特征。

❖“全人”策略包括头、手、脚和心四部分

请完成以下练习来了解什么是“全人”策略。这是一个四步程序，四步分别是头、手、脚和心。

请领导者描述，是什么构成了一个完整的个体。可以基于人体结构来回答。比如说，头代表一个人的专业知识，手代表特殊技能、亲身实践的教练，等等，以此类推。这个练习可以让领导者重新识别一个员工如何做到高效率的可能性。让他们看图 2.1 并填空，把跟四部分可能的关联都写出来。

让领导者把各自所列的答案分享出来。并说出这样联系的理由。询问是否有些结果可以列在两个以上的选项中。比如说，客户服务可以列在手和心两部分。

做完这个练习后，再让他们看图 2.2，这个图列出了可能的答案。当领导者对某项人类品质感兴趣时要加深他的印象，这样可以有效地锻炼他的“全人”领导技能。告诉他这个技能是管理人力资源的必要技巧，如第十一章中所述。

一个有灵魂的组织和没有灵魂的组织是完全不同的。要让领导者了解这个不同，指出图 2.2 最下面的那行字：这代表组织的灵魂。让他们来解释这句话的含义。并提示一个把员工当作“全人”来对待的组织和一个把员工当

做生产工具的组织是完全不同的，在那个不同之处就承载着一个灵魂。除了灵魂，你还可以使用精神、愿景、内在激情、协作精神，或其他适合公司文化的用语。

图 2.1　领导力全人策略

第一部分：领导者的头代表

______

______

______

第二部分：领导者的手代表

______

______

______

第三部分：领导者的脚代表

______

______

______

第四部分：领导者的心代表

______

______

______

领导力全人策略

图 2.2　全人策略实例

第一部分：领导者的头代表：

知识、教育、独特技能、知识产权（如专利、贸易机密等）、授权、胜任力、态度、动机、个性、正直、价值观。

第二部分：领导者的手代表：

技能、实施、持续发展、亲自执行的教练、客户服务、产品、生产。

第三部分：领导者的脚代表：

组织建立的基础、组织文化、历史、传统、创始人、组织稳定性、成长。

第四部分：领导者的心代表：

关爱、感受、直觉、核心价值观、情商、自豪、精神、希望。

这代表组织的灵魂

❖在美国领先的公司里，“全人”领导力是如何表现的

在美国最成功的公司里，他们是如何对待员工的呢？看他们如何满足员工的个人需求，实现生活目标，这难道不是管理的终极目标吗？

❖星巴克认可每个员工对健康和幸福的愿望

星巴克员工被认为是家庭成员，也被像家人一样对待。星巴克是第一家为兼职员工提供完整的福利保障的公司。在某段时期，很多公司都在拼命削

减费用，减少员工福利，尤其是针对兼职人员，而星巴克却用一种不同的眼光看待——他们不只是兼职人员，而是可以把营业额翻番的潜在力量。他们是学生或家庭主妇，为了丰富生活等原因才同时做几件事。请领导者来鉴别一下，星巴克用了“全人”领导力的哪几部分。(可能的答案是头和心)

❖万豪酒店用“人性接触”来领导

万豪国际集团公司，用一种更个性化的方式来对待员工，那就是员工们被当作“合伙人”。公司内有超过80种的语言在使用，这个千万亿级公司也是多种文化组成的。因为文化的多样性，很多员工不得不去和复杂的移民程序和社会歧视打交道，同时还有儿童看护和家庭护理等问题。

公司采用解决现实世界中个人可能遇到的问题来对待员工，所以万豪著名的“人类接触”不仅是针对酒店顾客，也包括各位合伙人在内。公司认为困扰每个合伙人的需求也是公司要解决的问题。

为了对员工需求积极回应，万豪开通了800合伙人资源热线，简称ARL。任一遇到麻烦的员工都可以随时呼叫ARL并立刻和一个训练有素的专业的社会工作者联系上，他会倾听，给出建议，直到找到解决方案。这个基于人道的项目大大降低了员工的缺席、延迟和失误。

请领导者鉴别一下万豪集团使用了全人策略的哪几部分（可能的答案是头、手和心）。

❖The Body Shop 国际股份有限公司——以人性面经商

国际股份有限公司在回馈大众、提升企业文化价值方面有坚实的基础。公司以拥有一个员工伦理中心而自豪，在那里聚集了充满关爱精神的人，他们不仅仅对朝九晚五的工作感兴趣，还希望通过工作找到更有意义的事。

现在，The Body Shop 国际股份有限公司在61个国家有2400个分店，已故的安妮塔·罗迪克女士①（Anita Roddick）通过宣扬她的座右铭让这一切成

① 安妮塔·罗迪克（1942－2007），1976年在英国创办 Body Shop。The Body Shop 国际股份有限公司是高质量面部肌肤及身体护理产品零售商，零售店遍布全球，商店数逾千，全部不使用动物测试，并透过公平贸易购买天然原材料。

为现实："把心带到工作中来"。根据罗迪克女士所言，工作场所不仅是商品的生产车间，更应该是人类精神的孵化器。在 Body Shop，人们坚信通过提供更好的产品，员工可以建立自信和表达自我的能力。同时，所有员工每个月有半天的有偿假期，去参与自己选择的社区服务。这项计划不仅大大加强了公司价值观导向的信念系统，也传承了公司创始人所创建的企业传统文化。（现在 Body Shop 是欧莱雅公司的旗下子公司，是世界第二大化妆品授权加盟商）

请领导者识别一下 Body Shop 在全人策略方面使用了哪些部分（答案应该是心、手和足）

❖USAA 关注个人技能提升

USAA 了解如何让员工的精神活跃丰富起来，它也因员工的敬业精神和快乐职场而享誉全球。在这个拥有独立无二保险制度的公司不仅保障职业和专业的发展，更投入力量支持个人成长和个人技能提升。

为了努力帮助员工管理自己的个人成长为将来做好准备，公司启动了一个正式的劳动力发展项目。每个员工得到一对一的劳动力提升顾问指导课程。课程包括技能评估和行动计划。资源中心位于 USAA 总部，保持 1 周 7 天 24 时开放。支持的服务有提升自信课程、面试工具、简历准备、网络技术和其他相关内容。在此项目中，USAA 使用了完整人格策略，成功帮助员工获得提升。

请领导者鉴别一下，以上使用了全人策略的哪几部分。（答案应该是头和手）

使用这些真实世界中的案例来讨论，并请领导者举出他们所了解的其他公司使用全人策略的例子。请他们说出从中学到了什么，以及如何把这些经验应用到实际中来提升个人领导力风格。

❖员工值得投资

在《职场灵魂》（*The Soul at Work*）一书中，作者罗杰·勒温（Roger Lewin）和毕璐特·雷吉娜（Birute Regine）写到，在新的全球化经济时代，商业人群正在以一种强有力的方式工作——即以人为底限，领导者和组织变得越来越以人为本，关爱和善于灵魂级沟通。本章也提供了大量现实世界的领导力风格的案例作为佐证。这些来自商业世界前沿的成功经验，无论在生产率提高和盈利能力上都获益匪浅，当把它应用到女性领导力领域，也同样回报颇丰。

当使用全人策略提升领导力时请使用以下快速入门工具。

第一部分　领导者的头代表：	第三部分　领导者的脚代表：
□知识	□组织建立的基础
□教育	□组织文化
□独特技能	□历史
□知识产权	□传统
□授权	□创始人
□胜任力	□组织稳定性
□态度	□成长
□动机	
□个性	
□正直	
□价值观	
第二部分　领导者的手代表：	**第四部分　领导者的心代表：**
□技能	□关爱
□实施	□感受
□持续发展	□直觉
□亲自执行的教练	□核心价值观
□客户服务	□情商
□产品	□自豪
□生产	□精神
	□希望

讨论题

开发人性化领导力

1. 描述一下在有效领导力里人性化扮演的角色。

2. 说说你对亨利·福特所说的："为什么我只是要求帮个小忙，却得到整个人性的支持？"这句话的看法。

3. 什么是一个以人为本的领导者？

4. 领导力的"全人"策略包含哪四部分？

5. "全人"策略是如何影响HR和专业学习角色的？

6. 总的来说，一个组织的头、手、脚和心分别代表什么？

【结束语】

本章中，领导者要做出一个重要选择。他们可以视领导者角色为一个不得不背负的责任，也可以把它视作把目标和意义传递给员工和组织的载体。使用"全人"策略可帮助领导者聚焦组织的才能和每个员工的技能，视每个员工为人而不是工具，牢记商业就是关于人的事，并加强创建各种人脉关系的能力。弥合职场代沟，实现跨代管理是下一章的内容。

第三章　跨代领导力：弥合职场代沟

“代沟”是当今领导者所面临的最复杂的两难问题之一。家庭出身、社会背景、教育程度、思维方式的不同，决定了人不可复制，但这绝非坏事。如果人与人毫无二致，这个世界将会是多么无聊，更可怕的是创造力也会戛然而止！当领导者们能够理解并且由衷欣赏几代人并存的多样文化时，他们所在的组织便会像脱缰的野马般勇往直前奔向成功。毕竟，一个经由一群思想丰富的人审议讨论过的观点，比一群共享一个大脑的人所提出的意见更经得住考验。

如果领导者们能够学会在员工之间架起跨越代沟的桥梁，这个集体将会很轻易地转型为全力参与、表现卓越的组织。本章旨在帮助你识别几代人的不同特性、态度和行事风格。同时，为了帮助你建立一个高水平的梦之队，还将教你如何与这几代人进行沟通、交流以及如何指导他们。

本章中你可以学到

◆目前工作中所遇到的四代人的基本信息，包括：

- 每代人的背景信息
- 每代人所倾向的交流风格
- 管理不同代人的方法

◆管理多代人并存的工作场所的重要策略，比如：

- 多种交流策略
- 灵活多变的工作环境
- 开明的交流技巧
- 结果导向的目标制订

【跨越代沟的领导力管理和示范】

当今工作环境中的四代人形态各异，千差万别。这四代人的思想、信仰、行动、品味上的差异便是我们常说的“代沟”。

在历史的任何时期，代沟并不鲜见，但20世纪与21世纪却见证了代际鸿沟的加剧。如今，代沟在商业事务中的影响举足轻重。公司决策人也在寻找稳定工作氛围、满足不同年代人的需求和顾全独特职业道德背景的员工观点的解决方案。

你也许不太了解，但现在这个时代是有史以来首次出现“四代同堂”并肩工作的情况。人们对于这几代人有许多不同的称呼，但是他们一般被称为传统主义者（或出生于两次世界大战之间的人）、婴儿潮时期出生者、X代人、Y代人（千禧年附近出生的一代人）。每代人都为各自的工作领域带来了各式各样的贡献、技术和伦理道德。正是这些差异使得我们可以从他们带来的多样化的技术手段、行事风格和思想痕迹中多多获益。所以领导者们一定要学会新式、有效的沟通方法来跨越横在这几代人之间的代沟。

为了更好地了解这截然不同的四代人所倾向的工作风格，预先了解那些镌刻了每代人价值观的大事会大有裨益。

❖传统主义者（或出生于二战前的人）

传统主义者出生于1922年到1943年之间。这一代员工常常为了更完美的结果而不惜一切代价，而他们也是公认的最忠诚的员工。

原因何在呢？这些独立的个体出生于两次世界大战之间，他们之中的很多人目睹了父亲背井离乡漂洋过海为祖国奋战，留下母亲辛辛苦苦四处打工才能偿还账单的现实境况。另外，他们的价值观也深受“大萧条”的影响。他们从不会期待施舍，他们更倾向于努力工作未雨绸缪。他们认为天下没有免费的午餐，世界和平更需要浴血奋战。这一代人对自己的公司和员工都非常忠心，与此同时也期待着相应的工作机会和财务保障。一生只为一家或两家公司倾尽心力绝非偶然。传统主义者也是四代人中最稳定、最不可能追求极端情况和突然变化的一代。

传统主义者习惯于：
• 一个人与人之间相互尊重的正式工作场合 • 卷起袖子来靠自己的实力做事 • 清晰的边界要求和明确的工作目标 • 有计划且有条不紊的任务和流程 • 坚信熟能生巧

❖婴儿潮时期出生的人

这一代人出生于1944年到1962年之间。他们愿意通过努力工作来领先于他人并且遵从“活着是为了工作”的人生教条。

为什么呢？婴儿潮时期的人出生于战后的经济增长时期，因此他们中的很多人居住在紧挨城市的郊区。他们目睹了美国著名革命者——肯尼迪（Kennedys）、马丁·路德·金（Martin Luther King）、马尔科姆（Malcolm X）等人被暗杀的事件，也跨入了人类能在月亮上行走的时代。当他们捍卫自由性爱和宣扬毒品消遣时，却挑战了社会以使其容忍他们的叛逆。无论如何，当他们日渐成熟时，理想进化成为改善社会而斗争，从公民权利到环境问题无一缺漏。这一代人更适合在被接受和关怀的“温暖”环境下繁荣发展。婴儿潮人重视人际关系、自我表达和精神层面的年轻化。

婴儿潮人习惯于：
• 非正式的、随性自然的交流方式 • 和谐的团队和亲密的工作组合 • 民主自由——不论工作还是家庭 • 构建有意义的人际关系 • 对其完美工作成果的认可

❖X代人

这代人出生于1963年到1980年之间，特别注重生活与工作的平衡。与婴儿潮人正相反，他们工作是为了生活。

原因呢？他们是处于计算机时代的一代人，所以他们期许自己拥有和电脑一样可以同时进行多项工作的天分。就像那些特立独行的电脑技术新时代的弄潮儿一样，X 代人更倾向于从事自由代理人而不做公司的绝对忠诚者。他们之中的很多人都亲身经历过儿时被拼命工作的父母（婴儿潮时期出生）丢在家中锁在门内、没有父母陪伴的孤独童年。而父母的这一举措只是为了给他们的孩子带来更好的物质生活。最终，X 代人在“裁员”、“外包”等词语进入我们的词典的同时开始了他们自己的创业生涯。基于认为公司不会对员工忠诚的想法，这代人比他们的上一代人更倾向于为短期项目的公司工作。他们中的很多人为他人工作的同时，也开发着自己的事业，认可支持自己掌控时间和命运的观点，就像 2009 年很流行的蒂莫西·费里斯（Timothy Ferriss）的书《每周工作 4 小时》（*The Four - hour Workweek*）里所给人们灌输的思想一样。

X 代人习惯于：

- **一个能够让他们平衡工作任务和私人生活的灵活日程**
- **以创业风格为主导的公司工作**
- **作决定的自主权和独立工作的自由**
- **个人主义**

❖Y 代人

Y 代人出生于 1981 年到 2000 年。这代人努力达到工作与生活的一体化，并且常常将“活在当下”的哲学付诸实践，以“及时行乐”来发展自身。

为何如此呢？这代人在经济飞速发展时期呱呱坠地，无论在学校还是在之后其所参与的工作中，相比于其他代人，他们缺乏勇夺第一的动力，但是他们总能凭借“重在参与”奖来获得自我安慰。当前几代人把共同完成学校作业看成是作弊时，Y 代人却把它当成是第二天性一样自然的事情，并把这种行径称作是“达成共识”或是“共同协作”。Y 代人出生在一个不缺乏信息与社交的时代，这就使得他们更不愿意等待他们所想要的。最后，由于受到了“911”恐怖事件的影响，这一代人更容易为了集体的安全而放弃个人的自由，这便使得千禧年一代人相比于其他两代人更加接近于传统主义者。

Y 代人喜欢团队合作并且需求特定的、量化的工作计划。他们是面对电子技术最有灵性的一代人，也总是善于把多项任务同时交给上一代人。另外，这一代人是强烈的享乐主义者，同时也渴望得到发展的机会。他们也是那种不用甜头诱惑就不愿意付出时间和精力的一群人。Y 代人更喜欢视觉化的内容，并且他们擅长通过多种表格和图表来有效学习和记忆信息。

Y 代人习惯于：

- 获得训练和发展的机遇
- 选择基于团队合作的项目
- 被分配工作时希望了解开展任务的原因
- 在一个结构清晰的环境中工作
- 立刻得到奖励与赏识，而不愿按顺序等待或被更有经验的长辈同伴抢占先机

当你用正确的方向与激励来引领着以上四代人时，他们会为你带来意想不到的强劲独特的工作价值。最优秀的领导者们对于每代人的价值心知肚明，因此他们会更有效地凝聚这些优点，以此来使工作环境士气高涨、表现更佳。

拥有多代工作团队的优势

- 多代团队可保持各年龄段的顶尖才能，做到优势互补
- 多代团队具有更强的灵活性和创新性
- 广泛的头脑风暴过程更有可能创造出优秀决策和更非凡的成就
- 多样化的团队更能表达出群众的心声

【四种为多代团队增加前进动力的重要策略】

有四种方法可以作为统筹多代团队工作环境的助手。这些策略可以应用于所有类型的团队，但对于多代团队尤为关键。他们刺激代际沟通，创造出一个和

平高效的工作环境，帮助领导者设定绩效目标并管理实现它。对一些“不靠谱”的员工来说，他们并不会感到工作在一个多代团队里是一个挑战，但是对于那些心志满满的员工来说却正相反。所以要通过适当的练习来理解、掌握、应用这些重要策略，帮助真正想成就一番事业的人创造平和的沟通环境。

❖利用多重交流频道

每一代人，就像一个个独立的个体，他们处理社交的方式是形色各异的。最优秀的领导者应该学会综合统筹每代人的交流偏好并且能够将员工的多样性转变成为眼前项目的可用优势。

举个例子来说，婴儿潮时期的人熟悉面对面交流，Y 代人喜欢电子交流方式（电子邮件、文字信息和其他形式的消息）。为了满足不同人群的多样需求，领导者会经常通过多种方式来分享信息：

- 电子邮件：为喜欢阅读文字或反复阅读的员工考虑；
- 短时间的即席会议：为更喜欢人性化交流的员工考虑。

通过不同频道进行沟通听起来像是多余的工作吗？也许是。但是人际沟通和领导力咨询专家斯科特·卡尔博纳拉（Scott Carbonara）（详见本书第 4 章）提醒我们别忘了“七次定律”（The Rule of Sevens）。如果你作为一个领导者只依赖一种交流方式，那么你可能很难让所有员工清楚领会你的旨意并且有所行动。

想象一下当团队里所有的员工都用自己所喜爱的方式接收到指令时，他们将会迸发多大的力量？要使交流达到目的，领导者还要学会适当重复和使用多种交流手段。你要将自己的督促化为“一肘轻推”来使大家相互交流所闻所见与所感。为了获得反馈，你最好能够跟进询问一句：“我刚刚说了什么？”

❖着眼效率，培育营造灵活的工作环境

如上文所说，每一代人就像一个个独立的个体，影响他们创作出超凡作品的环境因素是大相径庭的。想想你自己工作时的喜好。喜欢有音乐相伴还是寻求安静？习惯于坐在窗边还是面对一面无聊透顶的白墙？很显然你的高效工作环境对于他人来说很可能是令人紧张而又头疼的。

对于灵活的工作日程和绩效表现之间的关系，道理也是一样。有几代人

是很愿意依托办公室的结构来完成任务的。另一些人则在户外工作更能获得高效，比如在湖边的长椅上与笔记本电脑同处。因此，领导者一定要意识到众口难调这个事实。与其寻求“一刀切”的方法，不如找到一套系统管理和高效监测的手段来应对你所有员工和他们的分工。即便你不具备满足多代人不同需求的能力，亦可以通过询问来获知他们所习惯的工作环境，并明确告知他们，你希望他们快乐高效地工作。如果不能立刻给予他们想要的工作环境，可以向他们解释，并征求他们如何创造“最佳工作环境”的意见和建议。

❖鼓励开明的交流氛围

如何在维持尊重和职业水准的同时，创造一个让各代人接受彼此交流风格的安全氛围？一个不怕被拒绝、敢于提出新事物哪怕是坏消息的交流环境，可以鼓励员工自由表达。想象一下，什么样的环境会导致毁坏公司声誉的情况出现，甚至会使员工、顾客和股东的士气下降？一定是一个封闭、保守、强权、单向的氛围才会如此。可见，谁不想拥有一个开放、诚实的交流氛围呢？

❖设定目标和给予期许

承包公司是这样处理代沟的。他们允许工作环境、日程和职责的灵活性，同时也加入了用于监控的系统项目。但在实施一个灵活的工作环境之前，要确保已经花时间设定好了目标。通过已经发布的工作目标，员工们知道领导者从他们身上期待什么，就明白了此项工作执行的最佳时机。通过建立一个结构化的流程来有效管理工作绩效，员工自有其道来获知自己是达到了标准还是错过了重点，而这与他们的个人工作风格无关。结构化流程会随时给出反馈：谁需要被奖励，谁需要工作指导才能达到目标。这个架构在准许了员工的自由时也给出了限制，就好比你提供了填色的轮廓线条，而用蓝色钢笔还是红色蜡笔就是员工们的事了。换句话说，员工们被告知需要做什么，但是也有如何完成这件工作的选择范围。

重要观点：对于这几代人你了解得越多，你就越能欣赏和受益于他们的不同所带来的贡献与价值。

【培训领导者掌握恰当的交流技巧】

在多代团队中，帮助领导者的最优策略是教会他们恰当的交流技巧。每一代人都有独特的与领导、同龄人、家人、朋友、熟人和顾客互动和认知世界的方式。下面的表格更加清晰地解释了本段观点并且可以帮你在代沟上搭建桥梁。

❖认知世界的方式

	传统主义者	婴儿潮者	X 代	Y 代
整体特征	现实的	充满希望的	愤世嫉俗的	乐观的
工作准则	投入的	有动力的	公正的	意志坚强的
当权者	谦恭的	非爱即恨的	不热心的	有礼貌的
领导风格	指挥命令式	取得共识式	业务精通式	团队协作式
人际关系	个人牺牲	个人满足	推卸责任	大包大揽
回避的缺点	粗鲁	懒惰	思想陈腐	延迟满足

优秀领导者认为每一代人的整体特征是千差万别的，这个心态帮助他们拥有恰当沟通和理解每一代人特殊观点的能力。在很多组织中，领导者们经历着“我们对抗他们”的心理状态，这也是引发代际矛盾的元凶。在这样的场景下，你的员工越多样，矛盾也就越多，会使员工的敬业度跌至低谷。水能载舟亦能覆舟，解决代际矛盾的方法可成就或毁灭一个组织。

❖涉及传统主义者代沟的四种解决技巧：

1. 提供书面的或面对面的交流方式；

2. 说到做到。起誓和遵守是重中之重；

3. 他们是效率驱动者，尽可能不要浪费他们的时间；

4. 由于从小就被教育“当别人和你说话时你再回答”，他们倾向于丰富内心而不是勇敢表达，所以从他们身上不要期待过多反馈。但是，因为他们尊重别人，当你直接提问时他们就会敞开心扉。

❖ **涉及婴儿潮者代沟的四种解决技巧：**

1. 开明直接的交流风格；

2. 提供多种选择，让他们根据自己的情况来判断决策；

3. 允许他们灵活完成工作，但要告知他们截止日期和任务要求，因为他们喜欢准时；

4. 他们拥有较强洞察力，因此要注意控制身体语言。一旦发现领导者言行不符，他们会立刻降低信任度。

❖ **涉及 X 代人代沟的四种解决技巧：**

1. 这些精通数据和技术的人渴望用事实和技术说话。他们可能会当场使用智能手机来核实领导者所说的"事实"；

2. 反复询问，获取和提供反馈；

3. 非正式的、随意的交流场合更适合他们；

4. 让他们时刻得到最新消息来促进他们的整体表现。

X 代人一般不喜欢事无巨细的管理方式，也因为严重依赖数据而不能有效工作。可利用这些特点来解除代沟。当给他们分配任务时，要说明准确的截止时间、目标和期望。他们很善于准时、按要求完成任务。一般来说，如果他们在工作时遇到了问题或是有其他疑问，他们会主动提出来。

❖ **涉及 Y 代人代沟的五种解决技巧：**

1. 解释所有事物背后的"为什么"，包括各种变化、所有规则到总体说明。明确告知每种事物是如何影响团队、组织、社区以及他们本身的；

2. 用工作刺激他们鼓起勇气接受挑战；

3. 决不能在语气上不尊重。虽然他们很年轻，但不可以视他们为没有经验缺乏教养的黄毛孩子。要友善对待，体贴入微；

4. 他们喜欢即时消息或文字短信。电子邮件可以接受却非最爱；

5. 营造一个有趣的、互动的、幽默的工作环境。

绝大多数情况下，给出工作方向即可解除代沟。他们可以快速接受任务并且顺应变化。但如果他们听到"我告诉过你了"诸如此类的话，就会立刻产生蔑视和不尊重的情绪（因为他们一直觉得不受重视）。他们每一个人都希望被当作是聪明并且知识丰富的人而受到尊重，而不是一个什么都不懂的菜鸟。Y代人渴望学习、希望获得指导，并希望被看作是组织中有价值的财富。他们并不认为自己缺乏经验就需要多花时间来做得更好，相反，如果他们所承担的任务和其他有经验的人一样的话，他们也期待获得同等的赞誉和奖金。

Y代人是最难与其他代人沟通的。Y代人喜欢变化，需要知道规则背后的目的，而且很有可能在想要讨好上司时却采用质疑当权者的方法。如果他们工作完成得出色，他们会在持续的反馈和嘉奖中繁荣发展。

❖测测你的知识

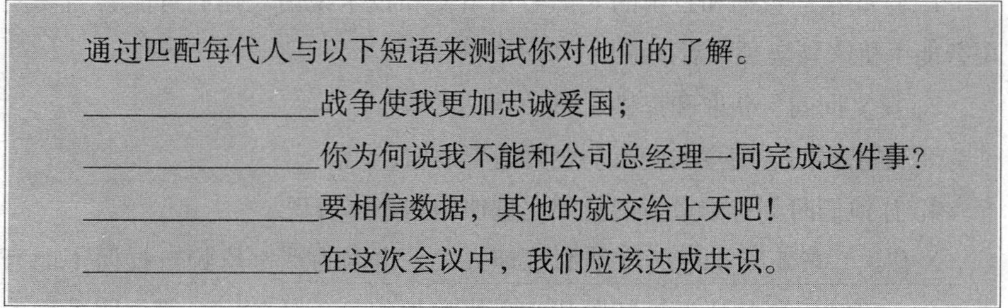

通过匹配每代人与以下短语来测试你对他们的了解。

________________战争使我更加忠诚爱国；

________________你为何说我不能和公司总经理一同完成这件事？

________________要相信数据，其他的就交给上天吧！

________________在这次会议中，我们应该达成共识。

【如何为多代团队设定领导目的】

一个富有活力的、自由的、大幅提高员工士气和优化绩效的方式，就是在他们的大脑中植入工作目的。难道我们不都是希望被看成独立个体，而不仅仅是个号码的环境下才能发挥最佳优势吗？有些秘诀如果不太介意代沟，在多代人并存的团队中反而更有效。以下这些小贴士对任何团队都有益，对多代团队更甚：

- 让队员知道他们工作的意义以及整个组织的目标；
- 让组员觉得他们是置身一幅巨大蓝图之中，而不是无足轻重的小齿轮。引导他们根据各自的特性来为实现组织目标而服务；
- 在对外公开招聘前给团队内候选人提供内部晋升机会；这些人具有外聘人员所不熟悉的经验积累。常常和员工交流来了解他们的职业目标和受教育目标，以及他们获得提升所需要付出的代价。这会显示领导者们对员工个人成功的关心，同时构建领导和员工之间的桥梁。所有的领导者都是从较低位置提升上来的，他们可将升职过程中所学到的技能在沟通中传授给下一代员工。员工在领导者的帮助下获得了成功，他们一定会非常忠诚。领导者也可重新体会自己成功的感受，或是满怀希望努力发现其他成功的励志故事。

创建一个目的

柯达的座右铭曾经是："我们制造回忆"。所以在胶卷处理工厂工作的员工并不是简单的胶卷处理者，而是"回忆制造者"。谁不想在制造回忆的时候提供更好的质量呢？为了创建这类目的，你必须判断你的核心服务或核心产品是什么，然后将你的员工所做与之密切联系，便可创设类似目的。

领导者所做的每件事，以及他们鼓励员工所做的每件事，均应服从于组织的总体目标。总部位于美国加利福尼亚州莫德斯托（Modesto）市的MedAmerica账单服务有限公司（即MBSI，MedAmerica Billing Services Inc.）就将其目的直接加入了愿景描述中："MBSI的目标就是被公认为最棒的医疗账单服务和实践管理公司。为了达到这个目标，我们的员工要和客户达成伙伴关系，并在服务、质量和工作满意度等方面设立行业榜样。"对于几代人来说，这意味着作为员工的他们要为他们的客户示范质量、表现、工作满意度的标准。所以当员工开始每天的工作时，他们知道自己要给顾客最佳表现，了解自己这一天的目标，因此也会有更大的动力去完成这个目标。

【在多代团队中实现目标】

在多代团队中，随时会面临新的变化或是为新的目标而行动，此时需要利用"4P原则"。这些技巧可以帮助领导者在多代员工参加会议、启动项目、形成团队或者是进行头脑风暴时，鼓励大家多多参与。

❖ “4P”——目的、过程、收益和热情

目的（Purpose）：一个悟性较高的领导者知道团队的终极目标是什么，他们明确了解时间期限、所需行动和达成目的的所需资源。告知团队这些信息很有必要，也是灌输巩固信任和许可的过程。

过程（Process）：为了实现目标，员工团队需要建立适当的执行过程。当所有人对向目标进发的步骤了然于心，或是与某一步骤合二为一，目标和骄傲就被深植于员工心中。当他们做出决策时，感到自己被信任，也因此打造了一个开放平和的环境来进行头脑风暴，或是分享在过程中汲取的成功和进步的经验。建立步骤的过程同时也是一个授权的过程。

收益（Payoffs）：聪明的领导会让多代团队“看到”完成项目后的收益，这样员工们会更有驱动力去达成项目的终极目标。真正的收益其实是在项目成功后整个团队的反思过程中产生的。员工们在回顾哪里进行得顺利，哪里可以改进的过程中，获益最大。这是员工们相互为其贡献做出评价和给予尊重的时刻。也许你的团队中有传统主义者教导 Y 代员工的情况；也可能是婴儿潮者指导 X 代人。每一代人都享受着达成目标以及在此过程中所获的自信和喜悦。

热情（Passion）：领导者们徐徐灌入他们的热情，鼓励团队自主能动地发挥功效而不是事事亲力亲为。当领导者信任员工并鼓励他们去创造时，所带来的激情是势不可挡的。试想如果一个员工每天工作时毫无激情，他们不仅可能无法给出满意的结果，而且有用这种思想毒害他人的可能。对此，我们要包容接纳他们，使他们成为团队的一部分，让他们体会到个人贡献给集体极大帮助时的快乐。

你会在开会、布置项目或是例行交流中做些什么来添加“4P”呢？请看下面的方框来测试对于“4P 原则”的掌握程度。

你使用“4P 原则”了吗？

用“对”或“错”来判断以下陈述，以便检测你的领导方式是否运用了“4P 原则”。

__________每位员工都理解公司需求、项目结果和大家期待的结局；

__________每个组员都认为自己在一个开明平和的环境中自在地讨论；

__________每个人都是被信任的并且有权利冒险去为团队做出最好决断；

__________团队中的每个人都全情投入地参与会议、项目或是任务；

__________每位成员都被鼓励勇于提出独特意见而不惧别人打击报复；

__________每位员工理解适当的决断过程；

__________每位员工都全身心专注于众人所期待的结果；

__________每位员工在进行自己的工作时都能展示出激情。

计算总和，如果你有：

- 7 或 8 个“对”，你组织了一个很团结的多代团队；
- 5 或 6 个“对”，你有一些员工雇佣与使用问题，要进行再观察，并且为大家提供附加的工具或训练，最后还要授予他们直奔目标的权利；
- 1 至 4 个“对”，你的团队正处于濒临失败的危险境地，除非你使用激烈的手段，否则你将很难实现目标。

【着眼代沟的一些提示】

一个主要的代沟问题就是领导者与服从者之间的关系问题。当年轻的领导者需要管理他们饱经风霜的员工时，他们很纠结。而年老的领导者们在对待年轻员工时也存在同样问题。建立代际沟通桥梁的方式是通过理解对方的时间安排、询问彼此的意见、互相尊重、指导彼此和相信对方完成任务的能力来展示关心。

如何去展示自己真的关心和在乎呢？选一件对方感兴趣的事，表现出真正的热情去关注，并且用人道主义精神关怀他们——了解他们喜好的交流方式和厌恶的事物。通过服从者们的经验和贡献来认识他们。每位员工都希望自己被重视、被尊重，就像自己已经为组织做出了贡献。如果你能帮助他们获得那样的体会，他们就会更加团结一致，更重要的是，会更愿意为你——他们的领导者服务。

建造跨越代沟的桥梁

以下是12种让多代团队更加亲密工作的领导技巧：

- 建立相互信任、具有可持续发展的能力的企业文化；
- 欣赏彼此的独特和接纳价值观的差异；
- “一刀切”的工作思路无效；
- 找到你自己跟每代人的不同交流方式；
- 用行动展示对别人的真诚关心；
- 尽力发展一个团结和谐的工作氛围；
- 避免对不了解的人产生主观臆断；
- 支持每一代人的价值；
- 无论何时都要适应员工差异；
- 保持灵活的领导风格；
- 崇尚竞争、经验、学习的愿望和主动性；
- 做一个你所需要的桥梁，时刻在意代际间大大小小的差异。

十个有助于连接四代员工的问题：

1. 你喜欢别人如何与你交流（通过对话、文本、电子邮件、语音邮件还是文本信息）？
2. 你希望别人公开还是私下里表扬你的优质表现？
3. 什么可以驱使你更加高效？
4. 你喜欢独立完成工作还是与人协作？
5. 你最适应的技术等级是多少？
6. 你惯用什么软件，你对此有多熟悉？
7. 你想学习什么软件，公司对此能为你做什么？
8. 你拥有什么目标？一年后和五年后你希望自己在哪里？
9. 如果你来运营本公司，你会做什么改变？
10. 你有没有什么节省资源和劳动力的方法来使工作完成得更加高效？

向员工询问以上问题可了解他们的交流方式、未来发展计划和他们想被认知的方式。

低水平工作团队的领导者有较差的领导策略。他们常常期望别人都和自己一样；只着眼于出现的问题和错误；避免冒险也叫他人不必冒险；忽视团队中的积极贡献。与此相反，高水平团队的领导者鼓励员工们用新方法完成工作，在听到完整解释之前不妄下定论；允许一切多样化的行为和态度，除非它们宣扬暴力、强调个人成功；支持冒险和从失败中汲取经验。

多代团队的优势

代沟存在的好处是：

- 不同观点的存在可以孕育出面面俱到的思考；
- 年轻一代可以运用技术资源并且质疑过时的处事方式；
- 年老一代可以给别人带来经验技能，很多组织叫它“软实力”；
- 任何两代人都可以合作创造出一个学术氛围，来满足每代人的需求。

讨论题 连接代沟

1. 描述公司现存的几代人的差异；
2. 列出每代人倾向的交流方式；
3. 为人力资源增添动力的 4 个步骤是？
4. “4P 原则”是什么？它们如何应用在你的公司？
5. 为什么了解公司里的每一代人是很重要的？
6. 你个人体会到的多代团队的好处是什么？

【结束语】

了解了各代人的不同，就可让领导者们重新理解最大效益的含义，无论是谈及任务还是关系时。伟大的商业举动基于对他人观点的理解。虽然很多人都认为自己的方向才是最正确的，但是我们现在必须开始思考他人可以带来的不同竞争力，并从更高的格局来考虑一个复杂的问题，寻求新的解决之道。为了更有效地工作、提升质量和效率，我们应该理解和接纳每代人的独特之处，在确保公司总目标不偏离航线的前提下，学会在面对每一个独立个体时恰当运用。

第四章　成为有影响力的领导者

提到领导力，人们想到的自然会是一个职位、头衔，或工作时的身份。这种想法被证明是很危险的，因为员工会关注等级和职称，而不去关心成为一个真正的领导者应该具备什么素质。

领导者一定要了解，领导力技巧的构成要件应该包含吸引和拥有跟随者的优势和能力。简言之，领导者需要追随者，但如果缺乏一种重要特质——影响力，就很难吸引到追随者。人人都在谈论影响力，绝大多数人渴望拥有，但很少有人真正了解它究竟是什么。

本章中你可以学到

◆影响别人跟从自己的领导。领导者必须：

- 亲身示范他们希望在别人身上看到的言行
- 提供持续的教练和反馈
- 复制更多和自己一样的影响者

◆扩大影响圈。领导者必须：

- 吸收其他领导者的影响力方式，为承诺付出更大努力
- 欢迎各级员工提出建议
- 扩大职位描述范围承担更多责任
- 减少尽量多的规则限制

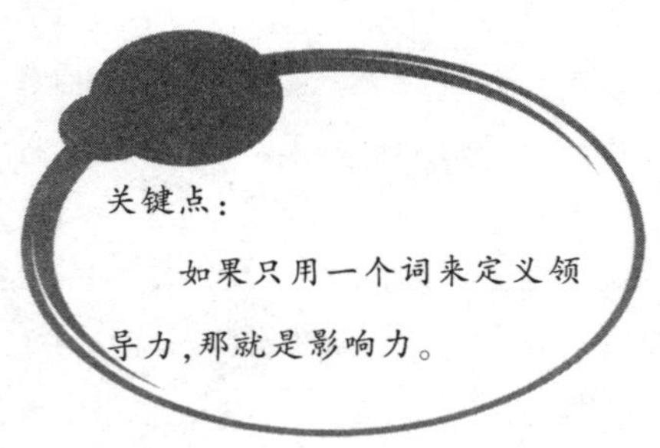

本章我们将学习这个至关重要的能力，了解它的重要性，并随着课程的进展逐步开发出更多的影响力技能。领导者也会从本章中更深地理解那些成功的领导人是如何影响人们，在不同的情境下创造出希望的结果。如果你的培训不包含这部分内容，请及时加入。

启动领导者影响力价值和力量的探索之旅，我们先从一个案例开始。

【人人都有影响力】

在乔治亚电力公司（Georgia Power Company），后勤经理唐·斯文福德（Don Swinford）认为每个人都有影响力。“任何级别的领导力岗位上都有高低不同的影响力”，他说，“一个人影响他人的能力与职位无关。”斯文福德提到他学会了作为领导者影响他人的三件重要的事：

- 持续不断地指导他人；
- 与员工心连心，随时了解他们的需求，他们就愿意追随你；
- 通过认可他们的贡献让他们感到重要而让员工成长。

当一个员工希望说服管理层同意他来负责启动一个新项目时，斯文福德建议他使用一个强有力的工具。他力劝这个员工为此项目提交商业案例。“我让他准备商业案例，这样可能会立刻影响管理层做出决定，同意雇佣 10 个人来执行此项目。”

斯文福德的建议被认真采纳了，那位员工为他的项目准备了动态案例。它包括以下几部分：

- 项目概述与职责分工
- 成本和福利计划
- 项目完成后的综合效益详细列表
- 评估项目的指定截止日期

在斯文福德的建议和细节指导下，员工最终说服管理层支持了这个项目。十个人被立刻雇佣来实施此项目，项目至今为止仍处于成功状态。

【影响力不需要权威或引人注目的形象】

演讲家、作者和领导力顾问斯科特·卡尔博纳拉（Scott Carbonara）回忆起早期他开始进入商业领域时学到的课程。

“在我获得北美最大的非投资人所有的保险公司的人力资源部中级岗位前，我曾是一名广受赞誉的危机处理顾问，”他陈述道，“那时，我毫不犹豫地认为自己是一个爱嘀咕的人，”他继续说，“但只是对职位和职称嘀嘀咕咕，却不是对影响力。”

卡尔博纳拉是培训项目“积极正向去领导和参与”（Go Positive：Lead to Engage）的合作者之一。他解释道：“我带着完全不同于同事的技能组合来到公司，而这是能解决商业需求的技能组合。比如说，某个部门深受物价飞涨之苦，我们既雇不起更多的服务代表，也提供不了完整的培训给客户服务部，人员在不断辞职离开。”

“似乎最‘显然’的解决方案就是给员工加薪。但是我很质疑这个对策，”卡尔博纳拉回忆道，“除了质疑，我也在想服务代表们最在乎的究竟是什么。我访问了上百个已离职的人看看能找到什么样的答案。你猜怎么着？我虽然是个低级的满腹牢骚的家伙，但却掌握了非常强有力的信息，那些信息帮我说服了执行副总裁，他后来提升我当了办公室主任。”

❖人离开人，而不是离开公司

卡尔博纳拉发现人们离开公司的真正原因到底是什么呢？不是因为待遇，而是因为他们被对待的方式。

卡尔博纳拉倾听并记录了前员工的反馈。他们的评价完全不同于那个待遇是罪魁祸首的说法。他听到的原因有：

- “这不过是个有空调的血汗工厂罢了！”
- “如果他们把我们当人对待该多好……”
- “我在那里又压抑又紧张，这差点毁了我的婚姻。”
- “如果把我的意见说出来，就会被告知‘你明天就能被撤换掉’。”

- “给多少钱我都不愿在这里干了。”

“这些信息让我去影响管理员工的方式。我从一个职位不够的嘀咕者变成了有职位的嘀咕者，”他自嘲道，“认真地说，通过施加影响，我给自己新设了一份工作，就是我废弃了原来的领导者职位描述并重新改写，按照激励绩效的管理方式进行培训。”

❖你无须职位就可产生影响

“1999 年，我们的服务代表流失率已升至 36%，个别部门甚至到了 50% 以上。”卡尔博纳拉摇头叹息到，“据最保守的数据，那年有一千万美元的损失是用来应对员工流失的，这还仅指雇佣和培训费用——根本没有包括信誉损失和客户流失。但是到了 2001 年，员工流失率已能保持在 6.5% 左右了，这是个在任何行业的客户服务都闻所未闻的比率。”卡尔博纳拉骄傲地说道。

卡尔博纳拉相信，“领导者具备影响力。职位对于影响力来说，相当于一个叉子对于世界级厨师。你可以拥有任何花哨的职位名称，但只有影响力能提供给你真正强有力的资源。职位仅仅是个很小的工具而已。有些有影响力的领导人从没有任何职位起步，但当你靠近他们，你毫不怀疑你是面对一个领袖。”他总结说，“在我成为战略传播执行总监或内部运作的办公室主任之前的很长时间里，我是一个低薪的没有职务的领导者，但影响了整个公司。职位是后来才被赋予的。”

【人人都可成为有影响力的人】

每个领导者都是对其他人产生影响力的人。而且他所影响的对象也会是一个影响者。一定要提醒领导者，具有影响力不是任何特定职业或工作职位才具备的一个方面。主日学校的老师在道德方面影响学生，但摇滚巨星如麦当娜则在音乐文化领域影响全球一整代人。一个个体施加给他人的影响力和这个个体一样独一无二。

告诉领导者，他们不必是组织内的“光鲜”人物才能具有影响力。也不必使用任何特殊的权力来影响改变。想一想特蕾莎修女，没有人授予她“权力”来改变世界和改变对待穷人和弱势人群的方式。尽管如此，她奔走创建了一个影响和帮助成千上万贫困人群的国际组织。

这一切均可归结于：任何接触别人生活的人都是可以具有影响力的人。作为领导者，可能是监管人，也可能是一个经理，他的成功都依赖于能够影响员工的能力，正如一个教练影响他的选手或父母影响孩子的教养。

【领导者怎样产生领导力】

当领导者开发影响力技能时，一定要了解按部就班跟进的重要性。影响力的提升是一个循序渐进的过程——不可能一夜间就发生质的转变，而是阶段演变的结果。开发领导力有五个关键步骤，学习完每个步骤后，请领导者分享这些步骤如何体现在他们的影响力开发过程中。

【开发影响力五步法】

❖第一步：好好看看镜子里的自己

卡尔博纳拉建议你要问自己这个简单的问题："如果公司上下所有人行为都和你一样会发生什么？"

一些领导者会被这个结果震惊，因为这意味着公司会充斥着领导巨星，他们会：

- 早来晚走
- 用公司价值观来平衡顾客需求
- 对待公司经费好像是从自己口袋里拿出来的
- 用温暖的笑跟每个人打招呼
- 用率真诚实和友好共情的态度来交流

尽管如此，还是有人发现一些不同的感受。那些领导者可能会奇怪

- 为什么每天 11 点到下午 1：30 办公室没人？
- 每个人都在打电话，可是看不到任何业务进展。那是工作电话吗？

● 我们是挨着公共汽车停车场吗？我听到办公室有人在说另外一个人的坏话，并朝着公交车下的人投掷东西！

● 这儿所有人是不是都在看同样的两本书，《怎样找借口》和《啥都不干时怎么显得很忙》？

回答下列问题：我希望别人复制我的哪些行为？我需要改变哪些言行以便别人不采取类似的行为？

____

____

____

____

卡尔博纳拉告诫领导者，追随者总是尽可能去按照引导的方式去做。所以领导者不能光指路，而应该去带路。

❖第二步：亲身示范言行

有人喜欢观察领导者，并从他的行为中获得启示。人们总是容易被身边人的言行所影响。这是最基本的人性特征。领导者的言行为下属的言行打下了基础。当雅克·库斯托①（Jacques Cousteau）的儿子准备进入海洋生物学领域时对他有影响吗？你认为父母能够影响孩子选择他没有兴趣的领域，最终又影响他的行为和反馈吗？领导者的行为是有影响力的，无论这个影响力事后被证明是好还是坏。

回答以下问题：作为组织中的领导者，你怎么样在你的下属中建立影响？你会示范什么样的言行给他们？你希望你的言行对别人产生什么样的影响？

____

____

____

____

① 雅克·库斯托（1910.6.11－1997.6.25），法国海军军官、探险家、生态学家、电影制片人、摄影家、作家、海洋及海洋生物研究者、法兰西学院院士。

❖**第三步：在情感层面来沟通**

与人们在情感层面来沟通意味着激励、从心底真诚交流、传递对某事的热爱和坚定信仰。影响力的一部分是在领导者和下属之间搭建桥梁。这也会创造信任和自尊。当你从情感层面与人交流，你就影响他们愿意倾听你的话并成为你的领导力计划的一部分。

回答下列问题：你会怎样从情感层面与员工更有效地交流？这个沟通进程如何体现在工作上？你希望获得什么益处？

____

____

____

____

❖**第四步：提供持续的教练和反馈**

你一旦掌握了在情感层面的沟通能力，就该聚焦在持续的教练工作了。教练是建立长久深厚的影响力的关键。这一步骤是那样的不可思议，因为它让作为领导者的你，目睹你所影响的对象的转化过程。持续教练永远都是促进员工显著改变的有效手段（请参考第十四章获取更多关于教练的工具和小秘诀）。

教练可以是柔软和被动的，如示范正确的言行或者提供挑战的机会。有时当员工在工作的实践中学习时，工作本身就变成了教练。但是卡尔博纳拉提醒我们："持续反馈是不断进步的积极主动的一部分过程。"

"当你开始为了减肥而节食，你应该先在测量器上了解自己的起点和想改善的程度，"卡尔博纳拉继续启发到，"那个测量器就提供了珍贵的反馈数据。领导者指出方向后常常只走到一半，开发员工影响力真正的巩固手段是沿途一路给他们反馈，当他们取得进步时让他们知晓。"

回答下列问题：在员工个人和职业成长两方面你准备如何影响他们？为什么作为领导者在教练方面的影响力要持续提供？何时教练的体验曾经影响了你？

❖**第五步：复制更多的影响者**

复制更多的影响者是开发影响力过程中最重要的一步。作为领导者，随着时间的推移，你会逐渐成长为一个积极的影响者，到那时你会看到你带给人们生活的巨大价值。例如，领导者授权员工去扩大他们的视野，勇敢去尝试冒险，就好像父母给孩子读一本书来鼓励爱与阅读的行为。但第五步的真正作用远远超越这些表象，使影响力得到最高水准的发挥——不断产生了更多的影响者。

通过造就跟自己一样的影响者，你不仅可以变成影响别人生活的更重要的人，同时也可以帮助别人成为这样的人。这就是每个领导者作为影响者的终极力量：让那些从你这里受益的人把这些积极的能量尽自己最大的潜力传递下去持续影响他人。要记住，每个人都是一个影响者。

当卡尔博纳拉被要求来组建和打造一支战略传播团队时，他表示把一个团队变成一支高效能的队伍需要两年的时间。“我记得当我发现我的团队和成员已经变得相当出色时我非常激动，”卡尔博纳拉依然兴奋地回忆道，“不过那种感觉是短暂的，我接到了一个从来没敢预想的电话。”他大笑起来。

琳达，公司副总裁，打电话给斯科特问他是否有员工可以推荐去面试两个新职位。“琳达说，我只要最好的员工。这是我先打电话给你的原因。”卡尔博纳拉回忆着。卡尔博纳拉告诉他的两个员工鼓励他们去申请职位。他先跟他俩保证说，他很想让他们待在他的团队里，但是新工作确实可以带来职业领域的突破性成长。面试后，琳达又给卡尔博纳拉打了电话，“有个坏消息啊，斯科特，”琳达温和地开个玩笑说，“我们面试的七个人选中，你推荐的两人并列第一啊。我们至少要一个吗？要两个的话，会把你的团队拆散，那不是我的本意啊。”卡尔博纳拉开始讨价还价，“我让她两个都选，”他说，“我很荣幸有机会培养这样的杰出员工，能把他们共享出来我非常高兴。”“我知道这两个员工是整个公司的力挽狂澜者，既然他们能在我的部门创造巨变，就能在公司级掀起更大的影响。”

这会是个好的决定吗？卡尔博纳拉说是的。他很快指出在接下来的几年里，那两位员工先和他变成朋友，最后变成了同级别的同事。“他们在整个公司的高管层有自己的拥趸，有些我根本不认识。但当我有任何需求时，我的请求总是被置顶。”卡尔博纳拉微笑道，“通过影响和培养这些员工，我最终获得了十倍以上的回报。”

【高处有更大发展空间】

“是否曾有领导者想让你这样发问或思考：那家伙在那个岗位上是为自己吗？”卡尔博纳拉问道，“人们很难对一个自私的老板效忠和奉献，对不对？”他字斟句酌地说，“想象一下在公司上下带来积极影响的指数级效应吧！我的员工在其他国家向我伸出橄榄枝，希望我去工作；同事也希望我能帮助招聘和培训管理团队。”卡尔博纳拉又兴奋起来，“使用影响力培养具有影响力的领导者，可以创造让个人积极发挥的环境，因为他们感受到自身的价值，并了解高处有更大的发展空间。”

回答下列问题：你打算怎样造就其他影响者？工作中这个进程会如何体现？在公司复制更多影响者对企业有何益处？

____

____

____

____

【扩大影响范围】

开发自身影响力技能只是各级领导者所应具备的最基本和必要条件的一小部分。更大的权重部分是展示怎样在组织内扩展影响范围。当领导者学习了解怎样有效扩展影响力后，他们就会在组织上下建立对任何项目都能提供必要支持的人员架构。基于此，作为领导力技能被教授的影响力和综合领导力项目将是公司上下各级领导者所使用的基本工具。卡尔博纳拉说，每个公司都有一个未被开发的鼓舞士气的资源库。

> 生活本身是没有意义的，除非它给别人的生活带来影响。
>
> ——捷基·罗宾森（Jackie Robinson）《篮球传奇》（*baseball legend*）

❖不成熟的领导力没有发挥空间

“不成熟的领导者以为所有的事情都得亲力亲为，”卡尔博纳拉摇着头说道，“这太笨了。或许我是比别人要懒些，”他大笑着，“但是我想找到办法让公司里的每个人都参与进来，这样也可以提升团队水平。”

卡尔博纳拉常常会邀请老板和同级别的同事、人力资源专家和公司意见领袖一起开个午间快餐讨论会来研究团队发展问题。他会为他的客人们准备好话题及大纲，但他总是通知他们说是关于团队工作和团队成员的内容。

“我和员工谈论员工们的好事情，就好像你妈妈在夸你真漂亮和聪明，”他轻笑道，“或许你还有别的很多情况，但妈妈就是喜欢这么说。当老板或别的领导者来到团队里当着大家对你说，‘我听说你们做了这件事。太棒了！我喜欢你！’这很给你面子，也给那位领导者面子。更重要的是，这让员工觉得自己很特别和有价值。想提升你作为领导者的影响力吗？通过让员工知道，也要让其他人知道，他们对你和对公司有多重要，就可以激励和鼓舞他们。”

问自己这个问题：我可以把谁请到我的公司来提升影响力和员工士气？

请领导者详细描述他们将在公司内如何扩大影响力范围。从团队获得反馈，把好的增加到下列内容中来扩大影响力范围。

- 在各级管理层增加署名的权威性；
- 尽可能扩大工作描述范围。扩大责任范围，不要只根据需要完成的任务来定义工作岗位；
- 减少不必要的审批环节。授权员工自己做决定；
- 鼓励每个员工灵活处理问题；
- 像领导者一样考虑问题，而不是像老板那样；
- 站在团队的角度思考问题，而不是下属的方式；
- 征询并欢迎各级员工的意见；
- 始终如一、持续不断地保持沟通；
- 消除尽量多的规矩。

诺德斯特姆公司（Nordstrom）拓展影响力范围的方法

诺德斯特姆公司在拓展影响力方面设定了世界级标准。这家世界最有名的零售商也因它对规则和政策的厌恶而闻名。在它那打破传统别具一格的雇员手册中，第一条规定是这样的：

在任何情况下请使用你的判断力。没有别的附加规则了。

诺德斯特姆公司另一个有效方式就是它在企业家思维方式方面的强大哲学观。“每个员工都要求按照一个企业家的方式去思考。”萨克拉门托连锁店化妆品部门经理戴安·艾略特（Diane Elliott）说，“如果你让员工感到他们是企业的主人，他们就会更多地投入工作。企业家思维是在整个商店传播领导力影响力的强有力的方式。”这个零售店11年的老兵继续补充道。

如果你想让领导者感觉到有影响力和愿意授权，尽早告诉他们扩大影响力范围。当他们真正做到时，他们就不只是愿意去授权，同时也会认为自己非常强大。

【开发并扩大你的影响力】

回顾开发影响力的五个步骤：

- 第一步：好好照照镜子；
- 第二步：亲身示范言行；
- 第三步：在情感层面沟通；
- 第四步：提供持续教练和反馈；
- 第五步：复制更多影响者。

再复习一下拓宽影响力范围的方式：

- 在各级管理层增加签名的权威性；
- 尽可能扩大工作描述范围。扩大责任范围，不要只根据需要完成的任务来定义工作岗位；
- 减少不必要的审批环节。授权员工自己做决定；
- 鼓励每个员工灵活处理问题；
- 像领导者一样考虑问题，而不是像老板那样；
- 站在团队的角度思考问题，而不是下属的方式；
- 征询并欢迎各级员工的意见；
- 始终如一、持续不断地保持沟通；
- 消除尽量多的规矩。

讨论题 影响力的开发

1. 用一个词来定义领导力，是什么？

2. 什么构成了一个有影响力的领导者？

3. “人人都有影响力”是什么意思？

4. 为什么一个领导者不必是组织内的“光鲜”人物或者不必使用任何特殊的权力就能具备影响力呢？

【结束语】

本章清晰地阐述了职称、年龄、婚姻状态、种族和信仰并不是领导者成功的共同决定因素。而他们影响别人的能力，无论从好的方面还是坏的方面，才是吸引别人形成团队的因素，他们的价值观和诚信度决定了影响他人生活的方向。影响力承担巨大的责任，因此领导者必须致力于在下属中构建希望和信任，并铺设通往为所有员工授权之路。打造愿景和目标是下一章的话题。

第五章　愿景和目标打造领导者信心与激情

绝大多数运动员在专注运动时不只在意自己的双脚，还会留意别的参照物。滑雪运动员展现雪上特技时，会凝视山脉；骑师则会四下张望并驱策马匹在飞驰的马蹄间行进。再如芭蕾舞蹈演员，当她们在足尖上旋转时，一定会把头颈伸直看向远方。

同样，领导者也必须望着正前方正确的方向，看到更大的画面和期盼的终点，尤其当他们在战略计划指导团队前行时。这个远方的视图就是领导者的愿景。领导者愿景对组织最后的成功和未来的影响是令人惊讶的。看看比尔·盖茨（Bill Gates），他和他的公司一直保有众所周知的与1975年创建微软公司时相同的愿景：让计算机遍布每个办公桌和每个家庭。愿景的力量何其强大！微软公司还在致力于盖茨当初的愿景，它是那样的忠贞专一和卓尔不群，一直在不断改变着全世界的商业模式和生活内容。

本章中你可以学到

◆领导力愿景创造未来。领导者必须：

- 激励员工分享愿景
- 学会提问激励愿景的关键问题
- 开始愿景的探索

◆想象所有项目的未来。领导者必须：

- 发挥创造力和想象未来
- 定制激发愿景的工作名称
- 用利益共享网住员工最狂野的梦想

本章即将学习领导者的愿景如何才能对公司的生存和发展带来深远的影响，以及如何激励员工共享愿景；还将指导领导者按照逐点详述的愿景进程创建充满可能性的更美好的未来。如果你的培训内容尚未包含此部分，请及时加入。

【形象化练习】

请领导者在僻静之处闭眼静坐，让心情完全安静下来。让每个人想象自己坐在办公桌前。突然公司总裁推门进来，夸赞你工作完成得相当出色。形象化要有关于声音的训练，请他们想象听到了一个非常具体的赞扬："格丽塔，今天会上你提的那个关于约翰项目的增税建议，实在是太棒了！看到这些数字我很激动，希望我们尽快碰面讨论秋季启动这个新项目的可能性吧!"

确保每个领导者好像实际听到了这个赞扬声。然后让他们体会那种骄傲和满足溢满全身的感受——每个人都坐得笔直，用一个灿烂的微笑来接受这个赞扬吧!

愿景和目标打造领导者的自信和激情。这个练习就形象地展示了这个过程。

【愿景创造未来】

离开愿景，领导者就会很少或没有目的感。每一个历史重要时刻，每一次变革运动，每一个项目，和每个组织，均始于一个梦想或一个愿景。就这点而言，领导者的愿景是最强大的力量，不仅能够想象，而且能够创造一个未来。

❖什么是愿景?

请领导者分享他们对愿景的定义。你可能会得到五花八门的答案，诸如：

- 在脑中描绘的所希望的未来的图画
- 与我们的价值观和对目标的感受毫无违和的未来的信息
- 独一无二的理想的未来图像

- 我们看待自己演变的未来的图画
- 探索未知可能性的方式方法
- 脑与心合作创造的最终梦想的结果
- 用图画描绘卓越的方式

从领导者们花样各异的答案可以看出，他们从不同的角度定义了愿景。有些人看到了生动的脑中画面，有人体会了感觉，其他人则表达了对愿景不言而喻的感受或直觉。通常，愿景都是被视作脑中的清晰图画的。毕竟“愿景 vision”这个词是来源于一个表达“看”的词根。它完美地描述了领导者的前瞻能力。

❖启动领导者探索愿景之旅

为了激发其他人的愿景，领导者必须有很强的愿望去让某事发生——改变公司的局面，或创造全新的事物。如果询问任何企业家或者成功领导者，他们在一开始是否预想过企业的愿景。所有的人都会告诉你，他们曾想象过不可思议的激动人心的体验，也曾你反复做过同样的梦。更可能的是，他们确信能够让梦想成真，让奇迹莅临。换言之，是他们的愿景这一强大的力量助推了创造未来的可能性。所以，你需要理解的领导力课程就是：一切始于愿景。

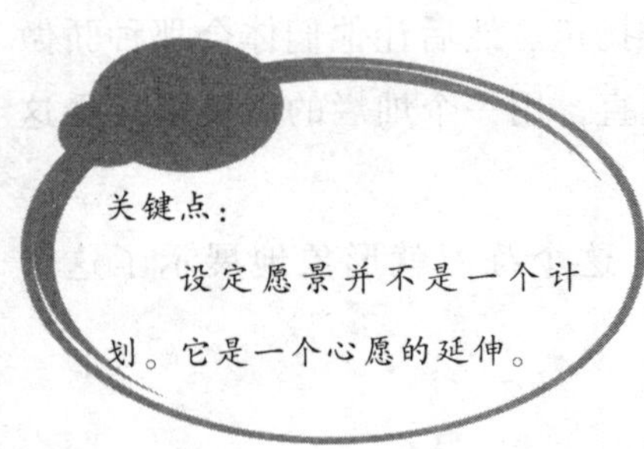

让所有的领导者都变成善于梦想的人

有时，你会有机会与真正的梦想家一起工作。对于安来说，那就是她和著名的畅销书作者安·罗迪斯（Ann Rhoades）在一起工作的难忘经历。安·罗迪斯是《以价值观为基础：创建超越竞争的瞩目文化》（*Built on Values: Creating an Enviable Culture That Outperforms the Competition*）一书的作者。她和她的团队一起帮助创建了很多公司如捷蓝、中国小馆、西南航空、双树酒店以及其他开拓性公司的高绩效领导力企业文化。

续表

总部设在阿尔伯克基城（Albuquerque）的 People Ink 公司，这些年来帮助很多有声望的企业领导者在艰难时刻拨开迷雾看清愿景，从而积累了一定比例的大客户。安是该公司的杰出服务责任人。People Ink 提供全方位服务“员工系统”，在企业启动或重组时帮助创建出色的企业文化和兴盛投入的职场氛围。在 People Ink，VP 这个职位代表 Visionary of People，即愿景设计者。 在一次和安·罗迪斯的前合作者，VP 杰夫·萨利文（Jeff Sullivan）的访谈中，杰夫和安·布鲁斯分享了他推进部分客户愿景的创意战略。 “绝大多数初创公司里，至少有一件重要的事情要实现，在这点上，他们就拥有了很清晰的愿景。但是随着公司业务扩张，很常见的情况是愿景变得越来越稀薄、模糊、不清晰，常常被多点办公和员工招聘搅得一团糟。”萨利文说。 “把愿景恢复至如水晶般透明的意象，尤其对那些一路走来失去焦点的公司来说，更为重要。我们也有机会告诉他们，‘再看一眼公司所有真实的时刻和曾经最恰当地定义自己的机会。’为了让客户重新看清愿景，有时候很有必要促动他们在过程中真正开始置身事外去思考，就像刚开始时那样。”萨利文补充道。 那么一个像萨利文这样被称为 VP 的人是如何促动这个进程的呢？“其实就是一些常识的彻底应用。”他说，“它常常需要领导者把自己的创意思考空间放至最大。我喜欢使用一个五步练习法来设置愿景。”

【促动愿景五步法】

读完以上萨利文关于愿景的观点后，请领导者基于自己的愿景设计来做以下练习。此练习会帮助领导者立刻进行思考和创意想象。

1. 一开始请大家近距离来了解一个自己不熟悉的行业的公司，比如可以选一个出租车公司；

2. 请他们来预想一下如何启动一个出租车公司；他们一开始的答案可能包括车、司机、调度员、特定许可证和可以载客的授权；

3. 接下来，请他们发挥想象力，描述要想拥有世界上最成功的出租车公司需要什么。可能的答案会是特殊顾客服务、清洁明亮的汽车外观、前后气囊、漂亮的内饰、对顾客不增加额外的收费等。可以指出每个人的愿景开始变得清晰，但还不足以激发激情、兴奋和无限的可能性来创造世界上地面交通史无前例的体验；

4. 再请大家展开更大的创意和预想能力，想象各种不可能发生的情况。请大家展望未来，想象出租车公司的愿景，公司开门了，很多人可以从此刻开始联想，这就是所谓的发散性思考，可以让领导者的思想以不同寻常的思考方式到达不可想象的程度。告诉大家没有任何规则限定，任何方式都是可行的，可以很疯狂，可以很有创意，也可以很激进来预想公司愿景。这一部分的练习可能产生的答案包括出租车可以变成直升机飞跃交通阻塞区域、对每笔收费的可退费保障、冬季可加热座椅和可按摩操控、可通过指纹实现电子支付卡的付费等。告诉领导者们，这是比尔·盖茨37年前就使用过的愿景设想方式。当时，他的愿景是在高科技主导的世界里每个办公桌和每个家庭都有电脑，这在那时是不可想象的——但就是那种愿景创意过程才创造了我们现在的世界。每个领导者都应该具备这样的创意和激情，来为一个项目、新部门或整个公司开发愿景。

5. 最后，提醒领导者，在这个练习产生的几十个异想天开的创意中，一定有两三个会被采纳，使用在愿景描述中。这就叫作聚合思维，它会把可能引导潮流的怪异想法整合在一起，帮助分析潜在影响，创造现实行为的模式。

请领导者将为出租车公司创造愿景的整个过程应用在真实项目上，并观察领导者在创建真正充满激情的愿景时能力的逐步提升。

❖展望未来时，可帮助了解你是谁和你不是什么

People Ink 公司帮助企业预想和创建了以人为中心的创造非凡成就的传承文化。People Ink 的团队有非常广泛的经验，并以了解他们是谁和不是什么为基础开展工作。

> 关键点：
> 领导者的愿景是非常强大的力量，助燃各种可能性，创造辉煌未来。

比如，该公司在自己的网站上清晰大声地陈述“我们是谁”：我们是经验丰富的文化创造者，坚信“你不可能强迫文化…你只能创造环境”。紧接着他们同样自豪地表达“我们不是什么”：传统人力资源管理者；墨守成规者；强制执行者；规则制定者；办公室思想者；命令控制狂；或有限责任者。

尽管他们已经成长为非常成功的职业专家，这些 VP 从来不会比青年时代离创意更远。

【激发共享愿景】

领导者需要赢得其他人对愿景的认同，否则就不是领导者。员工也不会追随其他人的梦想，除非他们认为那也是自己的梦想。领导者不能强迫员工接纳，而只能去激发。如果员工相信愿景是自己的，他们就会跟从。以下是有效激发共享愿景的方法。

❖撒下分享之网

请领导者想一下他们希望激发愿景的人。然后将这些人分组，给每个组起个名称。写下每组的名称，在组名下写用什么来促动他们采取行动。请看示例：

组名：利益相关者	组名：客户
用什么来激发：	用什么来激发：
• 利润	• 始终如一的服务
• 竞争优势	• 同等货币的增值服务
• 成长	• 品质
• 多样化	• 多样性

列出所有的组和激发手段后，请领导者判断并写出这些组的共性。他们共同的动机是什么呢？找出的答案将告知他们如何才能更好地吸引本组重叠的兴趣。

另外，鼓励领导者与所列的每个组发起关于愿景的讨论。他们的客户、利益相关者、经销商和团队成员是如何预想公司最美好的未来的？请领导者收集这些反馈信息，在创建愿景的过程中适当使用。领导者通过把这些目的打造成一个整体来证明愿景代表了所有人的公益。

❖激发共享愿景的八个有效技巧

- 肯定明确、热情洋溢地谈论愿景；
- 发自内心地分享观点和感受；
- 生动描述愿景，使其他人可以真切地看到；
- 通过描述感觉和气味来让抽象的部分变成切实可触摸的；
- 鼓励其他人使用直觉；
- 将生命注入愿景让它生动起来；
- 倾听每个人的意见，寻求反馈；
- 展示愿景中的激情和兴奋。

❖超越最狂野的梦想——预想项目的未来

为了赢得其他人对愿景的认同，领导者必须要了解部属们在想些什么。当人们相信领导者了解和理解他们的兴趣和需求时，他们就会心甘情愿地跟随。下面的问题可帮助启发形成对话，了解什么可以激发他人的愿景：

- 这个项目的哪一点让你激动？什么最鼓舞你？
- 请暂时忘掉和商业的关联。从本项目你想获得的更高、更有意义的目标是什么？
- 你认为什么特别的事会影响项目的方向，比如可用资源、人、技术、地理位置、趋势和其他？

通过这些问题，领导者可以创造积极的方式让双方展开关于梦想的讨论。

现在请领导者对下列问题做出回应，并在项目的最后描述自己的形象。注意一定要具体说明。

当项目超越你最狂野的梦想成功实现后，你会看到什么？

____

____

人们会想什么？

____

____

他们会做什么？

____

____

他们会说什么？

____

____

他们会感受到什么？

____

____

【愿景描述结构化】

现在到了领导者着手愿景陈述的时候了，在开始之前，请完成以下练习。通过描述下列情形，领导者将掌握写就愿景陈述的基本架构。

❖构架愿景陈述的步骤

第一步：请描述激发你成为此项目负责人的激情。

____

____

并说明该项目激发员工的热情所在。

____

____

第二步：请详细描述这个梦想的独特性，并说明它变得充满魔力的原因。

____

____

第三步：描述你所展望的项目的壮丽前景，以及它带给组织的影响。

____

____

第四步：描述此愿景如何服务于所有相关人的公益。

____

____

第五步：用可触摸的图像和可视化的描述形容愿景以对所有相关人员产生吸引力。

____

____

❖沟通愿景：写就愿景陈述

领导者现在已经准备好写就迷人的、激情四溢的项目愿景陈述了。记得提醒他们在第九章中提及的愿景描述的重要目标。与定义谁来完成的使命陈述不同，使命陈述经常会使用个人的信仰和人生哲学，而愿景描述则要表达人们会去哪里，和使公司发生能力所致的转变的激励和希望。

❖领导者愿景陈述

现在指导领导者把在本章构建愿景陈述的步骤练习所得放在一起，写出自己的愿景陈述。然后请他们大声地读出来与大家分享。

提醒领导者，愿景陈述是衡量成功与否的绝佳工具。另外要检查陈述是否满足之前提到的条件：是否说明要去哪里？是否提供使公司发生能力所致的转变的激励和希望？如果有人的愿景陈述不包含这些必要条件，请督促他们做相应更改。

❖装饰美化愿景或使命陈述

美国利惠公司李维·施特劳斯[①]（Levi Strauss）把陈述印在牛仔纸浆上。其他公司也找到了各自的创意来展现愿景和使命陈述——从信用卡公司印在塑料卡上到一些公司印在员工名片的背后。当然你也会在书签和海报上发现它们。

领导者最终如何看待愿景和使命陈述，反映在他们选择展示的风格、方式和位置上。在公司大堂、员工办公室、经理办公室、休息室和自助餐厅里，我们经常可以看到结构化的陈述。

亚马逊宣传愿景的方式

杰夫·贝索斯不断扩大亚马逊（世界上最大的图书销售商）的愿景，从一个成功的在线书店，不可逆转地改变了整个图书业态，最终成为世界上最大的虚拟书店。这就是贝索斯的梦想——每天都在向前推动和扩展。贝索斯使用“被迫”这个词来形容他获得和扩大愿景的驱动力。

为了维持企业愿景，如亚马逊，需要设置一个实现长期目标的基础。亚马逊人是这样做的：

- 将目标清晰化：高管必须能回答这个问题，“我们为什么在这里?”
- 了解你要去哪里：长期战略应该自顶而下；
- 询问自己现在在哪里：优势、劣势、机会和挑战分别是什么?
- 实践战略和战术计划：识别你要超越的三个重要的商业领域；
- 开发核心投入与产出：识别与企业目的和愿景一致的短期目标；
- 开发每种战略的投入与产出：战略是为了获得各自核心价值的更广泛的努力；
- 开发战术：为获得战略目标所采取的一步步的行动。

① 李维·施特劳斯：Levi’s的创始人。他提出用帐篷布料缝制耐磨好用裤子的创意。

听我说，朋友，尽管面临着重重困难和几多挫折，我依然拥有一个梦。这是一个深深根植于美国人心中的梦。

我梦想有一天，这个国家会站立起来，真正实现其信条的真谛："我们认为真理是不言而喻，人人生而平等。"

我梦想有一天，在佐治亚的红山上，昔日奴隶的儿子将能够和昔日奴隶主的儿子坐在一起，共叙兄弟情谊。

我梦想有一天，我的四个孩子将在一个不是以他们的肤色，而是以他们的品格优劣来评价他们的国度里生活。

选自："我有一个梦想"演讲——马丁·路德·金

【激发愿景】

马丁·路德·金博士的"我有一个梦想"演讲是最有启发性的示例，激情四射，鼓舞人心，你可以用它作为"用愿景来领导"领导力培训项目的结束。这个演讲不只是令人难忘的，还可以抵挡时间的挑战，历久弥新，成为激发人性和个人信念的最佳案例。让领导者观看演讲的视频录像，请他们观察金博士激励他人愿景的能力。他们可能观察到的细节包括：

- 金博士使用了大量生动的画面描述；
- 他引用的关于宪法的内容增加了演讲的可信度；
- 他的听众与他引用的案例有关；
- 金博士让听众更轻松地看清他的愿景和感受到他的激情。

【愿景与高绩效殊途同归】

在高绩效组织中发现的一个共同的主线就是他们都有水晶般清晰的图画要到达和共同目标要一起创造。员工必须真诚相信领导者的愿景和他们是一致的。传递这种感觉的重任就落在了领导者的肩上。在快速变化的环境里，激发热情和鼓励与组织目标相一致的努力是领导者管理员工必备的胜任力素质。

激发共享愿景意味着要做以下事情：

- 肯定、明确、热情洋溢地谈论愿景；
- 发自内心地分享观点和感受；
- 生动描述愿景，使其他人可以真切地看到；
- 通过描述感觉和气味来让抽象的部分变成切实可触摸的；
- 鼓励其他人使用直觉；
- 将生命注入愿景让它生动起来；
- 倾听每个人的意见，寻求反馈；
- 展示愿景中的激情和兴奋。

问自己以下问题：

- 人们会想什么？
- 他们会做什么？
- 他们会说什么？
- 他们会感受到什么？

使用愿景来领导

1. 为什么创造力是用愿景领导的重要组成部分?

2. 使命陈述和愿景陈述的区别是什么?

3. 领导者如何判断自己是否已经正确写完了愿景陈述?

4. 除了马丁·路德·金博士，还有哪些著名领袖用他们打动人心的愿景和梦想激发了成千上万的人们?

【结束语】

现在是最佳时刻，让领导者致力用愿景领导的最艰深部分：让愿景生动起来。这是一个需要一天天去努力并投入行动的过程，不仅仅是一个宣言或一张海报。从制定愿景到实现有很漫长的路途要走。愿景是触动肺腑的经历和动情入心的体验。下一章，我们将学习领导力基石——正直、价值观、直觉和道德。

第六章　领导力基石：正直、价值观、直觉和道德

你的企业可能坐落在高租金区，由某位屡获殊荣的建筑师设计，采用上好钢材、铬和玻璃来雕饰。那座大厦可能有华丽的喷泉和考究的景观环绕。但是，如果在该大厦里没有进驻正直和道德，也就是说，企业的领导者不具备这样的品质，那企业可能会破产，你也会失业，因为正直是高绩效领导者的基本素养。

本章中，领导者将学习到，核心价值观和正直是保证领导力成功的关键要点。在此基础上，领导人的行为将通过组织和员工而得到发扬和传播。如果你的培训尚未包含此内容，请及时加人。

本章中你可以学到

◆正直作为人类智慧的最高形式，领导者必须：

- 相信当他们被剥去资质和经验等包装后，剩下的是正直和道德
- 教导他人道德是领导力成功和长期存在的要素
- 每天以身作则

◆打造一个价值体系——信任和直觉，领导人必须：

- 知道工作中应该有什么样的价值观
- 鼓励信赖和信任他人
- 运用直觉力激发内在罗盘
- 在工作中学习落实道德行为，建立标准，提升行为准则

【正直：人类智慧的最高形式】

正直已经成为当今社会领导者必须具备的品格。事实上，正直已经被组织发展专业人士描述为人类智慧的最高形式。正直不只是人类诚实可信的延伸，它更超然于所谓的证书和名声之外——它是我们的道德品行和良知，我们的道义信仰和价值观。伊丽莎白·多尔（Elizabeth Dole），美国红十字会前总裁兼首席执行官，强调正直的含义时说，“正直是每一个人百分之百能够做到的。”

美国一些顶尖的商学院，在什么是学术理想的问题上摇摆不定。领导力课程和创业课程已成为美国研究生院最流行的课程并为教师所接纳。因此，相对于金融和市场课程，学生越来越重视诚信、价值观、愿景、道德和如何以身作则这样的课程。

西北大学凯洛格管理研究生院（Northwestern University's Kellogg Graduate School of Management）已成功打破了刻板的理论为基础的学习模式，并计划进一步改进。一些学生曾以高平均分和商业头脑著称，另一些学生则对兼职教授奥普拉·温佛瑞①（Oprah Winfrey）和斯特德曼·格雷汉姆②（Stedman Graham）讲授的领导力课程趋之若鹜，这种状况有十年了。浓缩为十周的领导力课程包括：什么是领导者的真正内涵；如何了解个人的远景规划并付诸实施；作为一个领导者，应该有什么样的信仰；如何完全了解自己。商业课程、市场学和经济学课程会随着时间而改变，但是，奥普拉和斯特德曼教授所讲授的“情商”课程至今未变。事实上，我们更倾向于说常青藤商学院（Ivy League Business School）基于真实案例的领导力课程在全球范围内改变了所有商学院的领导力课程模式。

---

① 奥普拉·温佛瑞：美国著名脱口秀女主持人。

② 斯特德曼·格雷汉姆：美国知名教育家兼演说家，以及众多励志畅销书的作者。与奥普拉是多年的伴侣。

【上行下效】

有条办公室底线是这样的：人们按照所看到的领导者的言行去做事，也就是上行下效。它是“以身作则”的基本含义。你的责任是向今天和未来的领导者传递这个重要信息，要让他们知道，作为领导者，他们的生活和工作承载着巨大的责任，而他们未来取得成功的关键就是正直。因此，我们不应该仅仅按照只会“锦上添花”的所谓道德规范来做正确的事。如辉瑞制药公司在愿景里强烈阐述的——“我们并非只把事情做正确，更须做正确的事情”。

> 我们信守对客户、员工和股东的承诺。我们坚定地遵循诚实、信任、专业和道德开展业务。知之为知之，不知为不知。
>
> ——阿维斯（Avis）

【ROI（投资回报率）=诚信回报率（Return-on-Integrity）】

一家为利基客户提供金融服务、融资、保险的小型私营跨国公司，它的最大优势就是“信用的传统”，或者更准确地说，是它长期以来在市场上的诚信声誉。与之相应的，公司强调绝不允许在道德和正直上有任何纰漏，公司的声誉和诚信重于个人底线。

这家总部在小小的堪萨斯城（Kansas City）的公司解释ROI为“诚信回报率”。当然这个ROI不会出现在公司财务报表里，但公司坚信“诚信回报率”值得公司不惜代价来保护，因为这是公司繁荣和骄傲的牢固基础。

这个ROI是公司繁荣和骄傲的基础吗？应该是的。请领导者回答以下有关正直的问题。组成小组分享各自的想法，头脑风暴一下，并针对他们的回答对正直的重要性做进一步的探讨。

- 一位领导者的正直成败取决于他的许多行为模式。为什么一个领导者的行为一致很重要呢？

- 成功的领导者办事公开透明，言行一致，或践行这样的铁律：说到做到，不放空炮。为什么这一点对建立领导者的正直度很重要呢？
- 你觉得哪些是正直的本质特征？为什么？（例如：个人信仰、坦诚、勇气）
- 彼得·德鲁克基金会（Peter Drucker Foundation）所宣称的“谦卑和勇气乃正直之母”向你进一步阐述了它的意义。请作为领导者的你谈谈对这句话的看法。
- 正直的领导者不会被操控在办公室游戏中，亦不会与他人比较。他们的安全感来自他们自己，他们有明确的方向和路径。你认为一位正直的领导者如何区别对与错，智慧与愚蠢？
- 如果你是非营利组织的领导者，你可能会意识到社会对非盈利团体正直的期待会大大高于一般商业社团。免税的公信力和各个阶层公众纳税都要求非盈利组织要遵循最高的道德诚信标准。你作为一个领导者如何才能不辜负这种承诺？
- 有道是：“没有正直别谈信任。”请解释这句话的意思。
- 作为领导者，你打算怎么对你的组织示范 ROI，或“诚信回报率”？请明确回答。

领导着学员完成这个练习后，你已经开启了关于正直的重要性的讨论，告诉他们你现在希望他们做一个承诺——为企业提供诚信回报。找一个人大声宣读 ROI 誓言。请每个人在誓言下签字。

贡献诚信回报率个人承诺书

我向（企业名称）宣誓，作为企业的领导者，企业给予我信任，我要对企业承诺诚信回报，包括但不限于以下行为及其积极结果：

开诚布公、言行一致、说到做到、诚实正直、勇于担当、可信可靠、遵守道德，己所不欲勿施于人。

另外我要有明确的个人信仰、价值观、原则，坚持每日亲身示范这些行为，并能辨别是非。

签字：　　　　　　　　　日期：

认识缺乏诚信的行为

让领导者花几周时间按照下列清单监测自己，看看他们每次表现的个性行为哪些与下列相符，与在誓言中承诺的相悖：

□忽略全部真相

□不履行承诺

□耽误项目

□背信弃义

□已所不欲施于人

这个清单提醒领导者人性的弱点——每个人都会时不时退步。请注意他们的行为很可能不符合他们个人的诚信和价值体系。

作为组织内领导力开发培训者，必须建立最高的道德行为标准并引导规范领导者言行。因为领导者所呈现的行为习惯将引导组织的行为特征。

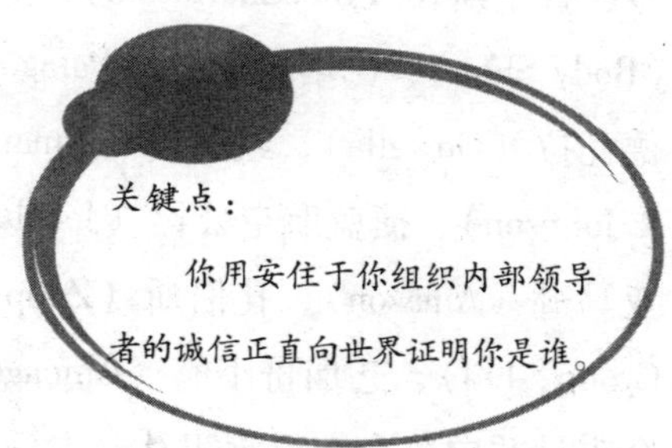

【坚持还是变通：价值导向策略】

价值导向的领导力教给我们，企业不必牺牲利益最大化的社会意识，价值已将它转化为健康的底线。过去消费者购买产品和服务不考虑他们对公司的感受。但是今天，相对于广告做得很好，靠运动型轿车或性感赢得市场份额的产品和服务来说，一个以价值为主导的企业对消费者更具吸引力。

给领导者传递这样一个信息，一个有价值观的企业，可以让客户在跟企业员工打交道时，因为特有的价值观而对企业和员工产生好感。这要胜过只是做成一单生意。

现在与领导者分享一些价值为主导的案例。保罗·纽曼（Paul Newman）公司创始人，已故的保罗将自己非常盈利的食品线上的每一分利润都捐助给慈善事业。好时公司（Hershey）的市场营销策略之一就是在星期天周报上投放治疗礼券，每张礼券的提成返给儿童医院。一个轿车代理为在洛杉矶的植树组织——“树人”（Tree People）捐赠省油轿车，并承诺每卖出一部新车植一棵树。这一目标为他们商店所在的社区提供了上百万美元的利润。

共同的价值观告诉每个人企业认同什么，领导者也会有一个清晰而明确的理念来指导自己如何做生意。因为企业价值观会很大程度上在实际工作中影响员工，所以要对领导者强调他们每一个人的责任就是形成和加强企业的价值体系。

民意调查进一步显示，最成功的企业和领导者都是非常重视价值观的。其中包括：纽约消防局FDNY（Fire Department of New York）、萨克斯第五大道OFF第五店（Saks Fifth Avenue OFF Fifth）、沃尔沃（Volvo）、目标（Target）、本·杰里（Ben & Jerry's）、麦当劳（McDonald's）、凯洛格（Kellogg's）、查尔斯顿（the Charleston）、SC、警署（Police Department）、美体用品店（Body Shop）、巴塔格尼亚（Patagonia）、全食超市（Whole Foods Market）、奥德瓦拉（Odwalla）、纽曼（Newman's Own）、锐步（Reebok）、强生（Johnson & Johnson）、捷蓝航空公司（JetBlue）、英特尔（Intel）、星巴克（Starbucks）、亚马逊（Amazon）、扎伯斯（Zappos）、迪士尼（Disney）、维金集团（Virgin Group，Ltd）、芝加哥小熊（Chicago Bears）。其中一些企业尽可能带头执行社会审计并向公众宣誓承担社会责任。

美国运通（American Express）的价值观

美国运通的所有活动和决定都是以美国运通的蓝盒价值观（American Express Blue Box Values）为基础和导向：

- 客户和顾客第一；
- 质量精益求精；
- 尊重人，待人以尊严；
- 所作所为表现出最高诚信标准；
- 团队精神——从最小团队到整个企业是一个整体；
- 在我们所生活和工作的社区做好公民。

本和杰瑞（Ben & Jerry）的社会使命声明
经营公司之道是：积极认识到商业在社会结构中的首要角色就是通过创新发明来改善广大社区的生活质量——本地的、全国的乃至世界的。 本和杰瑞最根本的使命就是决心寻求新的创造性的方式来改善上述领域的生活，同时对公司内外以及所在社区的每个人都怀有深深的敬意。

❖没有价值观的创新是不足以称其为创新的

现在我们来回顾一下我们这个时代的特大丑闻，当某些公司丢失核心价值观时，会发生什么？与此相反，另外一些公司获得成功至关重要的因素又是什么。

首先来看看安然（Enron）：曾一度在全世界拥有两万两千名员工，作为最重要的天然气、电力、通讯和造纸业的公司，2000年收入接近1010亿美元，连续六年荣登财富杂志“美国最具创新能力公司”榜。临近2001年，当公司被查出财务欺诈后被迫宣布破产——这是一例大企业运营出现问题震惊世界信用体系的案例。隐藏在这一可耻的垮台背后的核心问题是什么呢？完全可以归咎于核心管理团队缺乏诚信，个人利益高于集体利益——未能改善员工生活，未能以身作则，未能通过真诚的努力和实践塑造成功。

❖创新、直觉和激情

相比之下，再来看苹果，一家以前所未有的创新而闻名于世的公司，当时的临时CEO史蒂夫·乔布斯在1997年苹果“不同凡想”广告发布会上发表了这样一段关于公司价值观的精彩演讲：

对我来讲，市场营销是关于价值观的学问。这是一个非常复杂的世界。这是一个非常喧闹的世界。我们不能够指望人们记住我们很多。没有一个公司能够。因此我们必须要清楚我们想要人们知道我们什么。

要想做到这一点，不是去说我们的速度和价格，也不是指位和兆赫……我们的顾客想知道的是，“苹果是谁？它对我们意味着什么？”我们哪里适合这个世界？我们不是为人们制造机箱来帮助他们完成工作，尽管我们在这方面也做得很好……苹果做的远不止这些。苹果的核心——它的核心价值观——是我们相信有激情的人是可以改造世界的……并且我们已经有机会与那样的人一起工作。我们有机会跟像你们这样的人一起工作，软件开发工程师、顾客，而且在改变世界方面你们已经做到了。无论是大的方面还是小的方面，我们相信，在这个世界，人可以改善一切。那些足够疯狂地认为他们可以改变世界的人才能真正地改变世界。

这漂亮的一仗扭转了苹果一直在挣扎的声誉，并年复一年地被福布斯（Forbes）评为“最受尊敬的企业”。苹果从重视价值观的起点出发——积极寻求改善人们生活的价值观。苹果奖赏那些对这一价值有贡献的员工，“苹果研究员计划”①（Apple Fellows Program）就是为奖励那些带领团队为个人计算世界做出贡献的杰出领袖的。

苹果的品牌实力远不止他们卖的小物件这么简单，更深的意义是他们的品牌象征着不断超越极限地改善人们的生活。苹果的“激情”价值驱动力之一源自于开发产品的直觉。2011 年 1 月 20 日《每日电讯报》（*Telegraph*）史蒂夫·劳尔（Steven Lohr）的文章报道，当他问史蒂夫·乔布斯，研究消费者和市场对指导苹果新产品研发起了什么作用，乔布斯回答：“什么都没有。”乔布斯回答：“消费者不知道他们要什么，这不是他们的工作。”换句话说，乔布斯知道他需要用直觉来预测消费者需要什么，想要什么，并为他们开发出来。

2007 年，乔布斯宣布苹果电脑公司更名为苹果公司，他们透露将重点从个人电脑转向手机行业。此后，他们一直是主流技术的先锋，如触摸屏，现在不仅集成在 iPhones 和 iPad 上，实际上用于所有手机厂商的设备。苹果彻底改变了我们使用技术的方式，并使先前的所谓不驯服的“技术”看似有趣、诱人和不可缺少。

❖打造价值体系

提醒领导者，他们将要打造一个领导者价值体系，这将是非常重要的，

---

① 苹果研究员计划：苹果公司为鼓励员工大胆创新而设立的计划，是给予电子科学家的最高荣誉，同时意味着高额的薪酬和大量期权，且有做任何感兴趣的事情的权力。

因为他们的所作所为不能与他们的信仰背道而驰，他们怎么看自己，他们所坚守的核心价值观是什么？要强调实事求是，可以从以下四个方面来解读领导力带动下的价值观：

1. 我们的价值反映了我们如何看自己；

2. 要想深入人心，我们的价值观要有心和灵魂；

3. 我们的价值观决定我们如何做决定；

4. 我们的价值观决定我们的行为，决定我们怎么消费时间和金钱（看一下您的日程表和支票簿）。

❖识别组织的核心价值观

请领导者列出组织的核心价值观。如果尚未形成，就在学员班里请大家一起创建一个本班的核心价值观。列完每一条价值观后，问学员这样一个问题：如果价值观导向的领导力是有罪的，能够有足够的证据判你有罪吗？

由于领导者刚刚学习了透过言行反射价值的重要性，现在请两两分组，在刚才所列的价值列表中，分别描述每种价值对应的工作行为表现，旨在将这些价值转换成实际经验，供每个人遵守。

捷蓝航空公司有关价值观的四条蓝色实操准则

- 价值观体现人们如何看待自己；
- 价值观触动人心：价值观必须有心；
- 价值观不能改变、不能苍白无力。价值观是永恒的；
- 价值观是我们如何行动——我们如何消费时间和金钱。

由安·布鲁斯（An Bruce）在捷蓝培训项目中实施

【最佳公司声誉源于价值观、信用和诚信】

根据《迅速成长的公司》（*Fast Company*）一书提供的“关于商业道德和诚信的快车道领导力调查问卷”，当问及“CEO 的道德在企业经营之道中是否具有重要意义?”95%的人回答“是”或“绝对是”，报告列举了三个主要原因来陈述为什么受访者在问卷中那么肯定领导者道德的重要性：

- 大多数领导者是与生俱来的企业家，他们白手起家，成功缔造了全球业务
- 有坚强的信念并努力实现目标
- 显示出巨大的“个人诚信和坚韧”的品质

财务诚信在领导力中也很重要。福布斯杂志每年公布的“100 家最受信赖的公司”就是基于诚信审计，对美国 8000 多家公司的上市交易做出分析研究的结果。每家公司给出的“财务与管理风险分数”或叫 AGR 有助于评估与股东风险相关的因素。2010 年，www. salesforce. com 荣登榜首，CEO 和董事长马可·贝尼奥夫（Marc Benioff）就此表示：“业务透明对我们的企业非常重要，我因此而感到自豪。”

作者詹姆斯·库泽斯（James Kouzes）和巴里·波斯纳（Barry Posner）在他们的《领导力挑战》（*The Leadership Challenge*）一书中指出，组织领导者必须要把有共同价值观的人团结起来作为核心团队。有共同价值观的企业在就业、股价、利润以及销售收入方面明显超过其他企业。

他们表示，这些价值观也培养自豪感、忠诚度和效能。这是一个很好的时机来告诉领导者，他们要想赢得领导力声誉，就要关注除他们自己以外，美国最好的企业在做什么。提醒他们在一个以价值观为导向的企业里，领导者亲身示范，己所不欲，勿施于人。当领导者形成以身作则的领导力风格时，他们的追随者自然会对他们报以崇高的敬意。

【鼓励领导者的直觉】

本章最后部分强调鼓励领导者磨炼他们的直觉和本能的重要性。为什么如此重要呢？直觉不是不合逻辑吗？之所以对直觉有这样的评价，似乎是因为直觉很难智能化也很难解释。但在与领导者的访谈中，许多人承认自己直觉能力的价值并学会了密切关注内在心声。

阿尔伯特·爱因斯坦（Albert Einstein）曾说过：“真正有价值的是直觉。”这也可以解释为，对领导者而言，相信自己的直觉会帮助他们在工作中开发出更敏锐的感知和判断。事实上，以诚信和价值观为导向的领导力实践

都源自于我们对是非判断和善待他人的深层次直觉。

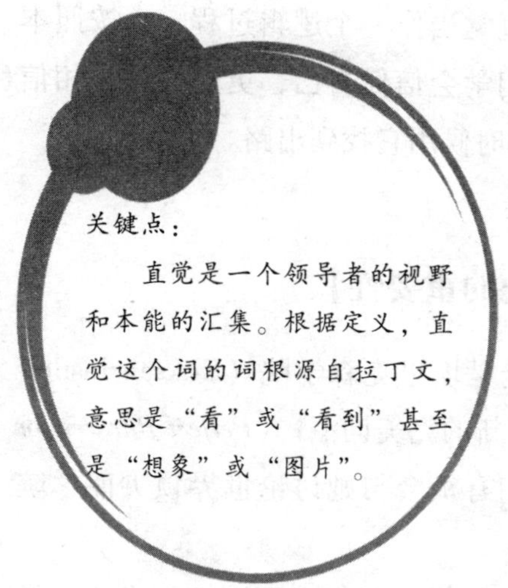

一个领导者的直觉使他的知识和阅历紧密结合在一起。在过去的几年里，我们每个人都获得了我们对于各种情况的独特视角。我们听闻、觉知、品味并体验我们的环境，所有这些感知结合在一起帮助我们开发出我们的直觉或内视。直觉不是什么神秘的过程。这只不过是人类的能力自然而然地通过这些觉知得到相关的印象、体验、比较和筛选，来得到有意识或无意识的解决方案或解决问题的方法。直觉是一个领导者的内在罗盘。越是有经验的领导者，越能更快地做出取舍并选择正确的方向。实际上，根据博雅公关（Burson - Marsteller）《公关周刊》（*PRWeek*）的调查，62%被访的CEO更倾向于凭直觉做决策，而不是纯粹的数据分析。

❖领导者直觉：最大化你的内在罗盘

用下列练习来帮助领导者更清晰地了解自己的直觉能力，并让他们学会如何在今后的领导岗位上运用。做这个练习，要派一个合作伙伴给每位领导者，与合作伙伴一起回答下列问题：

- 当你有一个预感，你通常会跟随这个预感吗？描述一次你有一个预感并决定跟进它的经历。当时情景是什么？结果是什么？
- 有没有你没有跟进你的预感的时候？后来又希望应该跟进？当时的情况是什么？没有跟进的结果是什么？
- 当你做决定时，你是考虑你的直觉还是过分分析局势而忽略自己的直觉？带来的结果是什么？
- 描述一次你依赖直觉而非实际经验的经历？发生什么了？
- 你觉得直觉和良好的管理、判断、智慧有关系吗？为什么有？为什么没有？

请领导者和他们的伙伴在班里分享他们的经验——运用直觉的体验；如

何继续磨炼直觉天赋并作为领导者的技能来运用。

鼓励领导者建立自己的直觉觉知，把直觉当作一个逻辑过程，去按照本能直觉行动，并运用到极致。这样做，他们学会信任自己，更重要的是相信自己的内在罗盘，当丧失感知或失去方向的时候用它找到出路。

【培养领导者时道德的重要性】

卡伦·埃里克森（Karen Eriksen）博士是埃里克森学院（Eriksen Institute）的总裁兼首席执行官，也是《创造与革新的完美词汇》（*Perfect Phrases for Creativity and Innovation*）一书的作者。我们有机会与她讨论世界顶尖商学院流行的道德课程。

我们了解到，商家终于认识到如果他们想成功并提高利润，达成这一最终结果将取决于聘用和发展有道德的领导者。

❖道德和个性——归根结底是经济学

业务由有个性的领导者管理远远胜过没有个性的领导者管理。根据哈佛商学院（Harvard Business School）和德保罗大学（DePaul University）的研究，这些企业：

- 长期以来平均销售收入增长四倍
- 员工增加八倍
- 股价增长12倍
- 净收入增加756倍
- 市场价值提升三倍
- 财务绩效排名高出14.8个百分点
- 信誉得分比整体水平高出6.7个点

企业盈利来自于：

- 客户介绍更多客户
- 招聘和留人改进了，员工和客户推荐朋友加入公司增多了
- 招聘成本降低了
- 行为不当、员工欺诈和旷工减少了

- 工作关系更积极和富有成果了
- 破坏公正和信任的丑闻减少了
- 沟通改善了——为良好决策提供了必要的信息

其他企业的领导者凡是坚守道德个性的也都改进了其职能并提高了生产力。

我们问埃里克森，如何理解道德的重要性，它为什么可以应用于经理制订企业领导力开发计划。埃里克森说："伦理价值观，诸如信任、诚信、正直、公正和尊重是我们了解自己并知道如何对待他人的基础。"因此，不仅是经理和领导者需要从一个明确的道德基础出发来运营管理，因为这是正确的，而且涓滴效应理论（trickle - down effect）也表明如果他们不按道德出牌，他们的员工也不会。

她补充道："经理和领导者不仅需要做示范来表现道德价值观，他们还需要倡导价值观，以价值观为基础认可、提拔员工，在培训和会议上，让员工学习如何将价值观贯彻到日常工作中。他们必须采取行动制止不道德的行为，并将培养员工个性成长列入领导力发展计划。"

埃里克森进一步说，一旦公司通过某些程序形成明确的道德价值观，他们打算采用、保持、宣布和讨论等，经理和领导者可以要求员工在他们个人的发展计划中阐述如何将这些特定价值观应用到他们的工作中。

例如，埃里克森告诉我们，如果胜任力、公正和诚信在公司价值观和使命中提倡，就应该要求员工在计划中阐明如何实施这些道德价值观，正如马琳·杰斯在本书第一章中列出的"领导者个人责任承诺书"。埃里克森在她的著作中还列出了以下实例：

- 评估日常工作任务，确定哪里需要提高胜任力；
- 通过参加培训和继续教育提高胜任力；
- 了解如何更加公正和正直地对待报告，例如，评估别人在多大程度上相信我是公正和正直的（同事和经理的匿名调查报告）；
- 列出日常工作任务后，以文档的方式强化公正和正直，制订具体目标和达成目标的日期，按时监督执行情况。

❖研究伦理

埃里克森建议领导者至少要做到：

- 了解适用于工作的法律法规
- 承诺按照法律法规做事并定期参加相关法律法规的继续教育
- 承诺鼓励同事并要求他们按照法律法规行事，一旦发现不道德或违法行为绝不姑息，杜绝任何人违规违法操作
- 参加定期讨论，与同事和经理就有关自觉守法，特别是如何管理伦理两难情况（不同法律冲突，伦理和法律冲突，等等）展开讨论

理想情况下，领导者也应该：

- 了解公司的理想道德价值观（或帮助公司建立道德价值观）
- 参与培训和讨论，确保将这些价值观应用于具体工作
- 定期参与道德两难的讨论，帮助员工从理想的道德价值观与实际工作中的难题的纠结中解放出来
- 在日常工作中落实这些价值观：制订具体目标，公之于众，持续推动落实
- 对同事和经理的匿名调查报告也是成功实施道德价值观的必要手段

埃里克森开创道德决策并激发人们的最佳价值观和行为，这一创举同样可以改变家庭和企业。请访问 www. erikseninstitute. com 获取更多信息。

正直、价值观、直觉和更强伦理道德

1. 为什么正直是领导者个性的重要组成部分呢？
2. 当今研究生院纳入的非传统课程是什么？
3. 请解释“上行下效”。
4. ROI 的另一个意思是什么？
5. 价值导向领导力的定义是什么？
6. 为什么领导者代表什么或认同一个特定的人生哲学很重要呢？
7. 领导者在塑造和加强企业价值体系的责任是什么？
8. 描述一下“直觉即领导者视野和本能的汇集”是什么意思？
9. 一个领导可以调整直觉的方法是哪些？
10. 为什么我们把直觉能力作为自己的内在罗盘？

【结束语】

本章我们了解到价值导向的领导力、正直、直觉和伦理道德被列入企业和广大社会的前沿，广义来讲就是我们要在拥护什么或听信一切之间做出取舍。我们的选择体现在我们如何做生意，如何与客户合作，以及如何发展我们的领导者。这也与我们下一章的题目有关——“希望和信任始于领导力授权”。

第七章　希望和信任始于领导力授权

这是本书作者最喜欢的章节，因为它呈现了丰富的真实世界的案例，示范了领导者如何授权，并把希望和信任徐徐灌输其中。

授权常常被视为空洞的概念。奇怪吗？想想吧，很多机构总是翻来覆去地使用“授权”这个词，似乎这是风靡一时的让更多工作得以完成的解决方案，但却鲜有公司把它当作最重要的领导力工具。而它本应如此。

本章我们将学习真正意义的授权是什么，怎样使它成为有效的领导力工具。本章也会向领导者用案例说明他们怎样将授权从一个空洞的概念转化为实际技能，以正向有益的方式持续影响各种言行。如果你的培训项目尚未包含此部分内容，请及时加入。

本章中你可以学到

◆授权带来的协同效应。领导者必须能够：

- 评估现有授权能力
- 在员工中发动协同效应
- 通过授权的力量实现事半功倍

◆21 世纪的企业家思考方式。领导者必须做到：

- 让机构内的每个人都感觉像合作伙伴
- 传递企业家思维是授权的额外收获
- 理解希望和信任是授权的里程碑

【诚信让授权变得真实可信】

每个员工都渴望有机会贡献更多的力量，承担更多的责任，但管理层却总喜欢把一些琐碎的杂事交给员工。面对公司的挑战，当团队建议的解决方案被高层否决，这会传递什么信息呢？当一个被称作所谓授权的员工冒险做一个大胆的决定，结果弄得一团糟犯了错，或者表现得太过于人性化，会发生什么呢？他会被训诫甚至被解雇。那么授权在哪里呢？

来看看酒店业的一个中层经理的想法吧："高管总说让我授权给员工，但他们并不支持这个初衷，或者常常食言。几乎每次员工有任何建议或试图采取什么行动，我都不得不再返回去告诉他们没被批准。在我们的机构里，授权这个词的可信度等于零。"

授权，或者缺乏授权，已经浪费了大量领导者的信用和同事的信任。对于开发公司领导力培训项目的人来说，现在是防止授权对领导者"反咬一口"的绝佳机会，因为他们还没有真正学习过如何授权。你可以给他们展示如何把授权从一个脆弱的概念转换成过硬的技能和有影响力的行为。

【现实世界的授权案例】

责任和授权是利兹卡尔顿的领导者们管理员工的基础。权力被共享，每个利兹卡尔顿人，无论是行李员，客房服务主管，前台助理，或者是管家，都被完全授权为任何客人修正任何原因引起的任何问题，当场决定花费至多2000美金的费用。为什么不呢？利兹卡尔顿从来不会雇佣一个他们不信任的人，他们相信他的判断能力。看得出来，利兹卡尔顿的授权从招聘环节就已开始。

问问自己，你的企业管理层决定授权时传达的信号是什么。你的公司是和利兹卡尔顿一样这样说吗："去吧，我们信任你并且相信你做的都是对的"？还是像迪尔伯特①（Dilbert）连环漫画中所描述的那种心态——我们让他们感

① 迪尔伯特：《迪尔伯特原则》一书的主人公，由半路出家的漫画家斯科特·亚当斯创造的一个卡通人物。

到渺小和无能？请看下面的例子，公司如何剥夺员工的权力。

在美国西海岸的一家杂货连锁店，前任经理谈到她监管店里收银员的感受，“我们公司的管理风格是相当伪善的。开管理会时，要求我们授权给前台收银员，但是一旦收银员收到异地支票或盖章不清晰的支票，他就得当着顾客的面叫管理层来鉴别核实。其实收银员完全可以自己来判断，呼叫管理到现场只能传达两个信号：一是告诉顾客我们不信任自己的员工可以处理这么简单的事情；二是每次都暗示收银员不具备独立完成这件事情的能力。”

【警告：避免造成灾难因子，立刻开始授权】

如果你想彻底打击员工的积极性，让他们处于尴尬境地，那你就先说要授权给他们，然后收回成命，并耳提面命教他们如何做事吧！不许提问，不准笑！这类事一直发生着。这里的关键是，如果你已授权某人，但他达不到要求，无论什么原因，都不要通过剥夺这个机会来纠正错误。相反，应在这时练习教练的方式，告诉他真实的意见并提供有用的建议。最好能提供一些额外的范例来证明这一点。

顺便要告诉领导者关于学习曲线的事。也可以把自己学习某种新理念的过程分享出来，从一开始的忍耐，所犯的错误，到克服障碍的方法，等等。这些策略都可以鼓励领导者重回正轨继续尝试学习。

为了提示领导者领会正确和错误的授权方式，请他们描述管理层的有效授权方法。鼓励他们详细地把自身的体会说出来。再让他们讲一讲管理层剥夺授权的真实过程，无论是刻意的还是无意的。这个练习可帮助领导者共享和讨论各式各样的有效和无效的授权方式，并通过日常的训练实践正确的授权。这样他们就会更好地了解了工作中授权的深远影响，然后开始形成自己的授权风格，以帮助员工学习和成长。

【来自授权的协作效应】

授权具有协同效应。当正确实施授权，组织内部就会释放巨大的协同效应。当领导者给员工真正授权范围双倍于完成工作所需，效果就会非常显著。

如果“放权”的想法困扰了某些领导者，就让他们回顾一下把权力下放给别人以便他们呈现最佳工作状态的整个过程。

在上一章中，我们讨论了领导者扩大影响力范围的重要性。这个概念和领导者放权或授权是完美吻合的。

> 如果你不介意荣誉归谁的话，你会发现任务完成得出奇的快。
>
> ——亚伯拉罕·林肯

请领导者做下列快速自我评估测试来判断他们在授权方面的管理水平。

为了更完整了解当前所采取的授权策略，请根据下列陈述内容给自己的行为打分，在介于“很少”和“总是”之间用 X 标注。

领导者授权能力自我评估表

当开始给别人授权时……

1. 我让员工和高管直接接触，以便他们扩大在组织内部的影响力圈

   很少——|——|——|——总是

2. 我经常给别人责任和重要的任务

   很少——|——|——|——总是

3. 我已授权的工作，我尽量不去告诉别人怎么做

   很少——|——|——|——总是

4. 我给员工自由和灵活度去完成工作，不会陷入制订条条框框的泥潭中

   很少——|——|——|——总是

5. 我主动、定期去支持好的判断和符合常识的言行

   很少——|——|——|——总是

6. 我帮助员工对自己的生活负责

   很少——|——|——|——总是

7. 我帮助创造一个员工可以安全犯错的氛围

   很少——|——|——|——总是

8. 我不会按照职务和工作职责描述去限制员工

   很少——|——|——|——总是

完成这个测试后，请他们从最中间画一条直线，看看有多少“X”在线的左边，这是需要注意和提升的部分。三个月后请他们再作这个测试，比较一下两次的结果，这样可以通过衡量变化来推动持续的进步。

【授权是21世纪打造企业家思维的方法】

成功的授权技能需要让每个人都感觉到自己像企业的合作伙伴。世界级的企业领导人都会让他们的员工感觉到自己是企业的所有者或合作伙伴，因为当人们觉得自己是主人时就会去保护它，照顾它，并全情投入。比如在星巴克，所有员工都被称作合作伙伴，无论他是兼职冲咖啡的服务员，还是CEO。这种授权模式鼓励员工像企业家那样去考虑问题。

请领导者提出他们成功帮助各级员工形成企业家思维的方法。可提供诸如冒险、了解公司如何运营和怎样产生收入、怎样读年报表以及如何在竞争中领先等话题。告诉领导者，企业家思维是授权的副产品。然后让他们评估自己的企业家行为。他们的行为是否最大限度地显示了公司是属于自己的?他们是否不管职务和工作描述范围，付出更多代价来对待工作？当事情未按计划顺利进展时他们是自我激励和承担责任的吗？这些问题可帮助领导者判断他们企业家的思维水平和对于授权的态度。

授权工具：为员工正名

世界级机构通过为员工正名而创造了充满企业家思维和主人翁意识的活跃的职场气氛。请看下列真实案例：

- 星巴克和TD-Industries（一家员工拥有的建筑公司）都称呼员工为合作伙伴；
- 佳腾公司（Guidant），心脏起搏器制造商，则使用了“员工业主”这一术语；
- 亮视点（Lenscrafters）、万豪、戈尔、大众超级市场（Publix Super Markets）和第一资本银行（Capital One）则把员工看作合作人。

【希望和信任的重要性】

希望和信任是通往授权道路上的里程碑。只有基于希望和信任，领导力才能成功。在授权成为管理领域的流行性词汇前，成功的领导者已经意识到希望和信任的价值并把它们加载到和别人的关系中。告诉领导者要相信自己的直觉，依赖这些基本原则。

在领导者建立的每一段基于希望和信任的关系里，这种感觉都是双向的。例如，只有领导者信任员工是不够的，员工也要信任领导者。事实上，员工是非常希望信任领导者、相信领导者的，他们希望领导者真心关注员工的幸福快乐。这个相信的愿望是基本的人类的愿望。

> 技巧和技术当然重要，但建立希望和信任却是经年累月的事情。
>
> ——汤姆·彼得斯《创新圈》

❖领导者要高举希望之旗

如果有谁曾盛赞过希望之珍贵，此人非英国前首相温斯顿·丘吉尔（Winston Churchill）莫属了。第二次世界大战结束后，有记者问他，英国与纳粹政权斗争的最有力的武器是什么，他毫不犹豫地自豪地回答："英国最强大的武器永远都是：希望。"

丘吉尔强调的重点是，如果拥有希望，人民就会坚持不懈，持续战斗，反抗困境。为什么呢？因为人们的士气和期望部分基于希望的愿景——希望有所成就，希望获得成功，希望通过他们的努力让明天更好。当员工相信希望的力量，他们所有的可能都会呈现出来。让希望之旗高举是领导者的义务。请领导者想一想如何实现这一点。请他们回顾某一时期，是希望维持了他们的需求，并且最后实现了看似不可能的目标。

❖领导者应高举信任之帜

信任是公司诚信的卫士。当建立个人和职业的关系时，信任可能是最重要的因素。员工在愿意跟随一位领导者之前，首先必须相信和信任他。信任是领导者打造高绩效组织的重要条件。正如汤姆·彼得斯所言，领导者应该秉承“高技术水准，高信任度”的策略，把信任放在第一要务。彼得斯也建议应该把信任当作一种“硬性技能”而不是“软性技能”。当然有时候企业太多的信任常被视作情感过于外露夸张。所以信任问题是完成工作的必备技能。

请领导者回答信任的含义是什么。你可能会得到类似这样的答案：可靠性、可信性和责任感。再请他们举出几种领导者背叛信任的方式。回答会有沟通失败、不说真相、违背诺言和双面态度等。

信任是把领导者和下属粘在一起的胶水。

——沃伦·本尼斯 谈信任

请领导者们回答下列关于信任的问题，并根据答案掀起讨论——信任是怎样的无价之宝。

1. 你能回忆起某一段时期，当时办公室信任被遗失了？具体情形是怎样的？

____

____

____

2. 办公室遗失信任的后果是什么？

____

____

____

3. 后来信任恢复了吗？如果没有，是为什么呢？

____

____

____

4. 你认为信任与尊重和信誉的关系是什么？

____

____

____

一定要牢记信任是需要日复一日去构建的关系，不可能一劳永逸。如果领导者的言行摧毁信任，很难再重建。这个教训说明领导力一定要在信任的基础上去实施。

❖在变革时期，希望和信任如何为引擎供给燃料

当企业面临各种变化或转型，希望和信任就变成了向前推动组织引擎的生命力和能量集。拿破仑·波拿巴（Napolean Bonaparte）曾说，“领导者就是希望的兜售者。”希望是领导者要随机发放的变化的燃料，而信任则是领导者持续推动公司和团队前进的架构。

乔斯林·戈弗雷（Jocelyn Godfrey），圣灵通信公司（Spiritus Communications，Inc.）的创始人，该公司是一家集营销、出版和顾问服务于一体的提供激励式沟通服务的公司，她在最近一次接受访问中回顾创业的激发因素时说：“当时我 24 岁，我就职的广告代理公司被迫关门歇业了。与其痛哭流涕，不如燃起新的希望。我想，这可能是投资新项目的绝佳机会。”在这样积极心态的主导下，她用自己自由作家的账户做担保，根据一个对商业的简单建议就开始投资，经过 15 年的努力打造出了这家国际知名企业，现在领导者都愿意定制和引用他们的信息服务。

“现在很多人都来找我咨询如何启动新业务或让企业发展上新的台阶。如果企业家心中充满绝望，或领导者对新方向很迷茫，这是不可能有解决方案的。希望滋养信任，这二者必须先生根发芽，才有可能看到成功的讯息。”戈

弗雷陈述道，“没有希望，一个企业家不可能迈出第一步去启动公司或实施新的想法。同样，作为一家企业的领导者，希望是推动你去制定计划的力量；计划则通过对员工的信任去实现目标。”

杰夫·贝索斯，亚马逊的创始人，他当年离开华尔街的舒适工作，冒了很大的风险开始在线图书销售。现在这些风险都无数倍地偿还了。因为他坚信自己一定能有所成就，并相信付出必定有回报——即便失望，他也能幸存于世。他常被引用的说法是，在将来的某天回望人生，曾经努力，即使失败，也比放弃所有尝试更让人欣慰，不留遗憾。

亚马逊（Amazon. com）

亚马逊起步于在线书店，目前是世界上最大的图书在线零售商。它是一家跨国电子商务公司，总部在华盛顿的西雅图。创始人杰夫·贝索斯就是在“不留遗憾”的想法驱使下创办了亚马逊，没有错过互联网淘金潮。

❖领导力的马拉松边界

领导者缺乏希望和信任时如何获得？在变革时期他们怎样使用希望和信任才能点燃团队前行的力量？戈弗雷，她同时是个长跑的业余爱好者，提出了“马拉松边界”的概念，这个后来成了她的专属概念的理念，帮助她在商业谈判过程中获得了个人和职业的成功。当马拉松运动员为比赛而训练时，他们要求判断自己的心跳极值，以此来定制个人的训练课程。根据个人极限值来安排训练强度，既可以保证毅力和训练得到最大提升，又能防止过度消耗体能造成的应急伤害。这就是他们应该遵守的边界。“在商业界也是一样，也有个最理想的边界。”戈弗雷陈述道，“我们的目标是每天推动自己达到足够的成长，但不是让自己能量燃烧殆尽或倒在路边，半途而废。在我们尚未做出明智选择前，保证在边界以内锻炼，就会取得进步。我们不可能从沙发椅上下来，直接就跑出 26. 2 英里的距离。但是我们可以先走 1 英里，然后跑 2 英里，然后再增加。我们要保证每天取得最大进步，却不是让自己体验适得其反的后果。”

要保持马拉松边界的最大关键是，在保证成功的能力中嵌入希望，同时坚信自己能学会和获得实现目标所需。“我跟很多长跑选手聊过，他们说训练的第一步是报名参加马拉松比赛。这并不让我感到诧异。报名的举动表明运动员有信心跑完全程。希望和信任让他们全身心投入参赛准备中，并迫使他们更快地调整自身状况以适应比赛。对一个商业领导者也是如此，希望——相信自己和自己的决定——是成功的第一步。”

“你可能听说过，成功不是短跑冲刺，而是马拉松。”戈弗雷继续说，“当马拉松选手开始比赛，他必须坚信一个信仰：‘我能做到！’这个信仰就是希望而且相信他的双腿会带他到达终点。同样地，你通过拥有希望和相信成功、通过开发和挑战可实现的加强自身的计划、然后通过在最佳边界内每天采取行动而实现梦想。”（关于更多马拉松边界的内容，请参考附件3）

❖你为下一代领导者示范希望了吗？

领导力部分进程包括为别人展示信任和示范成功。“如果你正在指导其他领导者，一定不愿意在不信任团队能够‘完成比赛’的前提下就去运作；”戈弗雷说，“要想让整个团队愿意跟随你的领导一起冲刺，你必须在他们跟你跑的时候展示希望给他们，并信任他们会尽最大努力去做到。”

【领导者在组织内如何打造希望和信任】

当领导者信任他人时，就会传递出强烈的信号：“我相信你，我相信你是值得信赖的。我尊重你。”这类信号可以树立员工的自信心和自尊心，体现真正的授权。

鼓励领导者通过亲密聆听和授权，让员工自己做出重要的决定，以展示对他们的信任。表达信任是建立更强团队的工具，但领导者一定不要摆出恩赐的态度，诸如：“好吧简，我相信你能执行好这个项目。”言外之意就是：“简，你最好别把它搞砸！”或者：“好吧汤姆，项目归你了。我相信你会尽自己所能的。”相当于“我估计你是唯一可以交办此事的人了，我希望你知道自己在干什么。”

以下是希望和信任领导力的十个原则：

- 尊重和敬重他人；
- 意识到你说话的内容和方式；
- 按你推崇的去做，做你承诺过的事；
- 对自己真实，真诚对待别人，别去占别人的上风；
- 倾听和欣赏他人的观点；
- 尽量避免反驳和训斥；
- 发现并鼓励和表彰积极言行；
- 欣赏别人的独特，认可文化差异和多样性；
- 承认希望和信任是双向的；
- 别害怕展示自己的人性和承认自己的过错。

动机部分基于希望的愿景——希望通过自身努力获得更有意义的目的和达成更大的成功——对更好的未来的希望，包括家庭、朋友和同事。换而言之，希望好比可能性的海洋，代表着生活未来的样子。当我们被激励着相信这些可能时，一个闪亮的明天就呈现在眼前。当然，要想用这个概念来吸引员工，首先必须保证员工和领导者之间有很强的信任基础存在。

❖屹立潮头，驾驭风浪

信任来自希望和信仰之海，以不可预测的高度和不可想象的速度，以魅力和能量席卷着组织和员工的潮涌和波浪。

请想象一下，公司和团队的信任水平，无论高低，都如波浪般袭来，有时巨浪滔天，有时只是轻泛涟漪。不管怎样，信任——永久的管理之波，所有伟大的领导者都想驾驭它、引导它。

正如汤姆彼得斯和其他管理巨匠们数年前所预言，信任是比技术和培训更重要的领导力核心价值和软性竞争力，所有希望生存和繁荣兴盛的管理者都必须不断学习和逐渐操控。因此，请做好准备驾驭信任之波，引导他人在波浪起伏的水面上信任自己，从而在整个组织内构建信任之舟。我们深信，有信任就会有一切。

❖MBSI（MedAmerica 会计服务公司）的领导者如何打造信任品牌

詹姆士·V·普罗费迪，MBSI 的敬业的高效能 COO 和总裁，曾这样说道："信任就是我们向前冲的方式。"普罗费迪不仅是 MBSI 敬爱的值得信任的领导者，同时也是狂热的冲浪运动员和滑板运动员。当他谈到自己激发动机和信任团队的强烈的激情时，常常提到冲浪或滑板时怎样引导波浪——"这需要信任！信任自己和信任其他人。"

普罗费迪的领导力授权建议是，招聘最好的，然后信任他们，或者干脆解雇。"MBSI 招聘主动的、智慧的、积极的和值得信任的员工，然后日复一日地做到这一切。"他说。可信赖的员工会打破暗箱操作，总能创造出奇迹，因为他们被经理人信任，所以愿意授权给下属去做决定，这样就改变了整个公司的发展进程。"这是最好的激励手段！"他强调道。

"开发和培训员工的基本技能已经远远不够了。我们还需要开发他们的情商，把信任作为领导力的核心胜任力之一。这个胜任力可以扩展到每个人的知识基础，因为他们被授权后会变得更加创新、灵活，可以驾驭各种确保领导力成功的波浪。"

就像冲浪或滑板运动一样，经理人也经常犯错。"如果你已陷入困境，谁会在意呢？这并不意味着你已经精疲力竭，所以要重回滑板继续冲浪！被信任的员工会不惧犯错并吸取教训。他们知道公司相信他们会修正问题，重新正确做事。他们不会被卡住或陷入恐惧。他们知道会继续向前，一直拥有尊重和高层管理的信任。尊重过程吧！招聘和授权给最好的人才，要么授权给他们，要么解雇！"

真实案例

作为美国最成功的医疗会计服务的行业领袖，MBSI 拥有极高的信誉和可信度。为什么呢？它的管理层和团队以在工作中展现极高的信任而闻名。一个同事这样说，这是一家每天都要应对精密审计、兼容编码、医生实践、客户数据分析和电子需求提交等大量细节工作的行业领袖，而领导者却鼓励创新和变革，支持作为领导力核心胜任力的双向信任。

"我非常坚定地相信公司能够取得这样的成功。在我看来，是因为他们展现了对员工的极大的信任。我相信革新和积极的变化都来自于信任。你会看到个人的成功带动了企业的成功——这就是授权的功劳！"MBSI 总裁普罗费迪如是说。

续表

普罗费迪还提供了更多的案例："建立信任意味着你要出列站在队首，专注，指导，真实待人！"他说，"这样才导致了极高信任度的关系"。即便你在现场，也要让员工去自由做事。员工需要自主权来实现，如果确立正确的关系，学习、成长和卓越就是我们看到的结果。

信任如何帮助领导者

"要想真正帮助每个人，员工首先要信任你的动机和相信你的建议。在这一点上，很容易讨论什么是重要的，开发职业发展计划，提供建设性的真诚反馈，为行动计划请愿，通过复习来跟踪进程。然后如何还需要更进一步的讨论，就更容易被接受了。"

【强调授权】

一定要向领导者强调这一点：尽管员工可能有不凡的天资、创造力、智能和技巧，但如果没有给他们热情洋溢的和认真谨慎的授权来建立希望和信任，这些优势都会慢慢休眠或最终枯萎。

而当所有这些因素叠加在一起，一个动态的协同效应就会显现，员工就会充满前所未有的能量，时刻准备着释放自己所有的潜能。这就是真正的授权带来的结果。

请牢记下列授权的两个关键行为：

- 为了取得辉煌成绩，一定要放权和下放责任；
- 发放所有的权力，允许员工按照自己的方法完成任务。

讨论题

授权意味着什么

1. 授权是21世纪建立什么的方法？
2. 授权的秘密武器由两部分组成，它们是什么？
3. 为什么在组织内建立希望和信任对授权很重要？
4. 为什么授权有协同效应？

【结束语】

本章中，我们逐渐理解了当领导者开始授权他人实现理想时，希望之星就会冉冉升起。接下来，我们将学习如何打造具有强大内驱力的团队。

第八章　打造具有强大内驱力的团队

ASTD 曾出版过一本畅销书《告知不等于培训》(*Telling Aint Training*)，由哈罗德·D·斯托洛维奇（Harold D. Stolovich）和埃里卡·J·奇普斯（Erica J. Keeps）撰写。我们曾开玩笑说，这个系列还应该有本叫作《告知不等于团队》的书。是的，团队协作不是单方告知，也不是命令其他人按自己说的去做。领导者告诉员工该做什么，和在领导者监督下以团队方式工作是完全不同的。前者是领导者独自承担责任和保守信用，后者则是大家共享责任，分担信用，团队成员也同时被信任。

> 一个团队有能力参与公开竞争前，必须团结一致。
>
> ——查尔斯·弗农·汉密尔顿（Charles Vernon Hamilton）

本章中你可以学到

- ◆了解团队领导力的真正含义。领导者必须能够：
  - 让团队所有成员在团队建设中实现个人抱负并有所收获
  - 掌握创建理想团队的实施步骤
  - 在员工中建立团队精神
- ◆了解协作团队及其功能。领导者必须能够：
  - 重组团队
  - 创建高绩效的、自我引导的团队
  - 管理虚拟团队

在领导力圈里曾流行着这样一个双关语：团队（team）这个词里没有“我”（I）。根据畅销书作者马库斯·白金汉（Marcus Buckingham）的观点，这个说法根本不对。每个卓越的团队都需要依赖个体和其他人的独特贡献。卓越团队绝不会由一模一样的人组成，每个人完全不同，用自己独特的个性贡献独特的想法、建议和解决方案。根据白金汉所说，团队这个词里肯定有个“我（I）”来代表独立个体。

> 在团队里，沉默不是金，而是致命杀手。
>
> ——著名领导力开发专家马克·桑伯恩（Mark Sanborn）

如果团队成员这样说：“我们自己做到了”，这就是证明领导者能力和成功的真正证据。领导力不是独唱表演，相反是团队的集体合作。

本章领导者将学习如何打造自己的梦之队，然后如何授权给团队成员。他们会克服犹豫放权给队友，并相信他们会给团队增光添彩。这也是领导者学会利用团队成员才能的最佳时刻。他们会渐渐明白，自己也是团队的成员之一——是团队的领导者。如果你的项目没有包含这部分内容，请及时补上。

一定要让领导者了解真正的领导力是能够让别人采取行动，即领导者不储存所赋予的能量，而是下放权力，相信团队可以补足劣势和缺乏经验的地方，让团队更出色。（参看第十章了解更多授权的内容）

【了解下属是哪些人】

了解谁是下属比了解谁是领导者更重要。成功的领导者，明了如何调配、授权和从团队汲取力量。他们的领导方式如下：

- 他们通过激发鼓励优胜团队而获得成果；
- 他们创建鼓励协作和持续进步的环境，在这里员工一起发挥最大潜能，收获成功；

● 他们通过提供团队成员持续成长的机会来打造忠诚和实现共同目标，他们赋予员工能量，让员工凭自身的力量来找到问题的解决方案。

能够成为成功团队的一员，是一个人最富成就感和最有益的经验。请领导者回顾一个阶段，哪时他让团队成员感受非凡。让领导者回忆是什么让团队成员最难忘怀，然后让他们描述当时团队成员的共同目标是什么，领导者为此做了什么样的贡献，以及团队成员所建立的信任又是什么。

这个练习可以帮助领导者回忆起他们作为团队成员时曾经感受到的激情和热情，同时指出这种感受正是建立梦之队时所需要灌输给队员的情绪。

【团队改造】

如果团队工作效率很低怎么办呢？需要你改造团队的时候到了！今天的团队是崭新的一代，全球一体化、技术快速更替和不断创新的压力，这些因素共同创造了一个新的世界。团队会因职能、地理位置和文化的不同而不同，团队完成任务所遭受的压力也很大，必须团结在同一个目标下，整合成一种企业文化才有可能成功。

❖ PeopleNRG 教会领导者如何快速给工作场所充电

PeopleNRG（www. PeopleNRG. com）有丰富的领导力咨询经验，它为来自五大洲（美洲、欧洲、东欧、非洲和亚洲）超过 25 个国家的几千个领导者提供服务，通过提供演讲、工作场所布置、教练技术和顾问服务成为享誉世界的团队改造和领导力顾问公司。公司合伙人劳伦斯·博斯基（Lawrence Polsky）和安东尼·哲赛尔（Antoine Gerschel）说，他们发现团队在整改优化时会遇到四个主要问题：

● 缺乏对团队改造新方向的行动兑现：2011 – 2012 年全球最佳实践研究报告提供了一些令人惊讶的数据。劳伦斯·博斯基陈述道，“关于兑现，我们询问了 51 个国家的 907 个专业人士，发现 81% 的人认可变化的方向，但却什么也不做。81%！当员工被调到一个新项目组，或者遇到公司结构重组，或者一个新领导者来到原有的团队，他们面对的都是不冷不热的口头保证，而没有实际行动。”

• 冲突：高效能团队可以辩论、争执、否定、创造或激发一个新观点，但不会产生任何不愉快。但是冲突没有处理好的团队则会陷入僵局，从而导致效率降低，士气受打击，伤害结果。

• 团队匹配：“在我们所做的每个项目中，都曾被问及是否有人应该离开团队”，博斯基说，“他们似乎和团队不太匹配。随着团队改造的进程，不仅是个人的技能要发生变化，团队的人员组合方式也需要调整。”

• 距离和文化方面的问题：如今很多团队跨区或跨国，他们包含不同功能的成员。团队成员从年龄、性别、文化、知识、阅历和其他方面均有很大不同。距离和文化的挑战可能会渐渐破坏整个团队，即便是最聪明最善意的成员也难逃此劫。

那么如何改造存在问题的团队呢？PeopleNRG 提出三个步骤来克服常见问题，防止新问题的产生：

❖步骤 1：了解整个团队

与团队成员交流。“我们问全世界的团队这样的问题”，博斯基说，“别犯傻了！他们看起来很简单，但可以满足你团队匹配的所有需求。”

• 你希望从团队获得什么？（同时询问团队成员，你从领导者那里期望什么？）

• 团队哪些方面做得很好？

• 团队哪些方面做得不够好？

• 你的团队如何处理冲突？

• 如果冲突处理不好会发生什么？

• 如果真的发生冲撞，对团队会有恶劣影响吗？

• 如何改造这个团队，你有什么建议？

❖步骤2：创建有趣的基于培训的解决方案

设计一个有趣的培训，让每个参与者都能获得有价值的信息。下面的细节描述就是PeopleNRG处理团队问题时经常使用的活动内容。解决“缺乏对团队改造新方向的行动兑现”这样的问题，应该先以“狂欢时间”形式开始，然后再试其他所列的活动。

❖步骤3：让它变成一场狂欢

这个活动会让团队聚焦共同的目标是什么，通过讨论来设计大家所希望的未来，并做出承诺付诸实施。这就会导致团队成员今天就有新的行动。告诉团队从现在起，一年后他们将一起庆祝所取得的成就，并让大家来讨论，“我们一起庆祝什么？我们会取得什么了不起的成果？我们会为成为什么样的团队而自豪？”然后让大家决定庆祝晚会的主题——在哪里开，谁来参加，吃什么，放什么样的音乐。想象力是很强大的工具，让大家放开想象设计理想的晚会。

我为什么在意呢？别欺骗自己，工作是非常个人化的事情，员工每天起床就和你待在一起。博斯基说：“对于为什么在意这个问题，我们总是对员工太过于个人化的答案而尴尬。因为我们以为工作不是个人的，所以总想找到对立的答案，于是激发激烈的讨论。可事实上，没有比个人情感更能驱动承诺兑现的力量了。”

让每个人都回答这个问题：“这个团队对我来说意味着什么？如何影响我的个人生活——好还是坏？”一个员工回答时，其他人要认真倾听和理解，如果有问题可以随时提问。

团队队歌，这个活动最好安排在培训结束的晚餐后。这会让大家开心大笑，同时讨论团队的优势和问题。在线收集励志乐观的歌曲和歌词（参看推荐歌曲范围列表），请队员改写歌词作为团队歌曲，歌词内容可以包括为什么要成为一个团队，他们有什么优势，幽默笑话，等等。然后有趣的时刻到了：每个组来表演自己的队歌，录下来存成mp3文件，在团队需要加油打气时就在每次启动大会上播放它。

改编一首团队歌曲！

在线收集励志乐观的歌曲和歌词，以下为推荐的歌曲和对应歌手：

- “We Are the Champions”—Queen
- “I Gotta Feeling”—Black Eyed Peas
- “Satisfaction”—Rolling Stones
- “Eye of the Tiger”—Survivor
- “We Will Rock You”—Queen
- “It’s My Life”—Bon Jovi
- “Beautiful Day”—U2
- “What a Wonderful World”—Louis Armstrong
- “I Feel Good”—James Brown
- “I Can See Clearly Now”—Johnny Nash
- “Walking on Sunshine”—Katrina and the Waves
- “Live Like You Were Dying”—Tim McGraw
- “I Believe I Can Fly”—R. Kelly
- “You Gotta Be”—Des’ree
- “When You Believe”—Mariah Carey/Whitney Houston
- “Hero”—Mariah Carey
- “I Will Survive”—Gloria Gaynor

当团队面临冲突时，可以试试以下活动：

理想的冲突协调者。这个活动可以帮助人们识别协调冲突时他们希望看到的行为。让团队成员回顾一下，谁在冲突发生时协调冲突表现卓越？这个人具有什么样的特质、技能和胜任力？

请每个人共享自己的答案，团队将所有的素质列出来。接下来，每个人分别评估自己的言行。找一张纸，在中间画一条线，在线的一边写下刚才提到的素质中自己表现较好的；在另一边写出自己需要提升的。根据团队的信任水平，可有选择地分享各自的评估，并进行深入讨论。

角色互换。这个活动是人们学习冲突和互相取笑的最好机会。每个人都假装自己是团队中的另外一个人。一旦定下来所要扮演的人选，就给他们话题开始讨论。这可以作为一个工作安排，可以选当前面临的新话题来讨论。当听到“开始!”的命令后，团队就开始讨论问题，不过每个人都扮演他假装的那个角色。笑声此起彼伏，人们乐得一塌糊涂，但很开心。

当距离和文化差异侵蚀团队时，可选以下方案来应对：

让我们保持联系！找一张纸，分成三列。让大家在第一列写出团队中其他成员的关联方式，包括他们曾发送和接收过的 E - mail 地址，一起开过的会议，打过的电话，等等。说明团队中的沟通有两类，即人性面的沟通（建立友谊）和工作面的沟通（完成工作）。高绩效团队两方面的沟通是平衡的。远距离或分布式团队更要注重人性面的沟通。

现在回到第二列，以 H 开头，代表人性（Human）；第三列以 B 开头，代表工作（Business）。

在每个第一列的内容对应的 H 和 B，给自己打分，范围从 1 到 10。填写完成后，请大家一起讨论所评价的内容。“我们常常发现，员工总是 B 的值比 H 的值高，”博斯基说，“他们发现需要有意识地加强员工的人性面的接触。”

最后，来个两分钟的头脑风暴，让大家说说在团队中怎么样可以提升 H 的值。

文化冲突：生命中的一天。如果文化发生冲突，以下的方式可以把问题和平过渡。先以一段关于文化的简短的演示开始，可以使用任何了解的案例，或者查一下文化的定义。从这儿开头，把团队按照文化的不同分成两组。

每组做两个列表，一个列表是对方文化中有益于团队的因素，第二个列表中是妨碍团队成长的因素。每组根据列表创作一个幽默故事：文化冲突——生命中的一天。他们可以构思一个虚拟的场景，来扮演文化冲突中所产生的喜剧效果。

如果可以，在每个故事的后面让团队成员来解释一下他们想要表达的内容。然后，根据故事情节引出一场讨论。有时候故事会非常清晰，根本无须再讨论了！

最后也是最重要的，团队就像一个人：如果他们对所取得的成绩满意，对自己的表现满意，并且自己所做的又得到了承认，就会更加高效！

当关注工作方面的沟通时，以下是 PeopleNRG 所采用的方式。

礼物。准备装礼物的工具（盒子，彩纸，丝线和饰片，剪子，胶带，等等）。本活动由象征团队业绩的内容组成。

首先，请团队确认关键的合伙人和客户。可以是传统客户，也可以是内部客户（其他部门，领导团队，同事，等等）。然后选出前三个（如果小组人比较多，可以多选）重要的合伙人。

定义一个时间段：最后一个月，最后一个季度，最后一年，或者更长。然后把团队分成三组，每组代表每个合伙人。告诉他们以下内容：

- 请问自己："在上述时间段内，你为合伙人做了什么？"
- 讨论你的答案。
- 对每一个上面确认的成就，制作一个礼物包装，要让礼物尽量漂亮。

然后，每组把礼物在所有人面前展示出来，并说明它们分别代表什么。给每组成员拿着所有礼物照张相，这就是关于团队成就的最棒的纪念品和最好的回忆。

解决团队冲突

有时候，尽管你尽了最大的努力，团队成员之间还是可能会发生冲突。劳伦斯·博斯基和他的长期合伙人与朋友安东尼·哲赛尔在《解决冲突的完美词汇》（*Perfect Phrases for Conflict Resolution*）一书中指出，有四种简单步骤来消除团队冲突：

1. 了解问题的真相。这是所有步骤中最难的一步。如果你有这样的问题，一定要提出来，并说明对工作的影响。如果同事遇到问题，应先倾听再做出回应；

2. 确定目标。这是很多人没有做到的地方。一旦弄清楚问题所在，就该讨论新的愿望了。你希望拥有什么样的关系、沟通方式和合作过程？

3. 寻求替代方案：保持创造性思路，了解每个人的想法，发现其他达到目的的方法。

4. 同意采取行动：一旦达成协定，就会让事情向前发展。判断你让事情好转所需要做的事情，并付诸实施。

记住，任何冲突都不可能像以上四步这么简单，需要同时保持灵活和创意的方式来一起协调冲突。

【打造团队的八个高效行动】

请领导者想象一下明星员工在团队中的表现，描述员工希望出色完成工作时充满热情的行为，以及发挥最高水平时团队的纪律和能量。下面我们来讨论一下，打造这样的优秀团队的八个行动步骤：

行动1：为团队挑选和招聘明星员工。如果一开始就选择了正确的人选，一路走来就很少会碰到麻烦。寻找对项目充满激情、有雄心坚持到底的人。问问自己："此人与一个好的团队能匹配吗?"记住，如果团队成员不团结，团队就很难打造成功。(参看第十二章"吸引和留用人才")

行动2：对团队成员要一直保持开放和诚实的沟通态度。团队高效的关键，在于你和员工沟通目标的清晰度和与他们信息交换的频度。一定要明确你希望团队完成的事项，说明你希望的结果、截止日期和在目标完成过程中涉及的团队成员。

带领团队跨过恐惧之河

PeopleNRG 开发了一种面临变化时的进程，叫作"19 步带领员工跨越恐惧之河"。如哲赛尔和博斯基所言："谁愿意主动跳过这个分水岭呢？他们看到的是绝望的深渊。他们当然更愿意一成不变地走在原来的路上，是领导者驱使他们朝着变化的悬崖靠近。他们听到组织描绘的美好愿景，却不知道如何到达那里。他们知道不可能一步跳过去，也知道如果尝试这一跳，有可能会跌得粉身碎骨。另外，他们也没有看到冒险的价值在哪里。"

带领员工跨越恐惧之河是一线领导者的职责。他们面临的挑战是找到方法把组织纸上谈兵式的计划变成现实。PeopleNRG 的进程包括小窍门、技术和工具，如：

- 提高对变化的接纳度
- 处理否定、恐惧和冷漠等情绪
- 找出并解除对于变化的威胁
- 建造通往未来之桥

如他们所言："变化的征程充满了各种情绪：恐惧、悲伤、愤怒和希望。"而这些方法的目的就是为领导者武装各种工具，让他们指导团队跨越恐惧之河。

续表

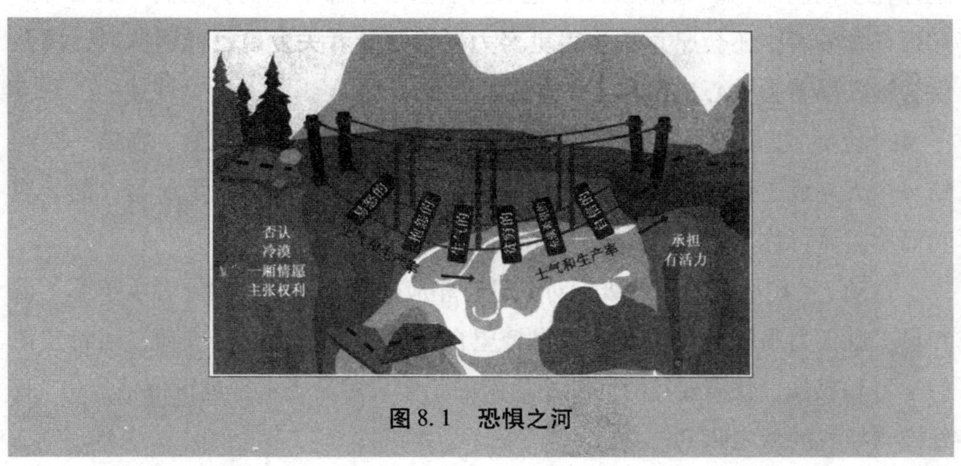

图 8.1 恐惧之河

行动 3：寻求和期待团队成员的反馈。倾听团队的声音并对他们的诉求给出回应。因为他们才是真正去执行工作任务的人，了解过程中发生了什么，所以要仔细倾听并在合理的时间给出反馈。有些领导者把这个过程叫作获得向上反馈。

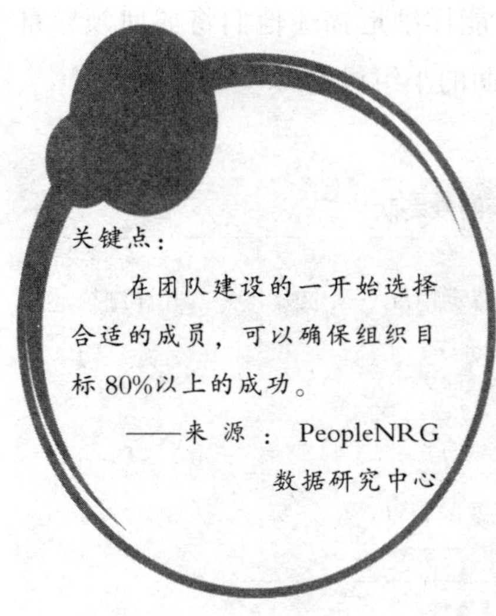

行动 4：提醒自己把决策权授给团队。不要替团队决策或者限制他们只能有一个决策人，要不折不扣地推动决策。授权对象包括所有的团队成员，让那些负责任的人来决定工作如何完成。但是，如果你突然把其他人带到了决策流程中，挑战就来了。这种情况发生在你需要有不同决策的时候。告诉领导者这种情况可能会依赖于很多不同的因素，包括需要买进的总量，决策的类型，截止日期，可用资源，或者手头任务的敏感度和属性。当你想把所有团队成员都纳入决策流程时，要告诉领导者这样做的原因和对组织的重要性，因为流程是关键。

行动 5：关爱你的员工。俗话说：“人们不关心你知道多少，直到他们知道你在乎他们”。如果团队成员知道领导者从心里在乎他们，他们不仅会尊重和信任领导者，还会愿意工作得更努力。当领导者关爱自己的团队时，团队就会被鼓励着去关心工作和工作方式。

行动6：提供获得成功所需要的工具和资源。武装你的团队，在第一时间给每个人完成工作所需要的工具和资源。你的团队会因你满足所需、助其成功而尊重认可你。

行动7：在员工所在的级别对其进行相应的培训指导。领导者承担不了误判员工胜任力水平的代价。如果你希望自己的团队不仅取得成功，还希望他们学习和成长，就需要花时间使用后附的工作表对员工水平进行评估。（“我怎样领导我的梦之队”）

行动8：提升团队精神！为团队建立统一标识让大家感觉到自豪和优越。打造团队士气。要达到这一点，可灌输团队很特殊的意识给组员。美国运通（American Express）成功使用这个策略很多年了。当他们招募运通卡会员时，公司一直在使用标语“会员身份有自己的特权”。

现在，到了领导者填写团队建设工作表的时间了。请他们描述一下，会采取八类行动方式中的哪些行动。要求尽可能详细地描述他们将如何领导自己的理想团队。用这个练习进行团队建设方面的小组讨论。

工作表：我怎样领导我的梦之队

对于打造梦之队的八种行动方式，你将在以下特定情况下采取哪几种，并详细描述：

1. 我要为团队吸纳最优秀的人才，将采取的行动：

____

____

2. 我要和团队成员保持诚实开放的沟通，将采取的行动：

____

____

3. 我会倾听团队成员的心声，请他们提出反馈。我使用的方法：

____

____

续表

4. 我将把决策权下放给我的团队。我使用的办法：

____

____

5. 我会展示我对团队的关爱，并从内心一直保持对他们的关心。我将这样做：

____

____

6. 为了团队成功，我会提供他们所需要的工具和资源。我将这样做：

____

____

7. 这些是我在每个团员自己的水平上教练他所采取的方法：

____

____

我的团队成员有潜力获得成功，但不知道该怎么做：

- 需要教练的成员：________________________
- 需要支持的成员：________________________
- 可以授权的成员：________________________

8. 为提升团队精神我将采取的策略是：

____

____

【借助影响力领导团队】

有效领导力的一个关键因素是在团队内发挥正向影响。一个见闻广博的领导者靠知识指导员工走向正确的路，而一个影响力强的领导者则会让员工心甘情愿地听从、学习并按照领导者示范的言行去做。我们知道具有最强影响力的人是律师，他的工作就是去影响客户，最终影响法官。曾自称“能起死回生的律师”琳达·斯万德林（Linda Swindling），现在是演讲家、执行教练和20多部书的作者或合作者，很直接地了解到影响团队员工和同级领导者的究竟是什么。

琳达建议道，要想影响一个团队，不可能只了解自己的那点儿事。她提出八点建议，来帮助领导者在团队环境里获得影响力：

1. 正确授权。如果领导者在团队内没有进行授权，相当于给员工传递了这样的信息："我不信任你能把工作做好。"如果某项工作没有安全授权给某个人，领导者会在可能的情况下把任务和权力一起授给团队成员。

2. 驯服自我心理，放弃完美心态。如果你想打击自己和团队的积极性，那么就设置一个不可能实现的目标吧！如果你想激发团队，就要把心态放平和。最好的激发团队的方法，就是要反复说这句话："要重视进步，而不是完美。"

3. 控制自己的情绪。有影响力的领导者从不会让情绪起起落落，失去控制。为什么呢？因为员工很难信任一个一会儿是这样的人，一会儿又是另外一个人的变身领导者。

4. 保持条理分明、公正合理和始终如一。有影响力的领导者会使用大脑。逻辑和理智比滥发脾气更能赢得胜利。

5. 尊重员工的自尊和自信。要想打击团队员工的信心，最快捷的办法就是让其中一人失去自信。如果你不能够做到尊重每个人，就该重新考虑一下领导者这个角色是否适合自己了。

6. 帮助员工避免尴尬。谁也不想让自己尴尬或丢脸的瞬间被发现。如果你希望提升对别人的影响力，一定要多聚焦别人的成就，少关注缺点。

7. 避免威胁或被威胁。你可能会用威胁来让僵持的员工暂时屈服，但这只会产生一瞬间的作用。威胁恶化了已经恶劣的关系。如果你威胁一次，就做好承担"虚张声势"的骂名吧！同样，如果你被威胁，情况也是一样。威胁是操控的一种形式，不是积极的影响。弱势领导者才喜欢操控；强有力的领导者更愿意施加影响。

8. 保持幽默感。绝大多数工作不涉及生死攸关的情形，所以别介意拿自己开心，或面对同事的小错误时哈哈一笑。我们在开怀大笑时比紧张焦躁时学得更多。

谷歌了解如何打造团队能力，而且它做到了！

谷歌非常重视团队建设对成功的影响，而且它用数据证明了这一点。谷歌连续被财富杂志评为“最佳雇主100强”（从07年到10年，每年都上榜），并且是因为他们的领导力原则而获奖。谷歌不仅拥有最具创意和直觉的在线内容管理平台，而且对团队文化非常重视——尽管是一种非常轻松和有趣的文化。他们著名的企业文化宣传语有：“不作恶也能赚钱”，“不穿套装也可以很严肃”和“工作即挑战，挑战很有趣”。

谷歌的愿景给谷歌带来发展的动力，也吸引和留用了世界最顶尖的人才。谷歌的创始人拉里·佩奇（Larry Page）和谢尔盖·布林（Sergey Brin），最开始都是以个人身份来做非常专业的开发工作。另外，创始人努力工作，保证所有雇员都有机会来开发激动人心的项目，不断学习，定期接受挑战来超越极限——所有人都醉心于不断增值的企业文化中。

一旦被雇佣，谷歌即有一套不寻常的训练方法来持续提升员工的才能，同时提供特别待遇，如攀岩、免费食物和免费洗衣，还有一个叫作“20%的工作”的规则，即允许绝大多数员工花20%的工作时间去从事和研究自己感兴趣的事情或项目。公司把这部分内容也视同工作而负担费用。给员工授权，允许他们探索新的有创意的工作内容，可让员工获得可转换的技能。当他们被分配新的工作时，即可游刃有余地应对。而这样做最大的受益方则是谷歌，它驱动了充满好奇、锐意革新、富创造力的著名企业文化。

另外，员工还有权当场给同事175美元的奖金。这套聪慧的系统让员工主动鼓励积极正向行为，并身体力行——无论是否有领导者在场！

【帮助领导者认知团队类型和职能】

有很多种团队类型，每种类型都和组织的特定流程相关。以下是团队的一些不同类型以及每种类型的功能所服务的组织目标。

高绩效的自我导向型团队：这样的团队不需要一个经理的监控。团队对所承担的任务非常负责。当这样的团队在恰当的位置上时，他们可以为任何组织创造出绝佳的成绩。

职能和跨职能团队：职能团队由一组在同一部门工作的员工组成，他们对那个部门的某些产出和特定职能的流程改善负责。跨职能团队来自组织中不同的部门，为了共享信息和提高全局功能和流程而组成团队。

高级执行团队：这样的团队由 CEO、总裁和高管们组成，他们作为领导力团队来确定组织的方向和目标，并完成使命和愿景的描述。

中级管理团队：这类团队把组织内不同部门的负责人集合在一起，包括领导他们的董事。他们确保部门内员工的稳定性，并负责向他们宣传新政策和分享信息。

重组团队或流程改善团队：这类团队为了机构重组或企业再造，或者准备开发新流程取代旧流程而临危受命临时组合在一起。他们本质上都是跨部门的团队，因为他们的努力要影响到组织内部的很多不同的部门。

项目团队：建立在临时搭建的基础上，可能是职能团队或跨职能团队。这类团队为了计划和执行各种特定项目而把组织内所需专业领域的人聚集在一起。他们可能是为了组织的目的，也可能是因为客户的需求。

新产品设计团队：这类团队把一系列的员工集合在一起，为了设计、研发、制造和新产品或新服务的上线。这个团队可能是临时的，也可能是固定的，团队的目标就是无缝交付新项目或服务。

虚拟团队：这类团队的队友可以分布在任何星球，只要通过互联网就能相聚在虚拟的空间里，有的可能从来没有和其他队员或领导者面对面交谈过。虚拟团队可以是永久的，也可能是临时的，他们承担各种级别的各类项目。

如果领导者了解了各种类型的团队和职能，就能够组建最适合的团队来完成对应工作。同样，他们也会在组建团队时挑选最合适的人选。

在全食，团队无处不在

全食是全美最大的天然食品连锁店。如果你想在那里工作，最好先了解整个全食的文化都是基于分散的团队文化。每一家分店都是一个自主的利润中心，由自我导向自我管理的团队来运作。来自每家店的团队领导者可以组成一个团队，每个区所有店的店长组成一个团队，组织内的区域负责人又能组成一个团队。公司完全由各种各样的团队组成。当大部分公司还在口头上炫耀管理的流行词汇诸如团队、授权和信任时，这家激进的公司已经通过真正使用这些词汇形成了高利润的商业典范，每天实践着团队、授权和信任，与此同时大把大把的钱也流入公司账户。

续表

请看全食的团队执行案例： ● 只有团队才有权利批准一个候选人转为正式雇员。要有超过三分之二的大多数投票同意才能雇佣新员工； ● 平等主义的绝佳典范，CEO 的待遇被限制在员工平均收入的 10 倍以内； ● 任何级别的任何员工都有权访问公司的运营和财务数据； ● 通过公开列出当年每个人所有的薪金和奖金来破除谣传和推测，提升团队信任； ● 公司的口号是：大家为人人，人人为大家！

【虚拟地工作在一起】

虽然跨越很长的距离，团队依然能够成功合作，这就是为什么我们要有专门的一章来讲述管理虚拟团队的重要性（第十五章）。虚拟团队成员可以快速增长，团队成员间却可能从来都碰不着面。尽管他们很少和领导者讲话，却可以通过互联网高效、同步、协调地完成指定工作。

过去，团队最头疼的事情就是聚在一起。这样的情况一去不复返了。现在，听众席和虚拟会议室意味着几百人可以不离开办公室就能在一起开会。这样的团队里，可以与在英国的同事长篇大论地讨论出一个点子；与在佛蒙特州柏林顿市的同事在会前传阅文档资料；从硅谷的研究者那里得到最新研究成果；和澳大利亚墨尔本的新同事插科打诨——这些都不用飞一英里就能做到！

领导者如果想建一个虚拟团队，他们需要一个虚拟会议室，团队成员可以通过在线方式访问。越来越多的新开发的软件工具，可以让团队成员交换信息和资料，编辑宣传册，甚至看到彼此。

请领导者列出虚拟团队的好处，然后列出管理一个远距离虚拟团队的挑战；如果你怀疑之前所提的建立团队的八个行动是否适合虚拟团队——放心吧，肯定适合！高技术团队更需要高接触度的人性关怀和指导。请继续阅读下一章，“管理虚拟世界的领导者需要远程呈现技术”来获得更多指导。

建立梦之队的八个途径

请使用这个表格回顾建立成功团队的八种行动：

行动 1：选择最有才能的人选；

行动 2：与团队成员保持开放真诚的交流；

行动 3：寻求并期待获得员工的反馈；

行动 4：督促自己被团队授权；

行动 5：关爱员工；

行动 6：提供获得成功所需的工具和资源；

行动 7：在员工的实际水平上对他们进行教练辅导；

行动 8：提升团队精神。

打造团队，并为团队再充电

1. 在团队中建立“团队精神”是什么意思？
2. 一个成员适合团队有多重要？为什么？
3. 自我引导型团队的目的是什么？
4. 管理虚拟团队的利弊是什么？
5. 请说明：真正的领导力促使别人行动。
6. 创建团队的领导者为什么必须是自信的？
7. 作为一个团队的成员，怎样才能成为一生中最有益的体验？
8. 团队对于组织的成功为什么特别重要？

【结束语】

最后再特别强调一遍，打造并领导成功团队需要所有的人际交流工具——本章中提到了大部分。理解怎样使用这些技能和工具，将帮助领导者更好地与团队成员互动，从而成为更有效和更有力的团队建设者。下一章，我们将详细讨论如何制定战略计划。

第九章　战略战术计划制定指南

本章中，领导者们将学到构建战略战术规划的步骤和重要性。这就需要加入对组织、对员工有意义的部分，而不是简单地以上克下地来传达命令。在优质的战略计划成形过程中，短期的战术计划也将产生，以保证整体的成功概率。领导者不仅能快速掌握完成自己战略战术计划的步骤和内容，还将学到如何陈述自己的计划方能获得他人的热情支持。如果你的培训并不包括长期战略和短期战术目标计划，请及时加上。

本章中你可以学到

◆创建“健壮”的有现实意义和目的的战略战术计划。领导者必须：

- 在设计阶段与整个组织的各级人员分享沟通
- 建立多层级的战略战术规划小组
- 把练习展示每一步成果作为固定工作内容

◆记录渐进改善的战术战略计划的每一步变化。领导者需要：

- 和整个组织构筑战略伙伴关系
- 辉煌愿景的详细陈述
- 将员工与组织目的和目标绑定

近期，曾与我们合作的一家著名金融保险公司滔滔不绝地展示了他们的战略计划，包括完整的销售策略和遍布全国的销售网络。尽管这个分享是精心策划过的（当天有一场宣传公司任务与愿景的路演），但文档接待员的态度却很冷淡，该计划的实施贯彻部分也相当不实际。在接下来的对计划执行和对长期战略兑现的描述过程中，应该属于领导者愿景的重要部分——激情，却在懒散、哈欠连天中消磨殆尽。高管们创建的计划设想，几乎没有收获任何响应和支持，最后以失败告终。

究竟是哪里出了问题？讨论定制该战略计划（这些战略制定过程几乎与每个日常工作毫无关联）的管理委员会在战略制定过程中从未询问过任何实际相关部门的反馈建议。大错特错啊！整个过程中最重要的步骤就被这样忽略掉了。真正完成工作的员工们无法进行最鲜活的反馈，此计划就毫无生气可言了。怪不得金融公司员工把这次行为视作是来自高层的毫无价值的强迫性命令，并将这些战略看作是空虚的、无所事事之人所杜撰的虚构情节，根本不可能变成现实。我们从中吸取的最大教训是什么呢？当进行战略规划时，管理委员会应该靠边站。

分析为主、枯燥无味、严密死板的战略计划制定步骤，在过去几年里已经受到了沉重的打击。商业刊物从《华尔街日报》到《财富》，都传播了过去这种战略规划方法的彻底幻灭。可事实上是，那些被纯粹想象出来的，与可作为行为依据的，还有结果能被衡量的（就像那句古语所说：“只有能被衡量才能被执行”），以及达到战略目标所重复失败的，这四者之间有着天壤之别。不了解这些差异，就导致了现在许多组织舍弃战略计划，因噎废食。关于这个话题，我采访过无数领导者，最常听到的就是：“战略计划？见鬼！我们两年前就把那个费神费力的玩意儿丢掉了。”还有的则说，他们正在考虑暂停战略计划的继续。这就是短期战术目标常被使用的原因了。其实如果短期目标被恰当地穿插在战略计划中的话，整个组织就能看到战略计划的成功性，这会把组织水平带上一个新的台阶。

【战略战术计划的变革】

任何一级领导者都需要学习的战略计划的第一课是：传统的战略计划方式已经不再胜任。许多公司曾使用的自顶向下的、线性的方法正在逐渐淡出。战略计划不再是一群精英理事每年聚集在度假胜地，异想天开地规划着整个组织和员工的未来。与此相反，完整充实的战略计划是这样来实现的：设定有意义的目标，将目标结果现实化，落实每一天的工作任务，同时在整个组织内部根据进展情况进行不断的调整和优化。

❖令短期计划推动长期部署

许多公司每年召开不止一次会议来创建季度或半年的短期工作计划，以保持员工们前进的动力。短期计划就像是长期计划中的引擎。

在制定短期目标时，一定要确保短期战术与长期战略的一致性，否则公司就会忙得四分五裂。这些短期计划允许公司根据实际商业需求来即时更换档位。他们还能趁机发现和调整战略计划中需要被修正的关键部分，从而助力于最终目标的达成。（举个例子，技术的进步可能需要战略计划的跟进。你在你自己的组织中可能会有同样的体会。）

❖战略计划与战术计划的异同

战略与战术计划是当前大多数企业广泛使用的两种商业目标。战略目标是指企业未来一到十年内的长期目标。一般情况下，这些长期目标与企业的愿景描述被绑定在一起，由管理执行团队来最终决定。

【战略方法——我们需要做什么来维持生存与发展?】

战略计划拓宽了问题的范围，比如：“为了保持商业发展，我们应该走向何处？我们应该付出什么？”战略规划包括多种影响公司不同领域的目标，并且涉及很大的范围，这是因为它们会根据时代的不同而持续发生变化。很多公司会根据战略计划来生发出多种计划或备选方案。这样一来，领导者们就可以接收到来自于前线管理人员抑或是未来领导者们的反馈，之后便可挑选对公司的最优方案。

【战术方法——我们的组织如何、何时达到目标?】

商业人员可使用战术计划来覆盖较短的时期，比如一周、一季度、半年。在极其专业的领域，比如商用航空领域，在面对暴风雪等恶劣天气时，细化到每分钟每小时的实际计划安排也有其用武之地，芝加哥的奥黑尔国际机场（O' Hare International）就曾出此策略。再没有比国际机场的安排更加“精炼”的短期战术了。因此，短期计划是个相对而言的概念。

战术计划包括每天工作项目的具体内容和每日如何做才能保障最终达到战略目标，因此战术计划是细致、明确和目标导向的。短期计划可以回答此类问题，诸如：“我们如何达成目标?”“我们如何提高工作效率，以保证下个季度不必增加因雇佣新员工而带来的成本?”“在接下来的半年内，我们需要引进什么样的计算机技术来改善现行的产量问题呢?”

❖中层管理和监督者在短期战术计划中举足轻重

一般来说，中层管理部门和一线监管人员是帮助短期目标制定的重要角色。因为他们是组织未来的领导力骨干，他们的早期参与也为他们长期的领导力发展规划奠定了坚实基础。因为他们和一线员工一起工作，所以可以把亲自实践的经验和资源节约的宝贵点子贡献出来。

❖让战术计划过程更有趣!

新锐组织让员工用有趣的方式来定制短期计划。有些公司利用产品销售比赛来设定速度和准确度的基准线，或者给提出资源节约建议且被采纳的员工一些货币奖励。回顾一下，我们曾强调真诚“倾听”低层员工的重要性。能够这样做的人，是提供工作优化策略和资源节省建议的不二人选，也最容易完成战术计划这件事。这个技巧是领导者们的制胜秘诀。

【切入正题：让你的员工们参与制订长短期计划】

关于战略计划：为了让制定计划的过程变得更容易，需要为员工提供简单、直接的方法来开发员工自身的成功策略，这样才能增加策略被实施的可能性。制订计划的过程包括以下环节：

• 将各层级的员工组合在一起，让大家都有所参与。做计划并不仅仅是公司行为。谁在你的战略计划小组中？如果这里面只有高层人员的话，那么你就人为地制造了巨大的代沟。小组人员一定要包括组织结构中的每一级，并让每个参与者都提出意见和建议。作为领导者，要把最好的思想、概念统筹在一起，这样就成就了一个大师级的战略计划。

• 停！想一想你在做什么。不要仅仅是把整个计划抖搂出来。如果你散出的信息是："这些是我们自己完成的，我们确信并不需要你们的付出。"想象一下，有谁会愿意买账呢？每次宣布计划前，都要把它当作一项进展中的工作，给各层级员工留出机会提意见。如果积极寻求改进意见，就标明领导者重视所有参与人的意见，他们也会在执行计划时承担责任。

关于战术计划：保证成功的要诀是制定一个简洁的过程，尤其是当相应的战术计划也拥有一个较短的时间表的时候。制定战术计划时，应不断地提醒自己："这个战术计划如何与我们的战略计划相吻合呢？"如果发现并不一致，那么就应该废弃这个提案。战术计划与战略计划相匹配，才能达成终极目标。

成功战术计划的组成

以下是成功战术计划过程的组成部分，请判断哪些对你有帮助：

• 先选择企业所在的商业领域，之后组成相关项目专家（SME）组，这些"专家"来自组织的各个层级。

• 专家组成立后，确定实际的目标、目的和时间表，以及专家组运作所需资源；

• 小组需要仔细检阅战略计划，保证战术计划和战略计划的一致性。如果一致，就要研究战术计划小组的成果会有哪些；

续表

• 战术计划呈报给决策管理层，以获得最终的许可和资源的分配（时间、金钱和人力资源）。如果计划没能获得许可，那么小组就需要重新讨论直到看见“绿灯”。但是，小组首先要找出这个计划被否决的原因，以避免重蹈覆辙； • 一旦获得许可，计划也到位开始执行，那么就要恪守时间表。小组中每一部分都要负责，以保证在最终截止日期前完成。如果小组的进度落后于时间表，那么就要判断是否需要额外的资源来完成项目，以保证小于等于预算。

帝国墙纸公司（Imperial Wallcovering）的排版调整计划

坐落在东海岸的帝国墙纸公司的战略计划，是成为更有效的墙纸制造公司。他们设定的目标是缩短一半的产品制作时间，同时降低产品损耗。这个目标制定得有些激进，但公司对完成目标信心百倍。

之后，他们创建了由员工、监督者和经理组成的战术计划小组，一起来研究哪个过程仍需改进，以达到目标，减少浪费。战术计划小组努力改进旧的过程，经理们开始倾听员工建议，并允许员工做出改变。（过去管理层做决定时，根本不咨询员工的意见。）员工把这种主动行为称为“排版调整计划”。

结果显示，员工们因此提高了生产效率，降低了损耗，并完成了公司的战略目标。所有的员工都充满了自豪感、成就感和归属感，因为他们帮助公司变得更加高效。

福兮祸所伏

这个成功的战略计划小组所带来的麻烦是，由于制造厂的高效率，公司就不需要那么多的器械设备，从而导致一些工厂因此关门。

帝国墙纸公司的底线是如果没有员工的分享和贡献，就不会获得如此大的成功。通过让员工们参与，公司实现了最终目标。虽然有些岗位被取消了，但由于公司要考虑全局的运转，还是留住了大部分员工。

【战术计划的实质是做实事而不是纸上谈兵】

在战术计划里，做实事比单纯的计划要占有更重的分量，而且有时候是先实践后安排。这可能会让那些抱有“计划先行”的人感到心烦意乱，他们认为只有那样做才算符合逻辑。那种思考方式可能是有逻辑的，但是在今天的社会，它不够创新，不具有足够的推动力。

【保证战术计划和战略计划的一致性】

如前所述，战术计划和战略计划要时刻保持比对并即时调整，以保证其一致性。战略计划设置完善之后，就要立即创建战术计划来进行辅助和推动，以保证员工冲锋势头的迅猛。记住，战术计划才是推动战略计划的源头。它就像一个支持战略的激发高水准表现的马达。一般情况下，如果没有植入一些小的战术计划的胜利，战略计划很难达到最终的成功，常常会像泡沫一样逐渐幻灭。这时员工们感到前功尽失，就会非常泄气，甚至甩手不干。

❖让员工感受到主人翁心态

员工很愿意成为一个比他们个人还要庞大的集体的组成人员之一。当参与到计划之中时，他们就会对所做的一切产生主人翁心态。有了这种主人翁意识，他们就会变得更有创意——提出节省成本和提高生产率的办法，并且发现技术性创新。让各层级员工都产生主人翁心态，就能让公司像一个上足机油的、各部分有机连接的、目标一致的整体机械运作起来。

成功保持计划进行的关键是交流、策划、保持动力和随时庆祝走向成功之路的小胜利。如何帮助领导在战术计划中处理和理解事物及其进展呢？有许多方法可达到目的，也可被分成以下四个部分，以方便新手们快速入门。

【创建战略计划四部分蓝图法】

❖第一部分：使用使命愿景陈述内容来创建战术战略伙伴关系

每一级管理者——监督、小组长、教练、经理等，都要将自己看成组织的战略战术伙伴。这一点很重要。如果所有的员工都对组织的伟大蓝图——使命、愿景、目的和目标有着清晰到位的理解，那么组织也就更容易达成目标了。

使命陈述和愿景陈述是不同的两件事。使命陈述定义了你是谁，它不会突然因为某个信念或是信仰就发生改变。相反，它会像往常一样简洁地描述使命是如何完成的，它描述了我们是谁和我们代表了什么样的立场。

使命，愿景，目的和目标都是由企业中最好的元素组成的

卓越的组织总是能够用激光般的精准聚焦来定义他们是谁，进而简单而富有激情地表述要去哪里。

皮克斯（Pixar）：皮克斯的目标和使命是结合专利技术和世界级别的创新人才一同发展以电脑动画技术为基础的特色电影。这些电影以铭刻脑海的角色和温暖人心的故事情节，来吸引全年龄段的观众。

3M 公司：创新地解决生活中的难题。（听说过百事贴吗？）

玫琳凯化妆品公司（Mary Kay Cosmetics）：给女人无限制的机会。

拉尔夫劳伦（Ralph Lauren）：拉尔夫劳伦的使命是重新定义美国人的风格，提供高质量产品，创造一个新世界，邀请人们一起做梦。

易趣网（Ebay）：易趣网的使命是提供一个全球化的平台，可以让任何人出售任何商品。

谷歌（Google）：谷歌的使命是组织全球的信息，并且让它们成为全宇宙可以访问和使用的信息。

微软（Microsoft）：微软的使命和价值观是帮助全世界的人或企业认识到他们的最大潜能。

使命，愿景，目的和目标能够为将来设定发展路线

回溯历史，你可以发现那些出类拔萃的领导们，都会使用使命陈述和愿景陈述来引导人们进入 21 世纪。

福特汽车公司（1900 年早期）：福特会进行汽车民主化。

波音（1950 年）：波音会成为商用航空领域的霸主，并带领世界走入航空时代。

毋庸置疑，这种激发人心的陈述，一定会带引领员工和组织走向更辉煌、充满机遇的未来。

❖安富利（Avnet）的优势

在安富利公司的案例中，他们使用了品牌、愿景和格言，公司与员工建立了关系，从而实现了企业目标，其成功不言而喻。

安富利曾对此严格保密，但现在已经完全公开了，它目前是世界上最大的电子零件、企业计算、存储产品和嵌入式子系统的全球分销商之一，该公司提供了技术供应链的重要链接。可归因于安富利战略战术目标设定的最新成就有：

- 安富利从2009年到2011年，连续三年被财富杂志评为“最受尊重的企业”，在业内排名第一；
- 在过去的六年里，五次入选《信息世界》的前100强；
- 在2009年和2010年分别被《新闻周刊》杂志评选进入其绿色排行的美国前500大企业名录；
- 连续七年跻身于《信息周刊》100强排名；
- 获得数以百计的电子工业引领制造技术的全球奖项。

安富利的一条企业格言包含了员工、质量和客户服务：安富利是一家领导者坚持以培养员工、卓越运营和提升利润为己任的企业。安富利是电子领域的行业先锋，并且多年来一直保持着世界级的运营规模。他们把为战略目标奋斗的员工视为同盟。

在斯蒂芬妮·蒙塔内兹最近的一次访问中，安富利的前运营主管伯尼·斯多母-卡尔文（Bernie Storm - Colvin）这样说，在安富利可以“无法无天”。那些敬业的有技术专长的人，可以从入门级的位置很快调任为高级管理者。伯尼自己就是从总务员开始，在短短的几年内就被提升成了运营主管。她把自己的成功归因于前任主管安·赤城（Ann Akagi），她在企业内成功地实践和推行了战略战术计划和接班人计划，而这些进程激励并帮助实现了安富利的内部成长和进步。在安富利，管理者们讨论的问题涉及每个员工的个人成长和帮助每个员工达到目的。最重要的是，这里的每个问题都和组织愿景与战略行动计划紧密地联系在一起。

❖愿景陈述不是愿望列表

愿景陈述表达真正的目的，也即说明你要去哪里。愿景陈述为成为什么样的组织提供了激励和愿望，但绝不是愿望的列表或完美组织的表述。愿景是当所有战略目标都实现后成功组织的真实画面。愿景描述应该回答以下问题：

- 将来我们代表什么？（为将来选定一个具体日期）
- 与竞争对手相比，我们的位置在哪里？
- 我们相信什么，坚持什么？我们的哲学观是什么？
- 我们的员工对组织的看法和感觉是什么？

通过创建与战略计划直接相关的愿景陈述，你就为所有组织员工描绘了一个激励人心的统一画面，也发出了强烈的信号。“我们能够也必将到达那里！”这个精彩宣言，正是选自站天威实业（Sta – Rite Industries）水系统集团的愿景描述。该系统在鼓励和希望组织获得什么的细节化方面做了大量的工作（请参见以下内容）。

站天威实业（水系统集团）愿景描述

通过在指定市场提升市场份额、推介新产品和测得补充产品线来获取利润增长。成为全球的行业先锋是我们的目标。我们在市场驱动下关注以下领域：产品性能、客户支持和技术支持与服务。我们通过打造现有强项并培养新的胜任力来保持竞争优势。我们将成为最低成本的制造商。保证站天威获得成功的最有力的部分是什么呢？是人。他们的企业格言是：“在站天威，是我们的员工创造了奇迹。”

一定要确保组织内的高管们完全理解组织的整体目的和目标对实现使命和愿景的意义和作用。只有当上一级领导者彻底明白这一点，才有可能推进战略战术计划，保证领导者的成功。

看看领导者是否真的理解了组织目标和目的是从属于组织愿景和使命的。如果尚未掌握，请重新学习后再进入下一部分。

❖第二部分：让部门与人协调统一

请领导者观察，每个部门在发生什么？请考虑这个重要问题：每个部门和部门内员工的期望是否支持组织整体的使命、愿景、目标和愿望？如果不是，为什么？谨记：当部门与员工不协调时，就不可能创建支持组织长远利益的战略计划。

判断员工与部门是否结盟，请采取以下行为：

- 请员工描述，基于领导设置的特定目标，部门的成功应该是什么样子的。部门的优先顺序和员工期望值应该加载在组织的目标里；
- 判断组织和个人优先顺序是否有差异。如果有，就要努力消除差别，获得统一和集中；
- 最后询问他们，在部门里成功如何测量。测量工作应该与充满责任感的个体有关。只有真正做过此事的员工，才能判断成功是什么样子，最好的测量方法是什么。

当领导者询问这些问题并让员工思考时，他们几乎已经在把员工和部门与组织的方向相统一了，他们应该就是组织战略目标的创建伙伴了。

❖让每个人保持同步——战略计划的快速评估法

与领导者一起审阅由高层管理部门制定的公司的前三个优先目标，以下是示例：

1. 客户服务和保留
2. 股东价值
3. 竞争性的成长

请领导者将这些优先目标与部门和部门员工的优先目标进行匹配。常见的部门优先目标示例：

1. 客户服务和保留
2. 最低目标
3. 迎接竞争性挑战的更好表现

以下是员工个人优先目标示例，以“M. 琼斯”为例：

1. 与内外部客户保持积极关系

2. 帮助部门实现目标

3. 提升专业知识，以保持竞争力和市场适应力

从这些例子中，可以很明显地看出，每一级目标都好像阶梯上的横木，互相依赖支持，以帮助达到最终目标。个人优先目标支持着部门优先目标，二者又共同支撑着整个组织的既定总目标。

组织中的人员和部门必须和组织的目的、目标、使命和愿景相一致，这样战略计划进程方能开展。如果领导者已经注意到不一致性，请利用此机会来讨论解决可能横在计划实施进程中的任何障碍，预想并做好应对任何可能的阻碍，使领导者获得更充分的准备，来处理一路上的波折。

❖第三部分：写出计划

现在是提醒领导者的最好机会，组织中的每个人都应参与编写和开发组织的战略计划。做到这一点的最好办法就是使用爱因斯坦策略：保持简单，使用常识，直截了当。明智的做法是，询问那些在恰当位置的人——那些每天做基础工作的人，请他们提供自己的见解、想法和解决方案。

遗憾的是，大多数公司很少将他们的一线人员看作战略家。大错特错啊！要让每一级员工都能感觉到他们是战略规划中的重要角色。这就是领导者的工作。请看下面两个一线战略家在组织中可能扮演的重要角色：

- 一线员工是顾客的声音和镜子，他们最能准确地将顾客的意见和反馈传递给组织；
- 一线员工是组织的胶水。由于他们常常和其他部门密切联系和合作，他们总能最先看到是什么过程在维持着整个组织——什么可行，什么不行，为什么。

❖组建多层级规划团队

根据公司所在行业，在设计整个组织的战略计划时，应该让各级管理人员提供他们的意见。从建立一个功能交叉的小组起步，以便将一些重点关注的规划问题交给小组。要确保他们所分配的内容，与他们的专业知识和经验相吻合。这样，参与的每个人在工作过程中都能得心应手。

多层级团队由组织内的各级人员组成，可以包括一线监督者、教练和执行经理，以及其他人员。

下表列出了各级管理人员可能被分派到的战略规划事务。

规划事项	领导团队
产品研发	市场经理、技术监督
服务提升	一线监督、小组长、中层管理者
客户开发和保留	一线监督、中高层管理者
各部门职能进程	教练、小组长、一线监督、各级管理者
竞争分析	分析人员、营销部门经理
商业成长	高层经理、高管、财务分析师、法律研究者
销售和市场	营销部门经理
修正安排	每个人

使用以上案例，可以增加领导力规划事务对应的条目及指定的责任者，和由他们执笔完成的战略计划部分。接下来，让参与的每个人概述将要采取哪些行动步骤，来保证让所规划的事务变成现实。例如：

战略目标：针对交流技巧和客户服务进行额外培训。

变成现实所采取的行动：调研现有的课程、报价和时长；探讨使用内部设计研发人员来开展这个项目的可能性；发放问卷，以获得最需要的沟通技巧和对客户服务工具的反馈。

领导者现在可以指派一个人或者小组来负责这个研究过程，并将详细的报告提交。责任人或责任小组还需继续负责后续的跟进和对已完成任务的评估。

❖第四部分：贯彻落实计划

既然已经规划好了战略计划，还要规划如何去完成这个计划。除此之外，一定要强调让员工介入的重要性。如果领导者已将组织中的各级人员加入了规划过程的设计和应用阶段，那么他们就不仅仅是简单的参与，而是会大幅支持和提供保障的。如是，则应恭喜领导者们跨越了他们的最大障碍。

> 没有行动的配合，好心也帮不上忙
>
> ——安·布鲁斯和斯蒂芬妮·蒙塔内兹

❖让领导者们参与到具体的步骤中

在领导者中发起讨论，让他们思考如何将以下四个步骤实践到公司的战略计划中。开始时，让他们思索一下计划的初稿会是什么样子，然后再思考如何从各级寻求支持和更多信息，最后进行整个计划的资源整合。下一步是问他们如何游说组织中潜在的合作伙伴，来帮助他们一起进行项目的演说和实施。高管的支持也是至关重要的。如何下达指令才能将已经设立好的目标和上层管理者的支持联系在一起？如何做才能更加高效？最终，领导者准备用什么样的方法来激励员工去实施这项计划？他们如何将自己的策略讲透？

第一步：介绍计划的初稿。记住，这是一个需要不断进行的工作。不要直接将最终确定的内容公布于众，而要让人们看到初稿并有机会做出补充、提出修改和更进一步的建议。你会因自己的考虑周到而累积更多员工对你的尊重。

第二步：从组织的不同领域吸引更具影响力的伙伴加入，和你一同执行战略计划的制定和推进。高管们可以暂时参与，但是这份工作最后将由展示文档的那个人主要负责。

第三步：为了得到高层管理的补进和支持，你要确保该战略计划的内容与组织的使命、愿景、目的和建立的目标相一致。

第四步：就像现在仍流行的耐克广告所指示的那样："Just Do It！（就去动手做吧！）"如果你已经完成了你的工作，那么你的战略计划将会是一个鲜活的会呼吸的文档。很快，你就能每天收获所付出努力的回报。

利兹卡尔顿（Ritz－Carlton）战略计划

利兹卡尔顿酒店是目前所见执行战略计划最好的企业。它的战略计划不仅简单直接，而且完全依从了整个集团的目的、使命和价值观。还有，更重要的是，他们的员工们相信它、支持它，每天都按照它的规定去行动，并把它带到自己的生活中。

计划就是金标准

当人们想要成功，就会向那些成功的企业学习。而谈到成功企业，人们首先会想起利兹卡尔顿。利兹酒店按照金标准哲学来运营公司，而这个哲学也是公司运营的基础，酒店的使命陈述就包含了这个内容。金标准代表了他们每日行为的哲学和价值观。这些标准支持着他们的商业目标，并且和战术计划、策略、方法紧密联系。它也是整个战略计划的基础，包括了利兹酒店的哲学价值观、金标准、信条、座右铭、服务三部曲、12个服务价值观、第六颗钻石和员工承诺。

如果你想看到第一手战略计划的每日高效性资料，就是现在了。每次轮岗，从中东到欧洲，从美国到亚洲，25个国家76个酒店的所有部门中的38000名雇员，以"排成直线"的方式开始他们一天的工作。这机会把所有人聚集在一起，讨论12个服务理念、活动安排、可能光临的VIP们、客户生日和周年纪念。更重要的是，领导者会对这些"女士和先生们"所做的杰出事迹表达赞扬和奖励。他们把这个机会当作激发卓越表现和落实金标准的培训工具。这是他们战略计划很重要的部分。另外，世界每个地方的员工几乎会在同一时间（当然是不同时区）讨论金标准的同一部分内容。他们讨论完12条服务理念的最后一条后，又从头开始循环。你能想象从洛杉矶到伦敦，所有员工都跟进和信任同样的战略计划目标所带来的同步效果吗？让组织所有成员聚焦同样的卓越标准实在是太神奇了！这就是协同效应啊！

服务和金标准

利兹卡尔顿努力为客户创造不凡体验，这也是他们服务三部曲之一。服务第二部是关于"预期并满足每个客户的需求"。利兹相信团队中的每个员工都能给客户带来最好的金标准服务，因此每个员工都可以获得授权，去为客户提供额外服务而无须事前请示总经理的同意。事实上，他们允许每位员工花在一个客户身上的费用可高达2000美金。这显示高层管理团队确实信任并放权给员工做决定。别以为这个费用只是用来处理麻烦状况的；员工可以创新各种举措，让客户有真正的"金色"体验。

利兹卡尔顿的金标准服务全球著名，无有匹敌。每个标准内容如下：

信条：

- 利兹卡尔顿的最高使命是让顾客享受真正的关爱和舒适。

续表

• 我们保证为客户提供最精细的个人服务和设备，让他们享受到温暖、放松和优雅的环境。 • 利兹酒店的体验使感觉生动，幸福感渐渐渗入，还会有意想不到的惊喜愿望满足。 **座右铭：** 在利兹卡尔顿酒店有限责任公司，“我们是为绅士和优雅女士服务的绅士和优雅女士。”该座右铭例证了酒店全体员工提供的预期服务。 **服务三部曲：** • 温暖亲切的问候。要提及顾客的名字； • 预期并满足每个客户的需求； • 热情的告别仪式。送上温暖的道别，也要提及客户名字。 **员工承诺：** • 在利兹卡尔顿，我们的绅士和女士是为客户提供服务承诺的最重要资源； • 通过应用信任、诚实、尊重、正直和承诺等原则，我们培养和放大了让每个人和公司都受益的才能。 • 利兹卡尔顿培养了这样的工作环境：在这里多样化是有价值的，生活质量被提高，个人愿望被满足，利兹卡尔顿的传奇被巩固。 **12 个服务理念：我骄傲，我是利兹人** • 我搭建顾客与利兹的稳健关系，并为他们创造新生活； • 我总会响应客户表达出来的或潜在的需求和愿望； • 我被授权为顾客创造独特的、难忘的和个人化的体验； • 我理解我在关键成功因素中的角色，拥抱集体成长的脚步，创造利兹的奥秘； • 我不断寻求机会来创新和提升利兹体验的含义。 • 我认可并立刻解决顾客的问题。 • 我创造了团队合作的工作环境，并把客户服务需求传递给同伴以满足所有顾客。 • 我有机会持续学习和成长； • 我参与所有涉及我的工作计划； • 我对自己的职业表现、语言和行为感到自豪； • 我保护顾客、同事和公司保密信息与资产的隐私与安全。 • 我有责任创建绝对清洁的、安全无事故的环境。

【贯彻执行战略计划时确保每个人都参与】

每一次成功的战略战术计划的展示，都需要领导者的行动号召。换句话说，需要有人行动起来实施这些战略策略来示范成功的潜能。领导者需要鼓励从上至下所有人的参与。如果激励了整个团队的关注与参与，他们相当于自动打造了高昂的士气、积极正向的态度和实现战略计划的热情与激情。谁也不能被遗弃——这恰恰是领导者想控制一个新通告的内容或新理念时常犯的严重错误。

在加州圣何塞（San Jose）的撒玛利亚人医疗护理中心（Samaritan Medical Care Center）和捷威家庭医疗护理中心（Gateway Family Medical Center），两家都是美国加州紧急医师（CEP）① 的合作伙伴，他们的大夫、办公室经理和一线监督者推出了一项战略级的客户服务项目和为两家诊所和团队提供基于文化的教练项目。

他们的竞争战略叫作“ We C. A. R. E. ”，是基于四个核心价值观，由每个诊所的两位活动医疗顾问联手提出的，他们是塞缪尔·赛波利提（Samuel Cipoletti）医生和梅兰妮·马丁（Melanie Martin）医生，以及戴安娜·芬克（Diana Fink）医生与伊尔哈姆·路易斯（Elham Louis）医生。

首先，这两个实践团队结合在一起，发起全体员工的团队建设会议，包含晚餐和互动的个人与专业发展活动，由安和我们的同事安玛丽·米勒（Anmarie Miller）来主导。所有成员都参加了，包括所有的大夫，是他们为团队协作确立的基调。一个文化大变革即将揭开序幕。这次会议搭建了迎接改变的舞台，创建了高效能、信任、激情和大家庭的环境。即将发生的变化证明这是一次有益的活动，创造了新的优化的专业治疗环境，提升了客户对服务的忠诚度。

第一次团队大聚会给每个人机会去改善同事关系，学习怎么样更好地欣赏每个人在实践活动中展示的不同与独特。

---

① CEP 在埃默里维尔的北加州湾一带

大约八周后，安和安玛丽重新来到诊所，分别与两个医疗实践团队一起定制了2012年的计划。该计划将实施一场新的文化变革，提升团队、领导力、病人和本地社区的客户关系。

❖We C. A. R. E.

首先，建立一个医疗实践发展模型。这个模型是基于价值的，因为价值驱动行为，没有行为的改变，战略计划很容易偏离轨道。

信号已经清晰大声地发出：实践的价值驱动行为；行为驱动客户、病人的服务质量；客户服务驱动经济效率、生产率和高绩效表现。谁不愿意参与其中呢？

四个核心价值被选中，首字母拼出了单词C. A. R. E.：

沟通（Communication）

态度（Attitude）

尊敬（Respect）

共情（Empathy）

紧接着召开所有人参与的展示晚会。这次，活动激发了更多的激情和热情，每个人都愿意参与和贡献个人力量。两个团队从头至尾全程参与，当使用客户服务工具、客户反馈调查表和个人对“我对C. A. R. E. 的承诺”誓言表时被指定特定范围和期望，并让全员签上名字和日期，这样就使得团队中期望的行为更加被重视。

战略的首次展示是成功的，“We C. A. R. E.”的宣传资料铺平了通往团队建设的道路。换句话说，通过这次活动，每个人都成了计划成果的受益者，而且都要承担重要的角色——在整个过程中享受一路的快乐！

图 9.1　“We C. A. R. E.”活动套装

【创建战术计划六部分蓝图法】

完成战略计划之后，就需要开始创建一个战术计划来支持它。以下是确保战术计划与战略计划吻合并高效实施的过程。

第一部分：设定目标是战术计划的第一步，也是最重要的一步。目标是可达成的、可测量的，所有员工都应了然于心。每个成员都应知道具体要求，并了解战术计划如何支持战略计划。所有结果都必须是可测量、可追踪的，这样团队才能知道如何评估最后的成功、什么样的成功是组织所需要的。最重要的一点是，目标一定是可达成的；如果队员不能确定目标是否能够达成，则会负面地影响执行计划的员工热情。记住，一个组织良好的战术计划团队会设定好清晰的目标和时间安排，以防止他们在项目不成功的时候责备他人。

第二部分：一个要在战术计划开展之前就必须采取的基础步骤，是评估完成项目的潜在威胁，或是可能出现的路障。要先识别可能会阻止目标的障碍，然后设定计划来控制它们，这是必要的。很多企业没有进行这一步，他们的战术计划中就潜藏了失败的可能性。

第三部分：战术计划过程的下一个任务，是决定哪些资源是必要的，并且评估团队的成功还需要什么。如果需要额外的资源，就得寻求较高层的管理人员的同意。有些必要的资源是更多的资金、智力资源或是外加的器材。这是辨识所需资源的步骤。

第四部分：向类似的项目学习，或是咨询执行过类似计划的员工，这是非常有益的。一个企业文化中有了分享成功失败经验、评估结果（常被戏称作“验尸”），这样就能帮助公司增加日后短期计划的成功率。专注于这些经验教训，培训公司重视学习和知识的企业文化，有助于创建模型、决定所需工具和分配必要的资源，以及及时提供给正在完成目标的员工们。在这一步骤中，交流是至关重要的，它助力于成功并且能在最终的总结环节中安抚失败者、勉励成功者。在了解了所有的阻碍和已有的资源后，我们应该频繁地确认原本商定好的目标是否仍然清晰可达。最重要的是，我们应该记得问：“这些结果是否仍然支持战略计划?”如果战术计划的结果并不支持战略安排，应立即停止手头的项目，和领导们重新评估，之后再做出符合战略计划的决定。

第五部分：创建一个开放的交流环境，来获得团队中优秀的建议，并且要保证对大家多提意见的欣赏。这个步骤有助于让大家把最棒的意见拿到桌面上来。而提出自己的想法，也是个人尽责的表现。这个步骤不仅强调了每个组员的分工内容，还强调了要在最终期限之前完成任务。员工责任制是战术计划过程中很重要的一部分，它的实质是让每个人都尽全力达到目标，并以此来实现团队的成功和个人的成长。

第六部分：最后一步，你需要建构一个应急预案，以便哪里出现错误时能够应对。有一个重要的问题你一定要问：“如果项目失败了，你的队伍会如何应对呢?”聪明的领导者常常会备有应急方案。如果没有后备计划，团队就会不知所措，畏缩不前。如果某小队在某一时间无法按照时间表进行工作时，要和团队一起决定做出什么样的调整才能使工作重回正轨。（如果必要的话，可以设置新的截止日期。）

完成战术规划的项目是具有挑战性的，尤其是当把它们汇聚到终极项目中去，落实最后的战略策划的时候。有一件一直未提及的事情，就是战略计划出现的频率。这件事情应该由项目负责人来决策。刚开始的时候，组员们应该每周开会见面，之后只要一切正常，就可以设置更长的时间段来进行会面。当接近于项目的尾声时，团队一般会需要像一开始那样每周会面，以保证项目各个部分都能按进度前进。此类会议大多数都是短小精悍、一针见血的。这些会议，让所有团队成员对自己的工作负责，从而推动了项目的前进。在会上，拖后腿的员工会很快被发现、纠正，最终回归正轨。这也是一种同职位之间的竞争，所以没有人愿意在会议上被看作是给自己团队拖后腿的人。在接近战术安排的结尾过程中，能看到终极成功目标给团队带来的极大鼓舞。而在这六个部分的帮助下，取得成功也并非什么难事！

讨论题

发展战略战术规划

1. 战略计划的目的是什么?

2. 战术计划的目的是什么?

3. 领导者如何与较低等级的管理人员以最优方式共同分配战略战术计划中的责任?

4. 战略计划的展示工作该如何展开?

5. 战术计划的展示工作该如何展开?

6. 领导人员如何衡量人力、部门和企业目标是否协调统一?

7. 为什么使命和愿景陈述对于战略战术计划的发展至关重要?

【结束语】

本章论证了:一个被多个较小的战术计划推动的精雕细琢的、设想伟大的战略计划就是一个活生生的行动记录档案。这里的行动,是指为组织中所有人的利益做出贡献的富含热情和承诺的行为。

第十章　职场魔法：每个员工的领导力发展计划

本书中涉及的每一个领导力的主题，都是帮助领导者达到个人潜能最佳发挥的方式，而个人的最优越表现也代表了组织的卓越。能够带来这一结果的最佳路径，就是跟随有效的领导力计划。这也就是我们要讨论的职场魔法。

本章中你可以学到

◆创建一个领导力计划。领导者必须：

- 保持他们的护身符
- 精确了解身在何处
- 清晰把握目标何在
- 计划一个行为课程，帮助到达目的

◆完成探索自我的旅程。领导者必须：

- 挑战现有状态
- 提升团队成员并以身作则，亲身示范
- 实施特定行为课程以达到目的

什么是职场魔法？就是你的热情和激情，是你对工作的活力和自信。已经有几十个作家写过关于领导力魔法的话题，在图书中，在著名的商业杂志里，在《华尔街日报》到《财经时报》的各类报纸里，以及在《郝芬顿邮报》的博客里。它的重要性确实不容小觑。

领导力魔法帮助我们把自身最好的状态贡献给职场，但有时候也会有例外发生。当我们渐渐老去，开始习惯于墨守成规，不再有梦想，问题就产生了。我们遗失了我们的魔法！那么，那些伟大的领袖们是如何防止魔法慢慢地溜走的呢？他们帮助其他人创建领导力提升计划，让有抱负的领导者们在职场发展中稳步向前和向上。所以，学习本章得到的最大收获就是：集地图和罗盘于一身的领导力计划。

当领导者承担一个重要且极具挑战性的项目时，他就会变得能量十足，可以处理项目过程中遇到的诸多非凡事务。他也希望可以更大限度地发挥自身的优势。此时，如果告诉他如何把领导力计划整合在一起，就相当于帮助他给组织中的每个人灌输了正能量。

领导者将在本章中，学会怎样开发一个稳固而有效的领导力计划。本章旨在指导领导者——也可能是顾问、团队领导或者教练，还可能是高级经理人——启动他们的探索旅程，掌握领导力开发的关键要素。如果你的培训计划尚未包含此部分内容，请尽快加入。

【设定目标尚不足够】

在过去的管理学领域中，设定目标被认为已足够，而领导力计划的概念却带来了全新的意义。质量意识、高性能组织等概念的出现，并不仅仅要求领导者完成项目和接受挑战，还要求提升自我，发挥最佳状态。

作为公司领导力项目的开发者，我们面临两个绝佳的机会：通过为组织内的每个人创建和实施行为计划，帮助领导者实现非凡的业绩；帮助领导者精细化自己的领导才能。

❖设置目标练习：创建领导力“梦想地图”

如果团队要实现目标，那么组织应呈现什么样的状态呢？

演讲家和成功学家阿力克·博斯蒂克（Aric Bostick）推荐了一套开发领导力“梦想地图”的系统，该系统可以把个人或团队的方向和目标可视化、明晰化。一个梦想地图由真实可见的拼图组成，描绘出仿佛已经达到目标的生活状态。博斯蒂克描绘此练习为“撕毁旧的无效的草图，开始新的设计”。

在创建梦想地图之前，博斯蒂克建议高级管理者、经理人和顾问首先要创建自己的“梦想列表”。博斯蒂克抛出一个关键问题让领导者去思考，对于他们最想获得的：“你认为自己做什么才不会失败?”

梦想列表应该包括成功的定义和它的组成部分。比如，可以询问以下问题：

- 你的公司是如何最大限度地影响整个世界的?
- 同行业内它的位置如何?
- 办公室会发生哪些积极变化?

然后更进一步，让领导者判断企业的成功会如何影响自己的个人生活。比如说，可以这样来问：

- 你的理想生活是什么样子的?
- 你的理想的工作是什么?
- 你的健康状态会如何?
- 你的经济地位会如何?
- 你的家庭关系是什么样子的?
- 你会开什么样的车?
- 你会在哪里度假?

这些问题的提问，可以帮助领导者激发组织目标以外的其他个人目标。这样做的目的是让领导者在工作之余去思考，以确保个人和专业目标都在向前进步。一旦个人目标和专业目标被绑定在一起，致力于这些目标的努力就会大大地被调动起来。

❖让地图可视化

然后，创建梦想地图。即收集所有代表成功因素的小图，把它们贴在一张纸上。例如，一个领导者的梦想地图，可以包括一个带拐角的大办公室（如果目标之一是职业成长），一张更多绿色的世界照片（如果你的组织愿景之一是改善环境)，或是一张全家休闲度假的图像（如果目标之一是通过加薪来保障更多的家庭活动)。在梦想地图上，还应该有一些励志短语或引言——诸如关于坚持不懈、成功必达、重视人脉和目标设定等陈词滥调。

❖把它贴在你最容易看到的地方

博斯蒂克建议把地图贴在浴室镜前（对于个人目标而言)，或休息室里（如果没什么不妥)，或一个小隔间和领导者的办公室内，以便每天很容易就能看到它。“一旦你把成功形象化了，就会更容易实现它。”博斯蒂克这样说，“这个地图就是为了激发你聚焦最终目标而采取相应行动的工具。你的心灵有时候不太会区分现实与理想的区别。如果每天在一张有光感的纸上看到它，或者在每天见到的文字里读到它，它就会装进你的心里，并生根和发芽。几年前我就是用这个办法开始我的演讲家职业生涯的——我超越了过去，克服了所有障碍，建立了自信，激励自己也鼓励别人生活得更满意。”

【领导力计划——发现之旅】

第一步，要让领导者了解实现卓越领导力的四种实践行动，并告诉他们为什么如此重要。第二步，基于这些实践，帮助他们把个人领导力计划整合在一起，并辅助他们把本章中由欣肖联合（Hinshaw & Associates）提供的八个自我开发步骤灌输到工作环境中。

实现成功领导力的四种实践行动是：

- 挑战现有状态
- 帮助员工成长
- 以身作则，亲身示范
- 付诸实施

在给领导者讲授领导力计划进程前，一定要给他们介绍四种实践行动并进行讨论。尽管这两者紧密相连，但本章中领导力计划部分都是以领导力基本元素为基础而建立起来的，并在其上做出延展。

使用下列对领导力四种实践行动的描述，对领导者进行自我评估和自我开发。每种定义后，都附有关于如何引导该实践行动的即时反馈表。使用这些说明，可以帮助领导者锁定自我成长的目标，厘清达到个人最佳状态所应采取的行动步骤。

❖实践 1：挑战现有状态

它的意思是：领导者从不应该停止挑战，甚至应该超越极限。

他们是探索未知的先锋，有时甚至没有地图和指南针也敢行动，所以他们从勇敢者的失败中收获颇丰。他们无惧必要的冒险，寻找完成任务的最佳路线。他们深知克服障碍是领导力提升的必由之路，也是学习与成长的绝佳机遇。他们英勇无畏，并总是能从失败中一跃而起。

作为领导者，你应怎样评估自己挑战现状的能力？给自己打分，从 1（最低）到 10（最高），圈出最能反映自己水平的数字。

1　2　3　4　5　6　7　8　9　10

需要大幅提升　　　　完美状态

让领导者回答这些问题来衡量一下，当他们真的付诸实践并挑战现实时，他们所能做到的最大努力程度：

- 哪些方面是最难做到的？为什么你会认为有难度？
- 是什么让你成为领导力的先锋？
- 什么时候的冒险证明是最积极有益的？
- 你准备怎样冒更大的风险去实践？
- “事情一直这样做”，并不等于“事情只能这样做”。鉴于此，你打算怎样彻底改造一个项目，以期实现更佳的过程？

> 领导者通过指挥来学习，而最好的学习方法就是在直面困境时指挥若定。好比气候塑造大山之美，问题则塑造了卓越的领袖。
>
> ——沃伦·本尼斯（Warren Bennis）

请领导者列出打算采取的特殊行动列表，以便在他们认为需要改进的领域来强化自身。

❖实践 2：推动员工进步

它的意思是：领导者应该持续“拉伸”他的员工不断成长。如果员工滞步不前，说明他们可能有自满的情绪，或者积极性没有被调动，也可能是没有被供给足够的能量。那么，结果一定是工作绩效和生产率“很受伤”。

推动员工进步时，领导者要放弃自身的能量。为了帮助员工实现超越自身局限的发挥，必须要赋更多责任、更多决策权和更多信息给他们。只要领导者积极推动员工进步，结果都会超乎想象，惊喜“爆棚”。

当领导者鼓励员工全权负责时，员工本人更希望能提升自己，不负所托。重任在肩，虽苦犹荣，这些都是让员工超水平发挥的动力源泉。所以，请举起横栏，看他们一跃而过吧！

那么，你是怎样衡量自己在推动员工进步方面的领导力水平呢？同上，请给你自己打分，圈出那个合适的数字吧！

1 2 3 4 5 6 7 8 9

需要大幅提升　　完美状态

请领导者回答以下问题，评估自己在问题来临时他们会如何帮助员工成长：

- 你认为员工自我成长对公司的积极作用有哪些？
- 你何时曾鼓励别人发挥到极致？当时是如何实现的？
- 提升员工时，需要员工对领导者完全信赖。你是如何灌输这种信任的？
- 在一个虚拟组织的内部，提升员工会更加困难，因为他们不在同一个工作场所办公。那会出现什么特别的挑战，你又将如何克服？

请领导者列出打算采取的特殊行动列表，以便在他们认为需要改进的领域推动员工成长。

❖实践 3：亲身示范，以身作则

它的意思是：在第一章中，我们曾谈到一个重点，就是当领导者开发自身掌控力时，一定要做到“己所不欲，勿施于人”。换句话说，领导者应该凡事先行，员工们就一定会紧紧跟随。领导者应该亲身示范，以身作则，不能仅靠职位来赢得尊重。他们应该十分清楚这一点，即自己的言行会鼓励和激发员工的热情。所以，一定要确保言行一致。

你是怎样评估自己在亲身示范方面的得分的？给自己打个分，请圈出合适的数字来。

1	2	3	4	5	6	7	8	9	10
需要大幅提升									完美状态

回答以下问题，可帮助领导者定位自己在亲身示范方面的最佳状态：

- 请举例说明，你是如何亲身示范并影响到了周围员工的言行？
- “光说不练假把式”是什么意思？
- 领导者身体力行是如何增强员工对企业的奉献精神和信任程度的？
- 领导者日常言行对员工有潜移默化的影响。请问：它是如何让员工渐进并推动整个组织进步的？

请领导者列出为提升自己而采取的行为列表。

❖实践 4：付诸实施

它的意思是：采取行动，去做而不是光说和思考。领导者都是行动导向的指路人。他们不会隔岸观火，反而会赤膊上阵！他们亲自去实施梦想和行动计划，并鼓励他人并肩协力。他们不会让自己陷入细枝末节等琐碎的小事中，也不会在冗长无聊的会议中陷入“地球人都知道”的分析麻痹状态。体谅他人感受是领导者的义务，但推动事情的发展才是他们的主要职责。

> 幸亏哥伦布没有一个咨询顾问团，否则他现在还在码头，尚未出发去探索新大陆呢！
>
> ——阿瑟·戈德堡（Arthur Goldberg）美前劳工部长

代表领导者个人最佳发挥的，不应该是让人目眩神迷的宏大计划，而是他带领团队所创造的冒险故事。诸如迎接挑战，成功完成意义非凡的项目，在必要时挺身而出，这些都是体现领导者卓越个性的典型案例。

领导者不仅要设定目标，还要帮助跟进员工完成每一个大小任务。为了实现这一点，领导者需要把项目细分成可供管理和实施的最小单位。这就叫作“项目细分”。

你如何来评估自己采取行动的能力水平？请给自己打分，并圈出对应的数字。

1	2	3	4	5	6	7	8	9

需要大幅提升　　完美状态

请领导者回答以下问题，以便他们能正确评估自己在采取行动方面的实力水平。

- 你是怎么样进行项目细分，以便更好地管理项目？
- 为什么在执行过程中设置里程碑很重要？
- 要实施一个计划时，你会马上就采取行动呢，还是会拖延耽搁呢？
- 你为什么认为采取行动是领导力的一个重要素质？

请领导者列出他们打算采取的行动列表，以便在他们认为较弱的方面来加强自身。

国际青年成就组织 JA（Junior Achievement ）是如何通过领导力计划来实现以身作则的

JA 是当今世界上最大和发展最快的非盈利教育组织。它的项目由来自美国和全世界一百多个国家的商界志愿者来讲授。领导力计划是 JA 培训领导者的重要组成部分。

商业领袖激励未来领导者

在 JA，每年总共有 382 637 个志愿者教授 403 849 堂课，学生遍布全世界，总数超过 9 866 143 人。这相当于平均每天 27 000 多个或每小时 1 100 多个学生被启蒙，开始积蓄力量，酝酿他们的商业未来。JA 是介于商业企业、教育工作者和志愿者之间的卓越的合作伙伴。他们一起努力，去帮助全世界的青年人发挥自己的最大潜能，以实现更大的梦想。

JA 的一个团队领袖曾这样说：“JA 依靠内部的领导者来实现其目的，即教育和鼓励青年人认识自由企业和企业家精神的价值。我们不仅要让青年人理解商业和经济，更希望他们能真诚地去实践。”JA 管这项服务叫就业准备服务。JA 的学生开发必要的技能，通过体验现实、工作机会和企业家精神来认知 21 世纪的全球一体化经济。

续表

一个经理人这样说过："因为这是每个领导者对其他人的期望所在，所以对于组织中的每一个领导者来说，以实际行动做出表率是最基本的要求。"JA 培训这些领导者把个人领导力计划和管理计划整合在一起，然后教他们去如何实现这些计划。"如果缺乏实现目标的计划，很难想象我们中的任何人能够把个人目标和组织愿景变为现实。"团队的负责人这样补充道。

在 JA 创建领导力计划

JA 的领导力和管理计划的精华，包括但不限于以下内容：

● 长期、中期和短期战略目标；

● 需要一步一步按步回答的问题计划，诸如：谁需要了解？谁来告知？这个计划应该如何交流沟通？谁来对此负责？

● 跟进的计划，描述需要怎样的后续行动，应该由谁去做，频度如何，以及以何种形式去跟进。

JA 是你的组织的领导者们分享成功经验、帮助后生成长的最佳选择。找一家最近的 JA 分部，鼓励领导者们参与进去，让他们的人生舞台更大，事业版图更广。他们会比他们的学生学到更多关于领导力的精髓。让 JA 成为提升企业能量的领导力培训项目吧！

八步创建自我开发的职场氛围

根据欣肖联合的多莉·欣肖（Dolly Hinshaw）所言，在创建高性能职场氛围的时候，我们都需要告知领导者我们的优势在哪里。"领导者给员工最好的礼物，是一个更大的魔法，也就是通过提升他的自我能动性进而优化他原来的发展路径。"欣肖如是说。

欣肖鼓励她的客户通过以下八步来创建"开发自我的职场氛围"：

1. 按照你希望领导者达到的标准去生活：激发领导者的创意思维，亲身示范你想让其他人做到的。在每一天的言行里，努力做到"学为人先，行为世范"。

2. 聚焦领导力行为：关注和观察领导者的身体语言、口头禅和文字技巧、文化敏感度以及对职业道德的反馈。

3. 崇尚欢迎反馈的文化策略：创建持续学习的氛围，让员工开发和教练受到极大的尊重。用角色扮演来示范正确的言行，通过新的工作机会来扩展领导者的眼界，并告知他们随时欢迎任何反馈意见！

续表

4. 共享领导者通往成功的秘诀：点燃激情，尝试新的方法，打造协作团队，投身技术，加强沟通技巧，提供有助于产生新构思的一切可能的物理环境。

5. 帮助领导者学会消除压力：学会了解压力产生的触发点，掌握压力产生的信号；用公平和尊重来对待每个人；鼓励主动承担和耐心对待。

6. 教授有策略的沟通技巧：人人都愿意和领导者沟通，而沟通的深度和频度依赖于沟通意愿和绩效水平。

7. 挑战领导者的舒适范围：别让领导者厌倦和停滞不前；通过"为难"他们来扩展他们的能力范围；领导者都喜欢提升自己的能力水平。为他们加油吧！

8. 庆贺每一次成功并提升领导力魔法：让每个层次的人都觉得自己是最特别的那一个；在通往更高责任的旅途中，所有的里程碑都需要被认可；要在每一个进步面前及时给予奖励和赞誉。领导者需要在以上所提及的七步内容里及时嵌入相应的认可与鼓励。

在芝加哥一带，多莉·欣肖被认为是成功的职场女性，获得了很高的赞誉。她把一整套让普通人出类拔萃的思维系统和深入研究变化的市场理论知识整合在一起，帮助客户激发热情的行为和高水平的内在动力，并不断走向成功。

【创建帮助领导者保持魔法的领导力计划】

我们已经学习了领导力的四种实践类型，评估掌握了自己在这些方面的优劣势。接下来，学习如何针对某个特定项目来创建领导力计划。

❖怎样使用三段计划工具

把这个工具作为原型，来处理当前面临或即将面对的领导力项目。如果领导者暂时没有这样的项目，可以找个案例，比如说，找个他们参与的教堂、社区或俱乐部的项目也可以。

把项目计划按照行业相关的需求来定制完成，或请教领导者是否有其他创意的思路来增强计划。整个计划的完成过程，将提供一步步的指导来调动个人最具实力的部分。

请领导者调整原有的个人计划，把项目计划内容分配到每天的安排中去。

由于领导力工具的方便实用，他们会把整个过程应用到自己经手的每个项目之中。

❖领导力计划工具案例

第一部分

第一步：描述你所选择的项目。例如：你准备研发一个本部门使用的在线新闻简报系统；你准备拓展新的销售区域和介绍新的产品线；你准备带领团队开发一个新的市场项目但遇到很多变革的阻力；

第二步：清晰描述该项目的目标是什么；

第三步：记录项目的最后期限；

第四步：粗略估计你的预算，确认所需要的额外资源；

第五步：确认参与这个团队的成员，列出他们的名字、职务和所承担的角色。描述每个成员的优劣势，以及准备如何最大限度地发挥每个人的作用；

第六步：虚拟构想。你还想邀请什么样的团队成员加入这个项目？以下是可能的其他成员：你公司的客户、供应商和卖方；从其他相关行业邀请的专家；甚至是竞争对手。不必考虑那些愿意帮忙但做不到的人；

第七步：确认谁是你的债权人，看他们用什么标准来衡量项目的成败；

第八步：列出一个词语清单，描述你对项目的看法和态度。如，可以使用热情的、激动人心的、令人战栗或恐惧的、犹豫的或令人不安的词语等。

第九步：面对任何可能的障碍并去克服它，确认项目可能的问题和较难克服的障碍。分别列出来，并想想如何去克服它们；

第十步：回答关于这个项目的问题：我为什么要做这件事？这个项目对公司为什么重要？这个项目还对谁也很重要？

第二部分

这部分中，领导者将有机会应用从本章学到的成功领导力的四种实践行为。

实践 1：挑战现有状态。通过回答以下问题，你将会学到如何在指定项目中应用挑战现状的实践行动。

- 基于这个项目，你计划怎样来挑战现状？
- 你如何搜集团队中的创新建议？

- 你准备做哪些尝试？
- 你打算如何激发团队的热情，让他们认为这个项目是一次激动人心的探险之旅，而不是一次无聊的重复？
- 如果员工不再墨守成规，而是按照你的建议跳出一大步，你如何保证这个行动的安全？

实践2：帮助员工成长。可通过指定项目来练习提升员工水平的实践活动。

在本计划工具的第一部分中，请先列出你对项目的感觉的单词。这样做的目的是，让你先设定你和团队对待这个项目的态度，有利于在不知不觉间发现阻止项目成功的障碍。所以，让团队成员列出他们对项目的态度，可以帮助提升自己和员工的能力。换句话说，列出你和团队的心态可以把任何可能的负面假设当作对项目的挑战。回答下列问题，可以帮助完成如何提升员工的计划。

- 你是怎样把决策权授给团队的，以便他们更有责任感，从而得到能力的提升？
- 你何时会把更多的责任交给谁？
- 你怎样使团队超越自己原来的局限？
- 通过提升员工的能力，你希望看到什么样的特殊结果？

实践3：亲身示范。你一直保持的领导力优势是什么？想象一下一年后自己的样子。你的项目已经成功完成。作为一个领导者，员工会怎么谈论你？他们会怎么描述你在此项目中的领导力水平？

请写出你希望自己的员工如何来评价你的领导力，然后请回答：你现在正在此地做什么，它可以帮助你完善你刚才所写的内容吗？

实践4：付诸实施。你将练习在指定项目上如何付诸实施。回答以下问题，你就会找到一些行动案例来帮助你达到目的。

- 你如何通过采取行动来帮助员工突破自己，走向成功？
- 你已和团队分享了项目的目标，如何设定行动计划来实现这个目标？
- 在通往成功的路上，你会如何确认那些阶段性的成功标志，无论大小，打算如何庆祝？

以下是支持目标实现的行动案例：

项目目标	行动步骤
• 使用客户反馈表，加快项目进展，提升服务水平 • 开始规划新的客户服务行动计划	• 记录所有客户的反馈数据，无论好与坏 • 选择准备实施的反馈并任命项目负责人

对每个项目来说，设立里程碑并庆祝每一步的成功是很重要的。下面举例说明，在追求大胜利的过程中如何来识别小的成功：本项目的最终目标是建立一个新的客户关怀系统，并在夏天结束时有15个区域使用本系统。

标志成功的里程碑	完成日期
召开启动会议，分配任务，任命团队负责人	1月10日
提交客户关怀系统的总体规划和关键需求	1月25日
所提交的需求内容获得管理部门的批准	2月05日
传播信息数据包到各区域	3月03日
庆祝项目的完成	8月28日

第三部分

计划跟进。你的领导者应该认识到，领导力计划进程不会随着计划本身的完成而完成。计划本身只是一张纸而已，而如何跟进计划才是体现一个项目的成功领导力所在。

请领导者制定跟进计划的行动步骤。领导者应该从容应对整个项目的进展，随时回顾总结。如果领导者不能反省自己已学到了什么，是怎样一步步走过来的，即便是最激动人心的项目也难以让他们有丝毫的成长。请使用以下问题来指导他们对项目的跟进。

- 为了衡量项目的成功，哪些跟进步骤是必需的？
- 我们应该从谁那里获取信息？

● 跟进项目的频度如何把握？

● 我们怎样记录和汇报所掌握的情况和数据？我们采用何种形式去交流沟通？

一旦领导者完成了跟进计划，就到了在组织内指挥实施的时候了。本章曾提到的三个重要问题是他们现在需要回答的：他们在哪儿？他们要去哪儿？他们如何到达那儿？

【按计划来管理指挥和领导】

领导者应该知道三件事：

● 他们现在在哪里

● 他们要去哪里

● 他们打算怎么去

成功领导力的四种实践行为：

● 挑战现有状态

● 提升员工实力

● 亲身示范，以身作则

● 付诸实施

《向乔布斯学管理》

斯提芬·乔布斯（Steve Jobs）是21世纪的托马斯·爱迪生（Thomas Edison），他改变了整个世界。他是个了不起的领袖和革新者——这也是乔布斯被人们永远怀念的原因。《向乔布斯学管理》这本书最初是在一个MAC系统上写成的，又在升级了的MacBookPro上作修改，同时通过IPAD检索其相关内容。

假如乔布斯没死，苹果公司（纳斯达克代码：AAPL）会怎么样

将来的某一天，你的后代可能会这样问："假如乔布斯还是苹果公司的头，苹果公司会怎么样呢？"乔布斯应该是21世纪最伟大的领袖了。虽然他已离我们而去，但在他贴在Youtube和TED Talks上百段著名的演讲里，以及他多产的作品中，无数次地呈现了领导力的新颖内容和无上智慧，足够我们学习一生一世。

续表

乔布斯领导力金言

• 向后面连接各个点，而不是向前面。2005 年，他在斯坦福所做的著名演讲中提到过这句话。他的意思是说，尽管我们总是预先为生活做很多的规划，但总是有不可预测的事情发生。我们只能回头看走过的轨迹，把那些点串起来并延伸，才可能预知未来的路。他这样说：一定要相信些什么，比如你的胆量、业力循环、更高等生物的存在、灵魂或命运。

• 要倾听那些来自你身后的声音。那些声音会告诉你是否在正确的地方。很多领导者忽略了那些微小的声音，他们只凭简单的决定就去付诸行动了。如当我们一心只想赚钱时，就会对那些充满智慧的指导和劝告不屑一顾。但是，领导者却会听从自己内心的声音，即便那个声音是要告诉你，离开你的商业合伙人，离开公司，去中国发展，或去冒更大的险。

• 嫁给艺术和科学。这是所有创新的来源。这也是苹果公司的领导者们要学习的意义最深远的领导力课程。苹果公司的很多领导者有人类学、神学或者诗歌艺术的背景。

• 关注群体不可能创造未来。他是首先提出顾客并不总知道自己需要什么的观念的。乔布斯相信直觉。这一点很像毕加索和其他伟大的艺术家。IPad 最早只是推特圈里的一个玩笑，直到有一天有人举着一部 IPad，然后就变成每个人的必需品了！

• 永远别怕失败。乔布斯就曾被自己挑选的继任者解雇。但他又重新站了起来，找回了他的魔法——激情。他后来被诊断患了胰腺癌，被宣判只有几个礼拜的生命了。这时的他，正如他曾在斯坦福演讲时所说的："没有什么比濒临死亡更能让人专注的了。"

• 尽量与最有才华的人打交道。苹果不是乔布斯，事实上，乔布斯周围都是有才华和天资聪颖的杰出人士。乔布斯组建了无人能及的天才团队。

• 对工作、对自我和对其他人寄予更多期望。大家都听说过乔布斯大声吼叫和狠狠训斥同事的故事。但他们却说，"那是因为他在乎。"他只是想让自己和身边的每个人都做到最好。乔布斯的死让他们情绪失控，因为他们对他格外尊重。让这样一个天才和真诚的领袖消失，实在是太遗憾了。

• 要忘掉正确，要关心成功。他被苹果解雇后这样说。别忘了你面临的现实，他提醒每个人。

• 只要努力工作，果断决策，敏锐判断，一切都有可能。乔布斯用这句话很实用地总结了本书的所有章节的内容。作为一个优秀的领导者，在最后的时光里，他更像一个人，一个男人，他把全人策略应用到了他的领导力中。如果我们听从他的领导力课程，就可以和他一样特别。

• 保持饥饿和愚蠢。这正是乔布斯对自己的期望，他也这样说过："我希望你们都如此。"

跟胰腺癌斗争几年后，乔布斯于 2011 年 10 月 5 日去世，享年 56 岁。

讨论题 创建领导力计划

1. 为什么领导力计划很必要？为什么目标设定还远远不够？
2. 为什么领导力计划被视同一次探索之旅？
3. 开发领导者个人最佳状态与领导力成功计划有什么关系？
4. 为什么把项目细分很重要？
5. 为什么领导者要在计划中考虑利益相关者的目标？
6. 为什么领导者在通往成功的路上要使用里程碑来评估项目进展？

【结束语】

当领导者学习了领导力发展的各项要素后，他们在管理理论的武装和保驾护航下，就有可能实施一个更加有创意的项目或进程，但首先需要一个计划。领导力计划显然是下一章即将讲述的战略计划和长短期战术计划的先导和支撑。毫无疑问，这两类计划一前一后地保证了领导者长期能力的提升和最终的成功。

第十一章　领导力和企业文化：人力资源开发战略

那么，到底如何使用企业文化作为战略武器和统一工具来管理人力资源呢？本章即将揭开企业文化这一神秘的面纱。领导者除了可在本章学到管理人力资源的非常实用的技能外，还可将“领导者文化工具包”武装到身上，随处可用。如果你的培训尚未包含此部分内容，请及时加入。

本章中你可以学到

◆人力资本和文化的力量。领导者必须：

- 了解人力资本管理和企业文化的关系
- 深入了解文化和人才资本是所有行为、价值观、个性、环境和仪式的集合体
- 掌握融合企业文化和人力资本的五个关键领导力战略

◆文化融合时领导力的稳定性。领导者必须：

- 创建文化网络，以保持组织精神荣耀长存
- 了解适者生存的规律
- 学会成功地融合几种文化

❖全食企业文化“圣杯”

全食超市重视企业文化和人力资本是有目共睹的。从领导者角度来说，几乎没有任何一家公司会把“平庸”作为企业文化里人才标准的一部分。全食超市坚信每一朵星星之火都潜藏着巨大的能量，足以影响公司的品牌形象或价值底线。无论以何种方式，大或小，好或坏。这就是为什么他们招聘人才时，一定要秉持优中选优而不是劣中选好的原则，以“招聘态度，培训技能”为准则。如果你勉为其难雇佣低于企业文化标准的人，就会在整个企业系统内部导致无法根治的“中毒现象”。根据超市的规定，你可能会因此而卷铺盖走人。

像全食超市这样的企业，时时刻刻都在精心呵护着企业文化，希望增益它、强化它，而不会随意贬损它。他们亲切地把它称作“它因子”。“它因子”是企业坚持培养顶尖人才的结果。如果你去全食购物，一走进来，立刻就能清晰地体验到它的“文化氛围”。这里的员工训练有素，积极正向。这些迹象很明显地透露出，全食超市格外重视内外部的人力资本价值。

企业文化在过去的十年里不断承载着完全崭新的含义。今天，它已经变成企业具体表达前瞻性的规范，如职场幽默、休闲穿着（每周五天，不仅限于星期五）、公司核心价值、民主自由和鼓励员工持续学习和个人成长等特点。企业文化的进化是个有机的过程，不需要强迫。

谁也不可能去强迫改变文化，但如果把小的改变逐渐渗入到工作环境中，就会发生潜移默化的影响，从而酝酿出文化创新策略。企业文化是企业核心价值的顶点，是仪式和典礼，是规则，是语言，是进程，是个性，也是所有领导力素质的集合。每个企业的领导力——无论好与坏——都在创造企业文化和提升改善它时起到根本性的作用。确切地说，是领导者创造了文化得以繁荣的环境，而不是创造了文化本身。

采取"让一切变得有趣"的幽默人生观

绝大多数公司相信，积极快乐的时光是协作和学习的必要条件。我们都是大演说家和大作家蒂姆·加布里埃尔森（Tim Gabrielson）的超级粉丝，他专门研究如何给办公室带来快乐。他说，"在今天'压力山大'的职场上，创造幽默环境意味着更高的生产率、更有创意的解决方案和更少的缺席。每天我选择让大家快乐，让自己快乐。这是个我们都能做到的选择。伟大的生活始于选择让每天都做到最好。"蒂姆说得太对了。越来越多的公司把态度和文化的力量灌输到领导力风格中，我们也强烈推荐你的领导者应该采取蒂姆的"保持幽默"的人生观。

【成功的方程式：企业文化 = 组织的个性】

文化是一个组织或特殊群体内所有社会和专业的个性特征的总和。简而言之，一个组织的文化就是它的个性，而且一个领导者的个性常常会成为该企业文化的一部分。

领导者的成功准则是：如果一个组织的领导力总能拥有并坚持实践始终如一的核心价值观、积极的言行、好的态度、战略和清晰的目标，这些都会反应在组织的个性上。同样地，如果组织的领导者总是存在持续的冲突、优劣势的不均衡模式、彼此不尊重或不道德的行为，就会给组织制造机能失调和功能障碍的个性特质。无论他们是否主观故意，组织都会向着他们纵容的方向滑下去。

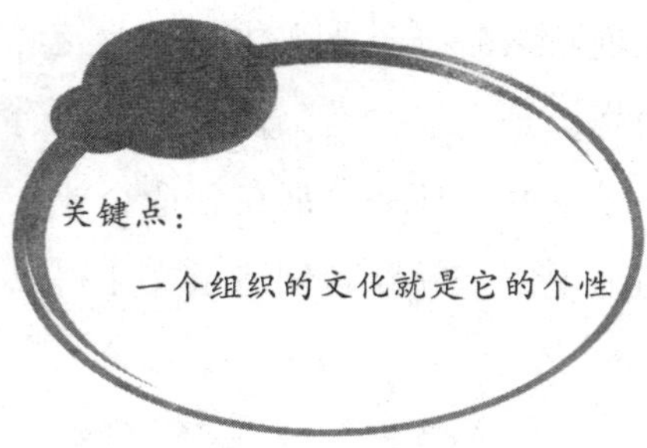

可研究和学习的著名企业文化	
• 脸书网（Facebook）	• CitiStorage
• 戈尔（W. L. Gore）	• 门罗创新（Menlo Innovations）
• 皮克斯（Pixar）	• Patagonia
• 耐克（Nike）	• Ooyala
• 捷蓝（Jetblue）	• 艾迪欧（IDEO）
• PeopleInk	• 赛仕软件研究所（ SAS Institute）
• P. F. Chang 中国餐馆（P. F. Chang’ s China Bistro）	• 罗马琳达医院（Loma Linda Hospitals）
• 维京集团（Virgin Group Ltd）	• 诺德斯特姆（Nordstrom）

组织文化会影响到领导力的各个方面，每个领导者都应该用自己的个性和真诚代表员工来塑造企业文化。这个应是领导者学习管理人力资本的第一步。

【领导人才资本与企业文化有什么关系?】

据专业人士称，组织90%以上的事项可以依赖内部人力资本来解决——那就是说，可依赖组织的员工、想法、潜力和其他的无形资产。本章将展示如何使用组织文化作为战略工具来吸引和招聘明星人才，驾驭创造力和潜力，以满足员工未实现的愿望。

当把人力资本管理作为领导力文化工具包的一部分时，领导者就在组织内传达了强烈的信号：“领导者不仅不会浪费人的潜能，还会为挖掘员工大脑的能量进行投资。”

创建“做正确的事”的企业文化，因为这本身才是最正确的事

过去，有机食品只能在小的专卖店或半资本家的嬉皮士们摆的户外食品摊上找到。但随着全食超市在各地的扩张，全食超市通过引进当地有机业主和他们的农产品、美食家们和当地美食，食品百货的格局才发生了根本变化，这充分体现了全食对人力资本的企业文化的重视程度。目前全食有51000多名员工（组织内部称他们为“团队成员”），其中将近90%是全职员工。全食在美国38个州300个乡村有自己的店铺。全食超市还被财富杂志评为“全球最好的100家雇主”之一。因为全食超市雇员的年均收入超过70000美金，对于一个杂货店来说相当不错了。当然，能获得此声誉的，远不止因为工资一项。这个以文化实力见强的企业重视员工的多样性，超过40%的员工是妇女和少数民族，以及远程办公人士。还有其他福利，就是全食为员工提供100%的医疗保险，还有健身补助。

Lands’End如何管理人力资本

另外一家入选财富杂志全美最佳100雇主排行的机构是Lands’End，它认为人力资本管理是领导力管理中最重要的措施，并定义它为企业文化的组成部分。它的人力资源管理方式有以下几种：

- 向员工及时发送介绍公司正在发生的变化和即将采取的措施的演示文稿，并听取他们提出更好的建议和想法；
- 每隔几天，前任和现任的领导者就会会见外聘的创意参谋，聚在一起讨论公司的现状，寻求突破的方法；
- 定期召开季度会议，向员工通报公司现状和发展预期；
- 每月与CEO、CFO或COO召开交流会，会议先向员工介绍公司各方面的近况，然后征求他们的想法和意见。

【人力资本管理的五种领导力策略】

在开始计划前，领导者必须理解自己在组织中所扮演的“领头羊”角色，并且了解在技术和全球商业化需求不断演变的过程中，这个角色越来越复杂，并更具挑战性。如果领导者想让公司更有效和更成功，就必须掌握下列五种基本的人力资本管理策略。使用这些战术，可以帮助领导者将自己的个性打造包装成企业个性——也就是企业的文化。学完本章内容的人，找到一个帮助领导者实施这些策略的工作将是易如反掌。

策略1：利用组织的环境、位置、装饰来点缀和修饰办公室，把希望鼓励和保持的员工优点与才能用这种方式传达出来。公司环境是最有影响力的工具，可以描述和展示公司文化和公司所推崇的做事方式。环境的含义包括：墙上挂的装饰；所呈现的企业核心价值、使命和愿景的陈述；各种装饰物；特殊的人工制品的展示方式。领导者可以定制和设计环境，通过表达企业文化，希望传递出如家的感觉、温暖、友爱和安全等信息，以吸引和保留明星员工。环境可以提示员工由衷地说出“这是我喜欢工作的地方”或“这是我骄傲作为其中一分子和我愿意待着的地方”等心声。

策略2：把它亮出来！把公司核心价值和准则展示出来，让“地球人都知道”吧！核心价值和准则是企业文化的灵魂和精髓。核心价值和准则并非为了加强人力资本管理和企业文化而采取的补救措施，而是企业操作管理所依赖的基础，清晰定义了企业唯一独特的个性，应该向企业的内外部客户大声地、骄傲地宣扬出来。

策略3：促动和激励个人英雄主义，并创造可以赋予企业文化、价值和准则高贵人格的时事英雄。美国公司需要英雄，因为英雄不需要管理——他们用活力和乐观创造明天，改变文化。时事英雄在一个偶然事件前挺身而出，应付自如，拥抱着变化跨入未知领域，积极创新，热情示范未来。这行为可能产生于一瞬间，也可能会持续几年，如果环境鼓励的话。

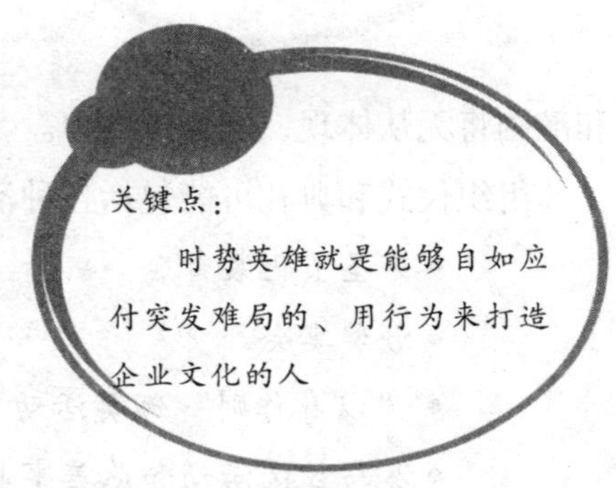

创造时事英雄不包含管理员工的内容，但包含对智力资本的管理，包括如何把文化渗透到选定的人群中，让他们在职场中示范适当的言行。时事英雄不仅影响他人，也用他们单纯谦逊的行为、不可抗拒的勇敢、热情的壮举、为人服务的勇气，激发引导着人们的最佳表现。所以，组织应该重视挑选和鼓励这样的英雄，以便他们帮助塑造和精调一个基于人与人之间心心相通的企业文化。

西南航空公司鼓励英雄行为，并为幕后英雄举行庆典

西南航空公司因其丰富多彩和充满生机的文化而著称。大约在十年前，航空公司设计了一套体系，用来奖励那些表现积极正向的、未被表彰过的幕后英雄。公司开发了识别程序——“最美心灵”，用来挑选那些和企业文化完美契合的人。每年航空公司的幕后工作者们，包括技术服务和客户服务协调人等，都会出席这项“最美心灵”的庆典活动。这就是西南航空公司对那些不常在公共场合露面、也没有很高声誉的员工表达心声的方式：“你们这些幕后英雄才是最重要的！”

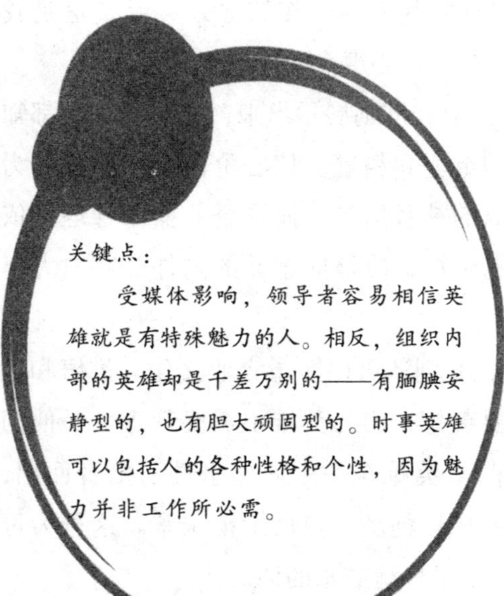

策略4：与员工分享组织的各种仪式和典礼。仪式和典礼是组织文化的行为示范，也是帮助员工间沟通交流的有效工具。这些仪式和典礼尊重员工，鼓励以传统智慧为基础的创意思维，在组织文化宣传中是必须之选。如果缺乏表达心声和情绪的形式和庆祝活动，一个组织就会逐渐消亡。传统和仪式对于组织文化的意义，相当于音乐对于舞蹈或主角对于小说的意义：二者紧密相连，缺一不可，齐头并进。如果没有传统和典礼，组织的价值和准则将无从体现，毫无影响力。

组织仪式和典礼可能包括各种活动和纪念大会，比如：

- 万圣节化装舞会
- 垒球运动
- 颁奖宴会
- 奇闻逸事和内部故事会
- “以身作则”颁奖活动
- 新员工会
- 参与社区活动和慈善事业
- 集体野餐
- 公司年会
- 年度非正式会议

- 年度 CEO 演讲
- 销售评比
- 战略计划研讨会议
- 常用口号
- 日常仪式

无论是用一场华丽的文化盛会，还是一句简单的“就这么做!”来纪念和经历这个有特殊意义的时刻，执行公司的仪式和庆典都会有助于打造更强大的企业文化，激励员工以更好的绩效来创造更佳的业绩。

策略5：设立企业文化顾问委员会。创建文化网络，以保证企业精神的荣耀与长存。我们合作的很多企业，都是通过这种机制来保障企业文化的发展的，而且效果很好。委员会成员不仅要保证了解企业历史、大事庆典和新员工要传承的仪式，还可以使用“多功能文化融合组”或“文化胜任力委员会”等词语。这样做的目的，就是让领导者能更简单方便地支持企业文化，鼓舞士气，发展人力资本，专心地投入工作。

在很多企业里，已有专职岗位来从事保持企业文化的工作了。职务名称包括：文化发展部经理、文化部长、文化胜任力主任、亲和力委员会主任和员工文化资源经理。

> 谈及文化，你究竟是在外面还是在里面——答案显而易见，无须争辩
>
> ——赫伯凯莱赫（Herb Kelleher）西南航空公司创始人

文化融合时即考验领导力之时

在快速合并、并购和合资时有发生的今天，文化经过一夜就能整合在一起吗？在这种情况下，领导者应该明白，一般采取三种方向来实现文化转移。

1. 保持各方文化的独立性。当两个公司合并或并购时，如果谁也不妥协，就会让两种文化分开办公，继续保持其独立存在。也可能因为两种文化都很极端，都想维护各自相关利益者的利益最大化。就像美国在线（America Online）和好芬顿邮报的案例，一场收购整合让两种明显冲突的文化相遇——一方是年轻叛逆、身着文身吊带和短裤的前卫文化，另一方却是体现广播出版界保守规矩心态的传统文化。

续表

2. 适者生存。并购后，如果一方文化占主导地位，就会发生这种情况。如当惠普收购阿波罗后，阿波罗人很快就被培训接纳“惠普模式”。同样的情况也发生在英特尔收购DEC半导体厂后，英特尔管理团队宣布工厂将按照英特尔模式来运行，文化也从此刻开始服从英特尔文化。这显然是主导文化在起作用。

3. 整合文化。如果并购后的双方都希望有更大的回报，两种文化是完全可以优势互补成功融合的。这样做的一种方式是，通过权衡双方的系统和流程，产生新的改良的程序。最好的案例莫过于人力资源开发系统的整合，把一个系统的数据导入另一个系统的程序中。

【文化和人力资本的作用】

如果领导者真正理解了组织文化在领导力旅程中所扮演的重要角色，就会非常重视文化和人力资本管理，把它当作由行为、价值、个性、环境、情景和其他一系列内容组成的强大力量。如果员工对不可预测性、混乱和变化没有积极正面的反应，领导者就可以在船开始摇摆时利用组织文化来稳定军心。

学会利用组织文化的有效保障和强大支持，领导者就能信心百倍，屹立船头，直面变化，迎接成功。

文化评估小测验

现在，针对企业文化做一快速评估，请领导者现场使用下列问卷作答：

1. 当你沿着公司走廊散步时，会听到、看到和感觉到什么？
2. 描述一下环境——如建筑风格，艺术品，饰品，家具等；
3. 员工的着装情况如何？
4. 人们合作情况怎样？
5. 公司的典故和传说是怎么样的？仪式和典礼有哪些？

管理人力资本和企业文化的五个策略

请用此内容帮助领导者回顾和实施五个领导力策略：

策略1：利用组织的环境来点缀修饰办公室，把希望鼓励和保持的员工优点与才能用这种方式传达出来。

策略2：把它亮出来！把公司核心价值和准则展示出来，让“地球人都知道”吧！

策略3：促动和激励个人英雄主义，并创造可以赋予企业文化、价值和准则高贵人格的时事英雄。

策略4：与员工分享组织的各种仪式和典礼。

策略5：设立企业文化顾问委员会。创建文化网络，以保证企业精神的荣耀与长存。

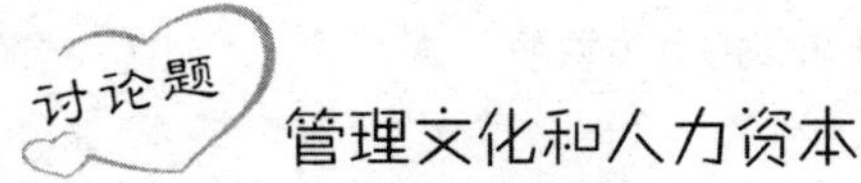

管理文化和人力资本

1. 企业文化和人力资本有什么关系？

2. 公司环境揭示了什么样的文化？

3. 企业的仪式和典礼、庆祝活动，还有传统，与企业的文化传承有什么关系？

4. 一个企业的文化可以轻易被改变吗？如果不能，为什么？

5. 领导者可使用哪些策略来影响和传承文化？

6. 文化融合时组织可选的三种方向分别是什么？

【结束语】

本章讲述了领导者如何利用定制的公司文化墙来发现员工智慧并很好地利用这些力量。下一章，我们将会讨论如何制定接班人培养计划。

第十二章　领导力接力棒：接班人培养计划

本章你将学习到制定接班人培养计划的艺术和把接班人推向正式岗位的步骤。每个领导者都必须毫不犹豫、心甘情愿地把接力棒传下去。如果你的领导力培训项目中没有包含这部分内容，请尽快加入。

本章中你可以学到

◆真实的接班人培养计划案例。领导者必须：

- 实施成功人才管理模式，加强内部培养领导者机制
- 倡导接班人培养，取代临时招聘
- 崇尚企业文化为最强大的实用工具
- 向世界顶级公司取经

◆接班人培养计划的关键组成部分。领导者必须：

- 吸引才智卓越的员工
- 从企业内部选拔领导者
- 提供持续职业发展机会

接班人培养计划早就不再是只有公司总裁、CEO或者其他高管们才能考虑的问题了：它影响到公司内部所有级别的领导者。在当今快速变化的时代，领导者很少有时间停下手头的事，专门去物色接班人。相反地，他们必须在完成分内之事时，同步考虑培养和提升各管理级别的潜在继任人选的问题。

接班人培养计划（也有人叫作“管理连续性计划”）是每个机构未来获得成功的保障，但是很少有领导者会把找人替代自己的计划放在优先列表之中。而具有讽刺意味的是，当特殊时刻来临时，领导者还是不得不找个人来替代自己。看来，这种思维模式必须要做大的调整了。

【加州地区独占鳌头的接班人培养者：萨特健康中心】

埃里卡·达菲（Erica Duffy）是萨特健康中心执行力发展项目的管理顾问和项目负责人，该项目隶属于位于加州萨克拉门托（Sacramento）市的领导力学院。与达菲一席谈话后，我们了解到，萨特健康中心正在开展一场全球规模的接班人培养战略计划。那么，萨特确保持续成功的路径图是怎样的呢？它又是如何把人才培养和接力棒传承巧妙地整合在一起，完成接班人培养计划的呢？我们的话题就从这里开始。

萨特健康中心是一家在接班人培养和人才发展方面领先世界的机构。萨特为北加州超过100个城镇的病人和家庭提供医疗保健服务。萨特的医生、非营利性医院和其他医疗保健服务提供机构，可以共享中心的资源和专业知识，以提高服务质量。因为萨特医疗网络中心储备了大量每年被综合医疗协会（Integrated Healthcare Association）评为加州地区最高水平和最高质量的医疗机构的数据。萨特的子医院在心脏病护理、妇女儿童服务、癌症护理、骨科护理和先进的安全技术等方面，都是所在区域的佼佼者。

❖选拔未来领导者是领导力迁移的关键

埃里卡·达菲告诉我们，几年前，萨特健康中心开始大胆革新，改革医疗保健服务。作为战略计划的一部分，机构嵌入了提供高价值服务的愿景，即通过提供专家级的、定制的高质量服务和可负担的报价来实现。

“在随后的几年里，有效传播高价值服务理念变得格外重要”，达菲说，

"在联邦实施医疗改革的大背景下，政府为3200万无保险的美国人提供了医疗保健服务；在接下来的十年里，美国医疗保险将削减原计划给萨特健康中心的退偿金将近20亿美金。同时加州政府又面临着巨额债务——这很有可能导致加州医疗补助计划（Medi - Cal）减少付给医生和医院的费用"。

因此，萨特健康中心的高管们意识到，要想提高医疗保健服务，把系统发展成高协调度和高集成度的服务网络，每个员工都将扮演至关重要的角色。他们也知道，很多关键岗位的员工和领导者正在接近退休年龄。选拔和培养未来的领导者，仍然是保证萨特变革成功的关键因素。

❖领导力标准和仪表测量方法

萨特健康中心的变革所采取的最早的步骤，是把网络的商业目标与领导力的行为标准和仪表测量方式联系在一起。萨特的仪表测量方法规定了领导者在财经、质量、成长、服务、社区和员工等领域必须做到哪些内容，领导力标准又定义了他们应通过哪些行为来履行义务。仪表测量方式和领导力标准共同诠释了领导力成功的概念。

仪表测量方法的使用

领导者常常被置于各种令人难以置信的绩效评估系统中。所以，无论使用电子表格、图形、模型、图表，还是财务数据，他们都祈祷测量的结果别太出乎意料。我们之所以推荐这套仪表测量方法，是因为它能为领导者提供了解当前状态所需要的重要而相关的数据。

开车时，如果你瞥一眼仪表盘，就会看到一些数据。这些数据会告诉你汽车正在平稳运转——里程表读数、油表气表指针等等。这些都是作为驾驶员的你需要全面掌控的测量结果。如果你的车厢内汽油已空，或者车速超过100迈，就会有恶劣的后果产生。同理，使用仪表测量系统的领导团队，也会随时精确地知道他们在干什么，在什么时间分别做了什么。

❖培养下一代领导者

“要想成功实现商业战略目标，每个组织必须有合适的人选、拥有合适的技能和行为、在合适的时间被任命在合适的岗位上——这就是接班人培养计划的最终目标。”达菲强调道。

由于婴儿潮时期出生的人正在接近退休年龄，萨特健康中心——跟大多数公司一样——面临重要员工的消失问题。为了培养强健有力的当前或下一代的领导者，萨特健康中心在全系统内推出了面向员工的项目和进程。在员工心里，这些项目和进程代表了从内部选拔领导者的新的价值观。以下三部分高度统一的、内部密切关联的项目和进程，支撑了萨特健康中心的文化迁移和下一代领导人的培养：

- 整合的人才管理系统
- 人才评估和接班人培养计划进程
- 领导力学院项目

❖整合的人才管理系统

很显然，一套常规运转的系统和进程是萨特战略目标的重要组成部分。通过建立仪表测量方法和领导力行为规范体系，萨特健康中心成功地安装了一套高度整合的、基于互联网访问的人才管理系统。这套在组织内部被公认为成功绩效开发进程（Performance Success and Develepment Process，简称 PSDP）的系统，支持网络化的目标协调、绩效管理以及符合萨特核心标准的接班人培养计划。

使用PSDP，萨特健康中心的领导者可以轻松地把组织目标列出来，确保员工绩效目标和组织商业目标相一致。人才管理系统提升了员工的工作效率，通过无纸化的绩效评估流程，确保了接班人培养计划与绩效评估和人才发展计划无缝地链接在一起。

❖人才评估和接班人培养计划

作为整体人才管理进程的一部分，萨特健康中心的人才评估和接班人培养每年实施一次。在第一季度，对上一年的绩效进行评估；第二季度开展人才评估和接班人培养工作；第三季度聚焦人才发展计划；最后一个季度开始制定明年的工作计划和目标。

通过一系列人才评估会议，领导团队使用一个九箱网格工具，针对候选者的领导才能（绩效和潜力）进行讨论和评估。会议同时设有开放论坛，对关键岗位的继任候选人进行辩论。

领导团队会把结论和来自会议的数据输入 PSDP，系统会提供额外的包括领导力优劣势分析、继任准备状态、高潜力可能性和发展计划等在内的报告。“当萨特健康中心的人力资源管理者们通过我们的系统从内部选拔关键岗位候选人时，这些详细的人才报告才会提供很大的帮助。”达菲补充道。

❖只有可衡量，才是真正做到了——萨特健康中心的追逐目标

尽管萨特健康中心的人才评估和接班人计划一直在演变，早期得出的数据被证明还是可信赖的。网络会把人才选拔、评估、开发、追踪和部署等整合在一个系统里。2005 年，只有三百个高管被评估，极少数高级领导者的潜在接班人被讨论，数据被储存在本地的电子表格中。现在每天有超过 2100 个领导者被评估，岗位从一线经理到高级管理者都包括在内。2003 年，萨特健康中心只有 28% 的高级岗位从内部选拔，而到 2011 年，这个数字是 65% 。

❖一流的领导力学院支撑接班人培养计划

从组织内选拔和培养领导者是萨特健康中心战略目标的重要组成部分。系统内的领导力学院为下一代领导者提供了绝佳的机会，他们可以通过节奏紧凑的、长达一年的执行预备项目提升管理技能。及时发现问题，努力投入，系统学习高级工商管理课程。萨特的领导力学院是迈向高级岗位的重要铺垫。而参与者则是通过萨特的年度人才评估和接班人培养计划选拔出来的。

领导力学院于 2004 年正式启动，并在 2007 年对学院重新设计调整过，加强和提升了整个学院的水平。目前学院包括：

- 团队学习
- 行动学习，由萨特健康中心提供的挑战和由系统管理小组的成员单位提供的挑战
- 带有 360 度评估系统的执行教练

- 向萨特健康中心内部和外部的学者和执行领导者学习
- 案例研究
- 关于领导者和领导力开发的最新和经典理论的图书和论文

❖衡量领导力学院是否成功的标准包括：

- 到高级管理岗位的晋升率
- 关键系统负责人的任命次数
- 个人领导者的工作效率

根据达菲所说，从2011年9月起，超过三分之一的领导力学院毕业生（2008年入学及后来的学员）被提升为高级管理人员。自2011年7月起，领导力学院男校友网络已有超过120人的成员，这些人来自六个毕业班。

萨特健康中心把领导力学院的成功归因于两个重要因素：

- 来自萨特健康中心的CEO和系统管理小组的强力支持和参与：作为嘉宾参与人，行动学习挑战的发起者，以及提供真诚意见和直接反馈给学生的领导者，他们的投入给项目带来了确定性和可信力。
- 高水准的参与者：萨特健康中心的高水准的选拔机制和筛选流程，确保了只有最高潜力的候选人才能参与这个项目。

❖萨特不会就此止步

达菲总结说，几年前，萨特健康中心开始传递高价值客户服务的理念。“实现这些目标，员工扮演了极其重要的角色。通过整合战略目标，实施成功人才管理进程，强化内部选拔机制，萨特健康中心开创了一条引领医疗护理变革之路。”

【接班人培养计划与替代招聘的比较】

领导者不应该把接班人培养计划和替代招聘相混淆，这一点很重要，但很多公司存在这样的问题。替代招聘就像是“我们必须马上解雇她，请尽快找人来替补”这样的情形。注意到这个决定里的焦虑心情了吗？这恰恰是领导者应该避免出现的局面。

接班人培养计划需要持续不断地挑选和培养能够实现组织战略目标的人才。通过培养内部的明星员工，确保了所有领导岗位的管理持续性。下面这个案例，将清晰地反映出二者的差别。它会促使领导者更加关注从员工到领导岗位的接班计划，而不是快速替换一个员工，或填补空缺岗位。

替代招聘是…	接班人培养是…
• 被迫快速填补空位的连锁反应	• 积极主动提前计划谁来填补空缺
• 临时的狭窄的补位方式	• 与组织整体战略目标同步
• 简单替代	• 更新升级措施
• 尽量阻止危机发生的应对方式	• 长期人才建设策略
• 不灵活	• 灵活
• 差中选好	• 好中选优

❖管理连续性

确保管理的连续性和制定深思熟虑的计划，将是领导者未来面临的两大关键。当组织以致命的速度向前发展变化时，领导者就会忙于应付而忽略这两点。确保完成这两项工作的一个办法，就是把接班人培养计划进程切割成五个重要的组成部分：

- 吸引和留用最有才华的人
- 从组织内部培养领导者
- 培养提升潜在接班人的能力
- 实施长期人才培养和管理进程
- 鼓励员工提升计划和领导力教练进程

【吸引和留用最有才华的人】

别让你的领导者傻傻地犯错而不自觉。接班人培养计划首先要从吸引、雇佣和留用人才开始。领导者应该秉持总在寻找明星人才的态度——并不仅仅在有空缺职位需要填补时。物色人才要谨慎小心。这样做的领导者才永远不会缺少合格候选人。回顾萨特健康中心的案例研究，他们的智慧之言可以让你经年受益，并能经受得起火的洗礼。

❖宣传企业文化是招聘诀窍之一

在本节中，领导者可以学习到如何把组织文化和物色人才的努力紧密地结合起来。推广企业文化，最具吸引力的方面就是可以帮助聚拢人才。它可以吸引申请者加入组织，无论劳动力多么缺乏。

但是，领导者不可能招聘到那些根本没有申请本公司工作的人，而且高薪诱惑也并非吸引人才的唯一办法。越来越多的公司通过企业文化价值来吸引和保留明星人才，尊重员工，并帮助他们平衡生活与工作，提供支持性补贴，如现场日托服务和股权机会等。

请领导者讨论他们企业的文化价值的卖点是什么？请列出在不同部门吸引人才时，应该宣传什么样的组织文化优势。

❖聪明的招聘方式

当公司想用相对聪明的方式招聘人才时，他们大多会从内部员工处想办法。这种通过员工推荐的招聘方法已经很普遍了，无论大小公司都在采用此种方法。微软公司超过40%的新雇员来自于员工推荐。这样做的根据是，任何一个公司的雇员都愿意与和自己类似的人一起工作生活。

所以说，你应该去和领导者讨论一下招聘员工的朋友的优劣，并探讨如何才能把这种想法落实，变成真实有效的员工招聘办法。

其实，物色明星人才与员工推荐并不冲突——只是更进了一步。有些有先进招聘实践经验的公司，甚至欢迎员工的家人加入企业。因为血浓于水，还有比公司的超级明星员工的亲人更合适的人选吗？那些鼓励雇佣相同基因的人作为人才合作者的成功企业，坚信在一起工作的家人会常常待在一起，这有利于为公司有效地留住人才。

不管企业对雇佣员工亲属的规定是什么，这个办法已经成为一种趋势。可以从更深层次去探讨领导者对这种做法的意见，了解他对雇用员工亲属的关注所在，以及他是否已有在单位起用同事亲戚的经验。

如果领导者认同扩大团队规模时雇佣同事亲属是明智之举，那么请提醒他以下内容：要预先制定一个规则，家庭成员不能管理彼此。这样做就可避免可能的不愉快处境，或亲戚间的照顾和包庇。

❖成功招聘实例

现在，可以请领导者们回顾近一年的招聘工作。他们是否已经分析过，究竟是什么导致了明星员工和低产员工的区别？换句话说，就是什么导致了成功招聘和不太成功招聘之间的区别？在各行业里，包括财经、医疗、计算机、运输业或酒店业，这种差别可以总结为一个词，就是“态度”！

请领导者研究以下招聘实例的步骤，并用这些步骤来创建自己的成功招聘实例。

第一步：招聘态度，培训技能。总的来说，人们知道什么，远没有他是谁更重要。在一些先锋公司如康托·菲茨杰拉德公司（Cantor Fitzgerald），Zappos 在线鞋店，皮克斯动画工作室（Pixar），诺德斯特姆公司（Nordstrom），西南航空公司（Southwest Airlines），罗森布鲁斯国际公司（Rosenbluth International），纽可钢铁公司（Nucor Steel），全食超市（Whole Foods Market）等，都相信成功的招聘就是找到正确心态的人，而不是仅仅看工作经验。人们一般都相信有正确态度的人，是很容易被培训好所需技能的，而一个糟糕的态度是很难被培训得好的。

那么态度如何测量呢？面试官们会让应聘人员表达自己的幽默感，说出生活中最有意义和最热情投入的事情是什么。有的公司的面试人员从应聘者进门时就安排前台接待问话，然后把对话的态度和反应汇报给面试官。

第二步：相信大力水手原则。大力水手原则来自于卡通人物形象大力水手，他常在自己可能正确的时候说，“俺就是俺”。领导者在面试时最常犯的错误是，被应聘者闪闪发光的简历——最合适的技能和经验所迷惑，却丝毫不提正确的态度和心态。千万别雇佣那些自以为可以改变态度和心态的人，他们很难改变。常常有领导者以为自己可以改变一个有潜力的员工，这种想法本身就是一个严重的错误。个人基本素质几乎不可能改变。俗话说得好：“江山易改，本性难移”。

第三步：用行动来预测行动。数十年来，研究者们追踪人们的行为和个性之间的关系，通过观察行为、与朋友和家人沟通等来研究。那么，得出的结论是什么呢？发现预测未来行为的最好办法就是看他过去的行为。这并不是说，人们不会朝着积极的方向变化成长，而是说领导者可以通过看一个人过去的行为，从中得到启示，以判断他在将来的情形下可能会做什么。

规则 1：面试时，不要问理论性的问题，例如“假设……你会做什么”这样的提问，只是简单询问一下他的希望和梦想是什么即可。最好是，面试时尽量避免“将要如何”的问答。节约时间，编制有效的面试问题，以便于了解应聘者在过去的成绩和经验，并从他的言行和胜任力水平中判断出是否为明星人才。比如说，“在过去的工作中，是否遇到最后期限的压力，然后错过了？说说当时情况的特殊性以及你从中学到的经验。”

定向招聘就是基于这一步常用的招聘工具。它的原理如下：招聘员工最好的方法是根据公司内明星员工的胜任力素质和行为特征去选择类似的人。

招聘时，考核态度可用的问题

1. 其他人怎样描述你的态度？他们会用什么样的形容词？（寻找有创意的、积极热情的、充满能量的词汇）

2. 工作中你曾使用什么样的态度扭转了负面的环境和情形？

3. 对你最严厉的批评者，会对我怎么表述你的态度和给别人的印象？形容一下自己的影响力和对周围人产生了哪些影响。

4. 你是怎样来获得好心情的，并在情况恶劣的时候保持好心情？描述一下你的策略并举例说明。

5. 你听说或见到过的愿意效仿的好态度是什么？谁能经常保持这个样子？关于好态度对工作的积极影响，你从中学到了什么？

6. 从 1 分到 10 分，你怎样给好态度对工作的重要性打分？（寻找打 10 分的人，他可能就是明星员工的人选）

7. 请说出某个时候因为你的态度让事情好转的例子。请详细说明细节。

8. 你何时开始认识到糟糕的态度对人们有负面影响？你认为恶劣态度会浪费公司的钱、时间和产能吗？是怎么浪费的呢？那种情况下，你是如何快速高效地扭转局面的呢？

第四步：实施同级招聘。全食超市，一个公开运营的公司，它的销售利润率比百货业同行的平均值高出50%左右，不仅为十个亿美金的年销售额骄傲，同时也对它的招聘流程感到自豪。对应聘者来说，他们不只是可能受雇于全国最大的天然食品超市，还会被一个由同级别的同事组成的团队来投票，以决定其能否就职。一方面带着忐忑不安的心，担心自己是否符合应聘条件，另一方面还要被即将作为同事的人出题考核。机构内每个级别的人都会面临这个问题。

再比如，捷蓝航空公司（JetBlue Airways）在纽约就由飞行员和空乘人员来面试前来应聘飞行员的人。还有，对那些招聘长期员工的公司来说，应试人提供的同事信息也被认为是最有价值的。

第五步：尝试模拟工作。模拟工作已成为另外一个招聘明星员工时常用的工具。在南卡罗莱纳州（South Carolina），宝马公司建立了一条模拟生产线。每隔90分钟，应聘者就有机会去操作几项与工作相关的任务，那些不能达到宝马车间严格要求的人则不能被聘用。其他制造商，如斯巴鲁（Subaru）、丰田（Toyota）和赛斯纳（Cessna）都启用了类似的流程。

当然，以上这些招聘实例只是简单的示范，每个领导者都应根据组织现有的招聘流程和岗位所需胜任力素质要求，来设计自己的招聘模型。

【从组织内部培养领导者】

既然你已经全面了解了接班人培养计划的一个重要组成部分——发现和聘用杰出人才——现在该轮到第二部分：从组织内部培养领导者了。本节的目标就是重视和选拔现有员工中的人才，从中挑选出自己的梦之队。

为了便于讨论，请领导者说说，如果所在部门的关键岗位突然空缺，该如何去替补。然后请他们思考一下，如果同样的岗位一年后才需要有人接替，他们又会怎么做？看看这两种准备措施之间的区别。

正如肯尼迪总统说过的，“修理屋顶的最好时间是阳光照耀时”（不能等到屋漏偏逢连夜雨）。领导者建立系统化的人才替代方案，也应在合格人才在位需求尚未出现之时。做好这件事需要确认以下几点：

- 重要岗位
- 关键的胜任力素质
- 潜在继任者
- 理想的团队

❖识别重要岗位和关键的胜任力素质

多年来，组织机构在接班人培养上主要关注管理岗位，CEO 是最优先考虑的。而现在我们知道，所有级别的领导岗位都应在接班人计划的考虑范围之内。

为了引入这个理念，可使用下列图表来确认现在就需要准备接班人的岗位。请先列出自己的职位。记住，领导者应提前做到的就是找好自己的替身。接下来，请领导者们把每个岗位所对应的胜任力素质列出来，可以使用第十九章中提到的“绩效提升器”来帮助做到这一点。设计这个工具的目的就是为了测出员工的胜任力和优势，以及他们需要提升的部分。

指出每个员工的优势，可以帮助判断他的潜力和可接班的方向，而需要提升的部分则可能会引起注意，以便在职业发展中尽量做到扬长避短。表中要同时列出潜在接班人的名字。

注意啦！领导者上任第一天就应该培训一个替代者

当宣布堪萨斯城利兹卡尔顿饭店（Ritz - Carlton Hotel）的总经理玛拉将要离任去接替管理另外一家利兹卡尔顿饭店的资产时，她的工作非常轻松自如地过渡到了下一任的手里，没有引起员工的丝毫不安和焦虑。当被问及她是如何快速找到接班者，来接替这个她已经运作了三年、并被打造成一个成功的利润丰厚的实体时，她回答道：“这太简单了。我从就任那天起就开始培养接班人了。”利兹卡尔顿要求每位领导者，无论在何种岗位上，在上任的第一天就要招聘培训一个替代者。“这样的话，当我们中间的任何人被提升或调离，甚至离开公司，酒店仍能如常运作，顾客也永远不会为管理的变化而买单。”

❖识别潜在接班人

当为某个岗位选择潜在接班人时，领导者应该在组织内发现最具潜能的继任者，而不是那些看起来可能性很明显的人选。比如说，某些员工一开始就被贴上明星人才的标签，这些人得到培养的机会也最多。但是总有这样的后备人员，只要对他们稍作培养即可成为明星人才。他们具备潜质，但领导者不太容易发现。所以要提醒领导者，最好的接班人的才能未必展现在表面上。领导者要时刻把自己当作员工潜能挖掘机，不停地去探索和发现。

❖挑选你的梦之队

在制定潜在接班人的职业发展计划之前，关键岗位和接班的优先顺序应预先确定下来。可建一个“梦之队”的表格，把关键岗位和每个岗位的前三名候选者列出，并按以下顺序排序：

#1 ______是可以立刻上岗者

#2 ______在一两年后可以继任

#3 ______是三到五年后可以继任的人选

团队中所有关键岗位都要这样考虑一遍，完成之后就可以继续下一步，为这些竞争者制定职业发展的规划了。

继任关键岗位

关键岗位	完成工作所需胜任力	潜在继任人	职业发展计划
我的职位：			
CEO			
总裁			
高级副总裁			
•			
•			
副总裁			
•			
•			

续表

关键岗位	完成工作所需胜任力	潜在继任人	职业发展计划
总监			
•			
•			
员工管理			
•			
•			
监督员			
•			
•			
团队领导			
•			
•			
教练			
•			
•			
销售团队			
•			
•			
技术员			
•			
•			
客服代表			
•			
•			
行政支持			
•			
•			

【潜在接班人的职业发展规划】

潜在接班人的职业发展规划是接班人培养计划的第三个重要组成部分。领导者能否满足内部升职的需求，依赖于组织能够提供多少个满足潜在接班人个人发展需求的机会。

一个深思熟虑的职业发展计划，可以很好地消除潜在接班人当前才能和未来能力的距离。领导者应该很详细地规划员工学习和进步的项目，职业发展规划应聚焦在岗位所需胜任力的提升而不是职务名称上。领导者可以使用以下职业发展规划表格来做准备。

职业发展规划表

接班人名字：

当前职务：

在位时长：

接任岗位：

接班人职业目标：

接班人和领导者共同认定的职业发展目标：

接班人职业发展目标的选定方法、所采取的步骤和完成时间：

就任岗位所使用的评价方式：

职业发展进程的目的，是帮助潜在接班人最终以合格的素质走向新的岗位，并完成所有的职责。

职业发展和成长的方法有很多种。请浏览以下列表，将适当选项加入到已有的建议中去。职业发展选项可包括：

- 员工职业发展和教练项目
- 一对一定制教练
- 内部和场外培训
- 团队培训
- 模拟学习
- 授予学位的培训项目
- 公开学术会议
- 自我导向学习

- 工作轮换
- 继续教育
- 导师和教练项目
- 集体学习
- 基于计算机的培训项目
- 远程学习

蒙特利尔银行的职业培训

蒙特利尔银行鼓励员工进行职业培训的方法是，人力资源部提供机会给员工访问“可能性中心”。这个名字代表了银行提升和培训员工所有潜能的各种策略。该中心被当作为接班人提供就任准备的关键资源。你会怎么命名你们的中心？

【最终检验：传递接力棒并放手】

当领导者传递完接力棒并应该真正放手时，才到了最终检验的时候。有些领导人花费一生的心血来培养接班人，可是一旦到该让别人去接手时却怎么也放不开手。要知道，一个成功的领导者一定是有信心能带好接班人的人，能信任接班人把工作干出色的人。

接班人培养计划小测试

选择对或错。

1. 接班人培养计划在一个员工离开或退休时开始实施。

对　　　　错

2. 接班人培养计划也叫作管理连续性计划。

对　　　　错

3. 接班人培养计划创建了一个连续的人才库，从中可选择想要的人选。

对　　　　错

4. 接班人培养计划的一个好处是保证公司和员工的成功。

对　　　　错

5. 如果执行正确，接班人计划应该消除替代招聘。

对　　　　错

续表

6. 一个人生活中的事件总是要优先于他的工作。

对　　　　错

7. 企业文化与它如何吸引和留用人才无关。

对　　　　错

8. 在招聘员工时比较流行员工推荐。

对　　　　错

9. 起用员工的亲戚朋友会扼杀接班人计划。

对　　　　错

10. 询问应聘员工的一个好的问题是："如果你被雇佣，那么明天你会做什么？"

对　　　　错

11. 模拟工作是在真实环境中测试员工潜力常用的办法。

对　　　　错

12. 同级招聘是容易事与愿违的坏主意。

对　　　　错

13. 根据胜任力招聘是接班人培养计划的一部分。

对　　　　错

14. 岗位调换和带徒弟做导师是职业发展的两种有效方式。

对　　　　错

15. 考验领导者的最后一步是看他能否顺利交接指挥棒。

对　　　　错

答案提示：1. 错　2. 对　3. 对　4. 对　5. 对　6. 对　7. 错　8. 对　9. 错　10. 错　11. 对　12. 错　13. 对　14. 对　15. 对

接班人培养计划的技巧

1. 请描述接班人培养计划和替代招聘的区别。
2. 没有合适的接班人培养计划的公司会面临什么危险?
3. 接班人培养计划有哪三个重要组成部分?
4. 领导者发掘潜在接班人有哪些方法?
5. 为什么每个级别的接班人计划都很重要?
6. 为什么员工培训和职业规划对接班人很重要?

【结束语】

随着公司管理越来越正规化，很多机构开始采用接班人培养计划作为领导力优先项目。因为它完成了本章讨论的三大目标：1）为识别内部潜在的明星人才定下基调；2）鼓励员工进步和发展；3）创建了一个持续不断的人才储备库，可从中选出新的领导者。

既然领导者正在努力吸引和雇佣最好的员工，他们打算如何管理那些有价值的人才资源呢？在接下来的章节里，我们将介绍领导者是如何用胜任力素质来打造企业优势的。

第十三章　用胜任力素质打造企业优势

在本章和对应的附件 A“领导优势品牌化”中，领导者将学习如何建立胜任力模型，和如何根据岗位胜任力要求去雇佣和选拔员工，以实现企业的持续进步和长足发展。如果你的领导力训练项目中没有包含此项内容，请尽快加入。

本章中你可以学到

◆胜任力是领导力培训开发的重要部分。领导者必须能够：

● 聚焦员工的个人优势；

● 识别和品牌化领导者的才能；

● 了解胜任力应从两大类能力中提取：

(1) 人类的基本能力以及软性技能智商；

(2) 专业技术知识或认知能力；

● 创建合适的领导核心胜任力素质列表；

● 设计模型来实现领导核心胜任力。

◆让胜任力模型与组织目标和战略相匹配。领导者必须：

● 使用胜任力案例来实践，并据此创建自己的核心素质列表；

● 开发创建一个框架结构，基于此来指导和实现一种领导力风格；

● 清晰了解胜任力素质模型的价值，即可帮助建立粘着度高的团队，并帮助员工达到最佳能力状态。

有人说，通往成功领导力的必由之路是保证员工优势能力的不断提升。只有致力于鼓励积极乐观、自强奋进、促动优势等正向特征，公司和领导者才可能有未来。我们举双手赞成这个观点。

要想实现这一点，公司领导者首先得放弃总盯着员工弱点看的习惯，要想法设法努力帮助员工提升自身的优势。在马库斯·白金汉（Marcus Buckingham）一书《现在，发现你的优势》（*Now Discover Your Strengths*）中，还有积极心理学教授马丁·塞利格曼（Martin Seligman）的《真正的快乐》（*Authentic Happiness*）一书中都提到，如果我们多关注和鼓励他人的优势和正向特质，而不是总想着去消除弱点和弥补缺陷，那么我们就会体验更多的成功。综上所述，你是否也准备提升这一领导力，通过不断提高员工的胜任力素质，从而提升组织的品牌优势呢？

【使用基于优势的工具和员工开发计划来提升领导力】

一个员工开发计划是写就的提供个人职业成长进程的领导力策略。其目的是最大限度地开发个人优势才能和胜任力，挖掘他的潜能，帮助获取最大的成功。也叫作职业发展计划或个人开发计划（IDP），还称作职业发展路径策略。本章将会提供模板和步骤，以帮助领导者做到这一点。

❖领导者应该让每个员工自信闪亮，让每个人获得成功

员工开发计划包括管理者和员工两部分，其目的是为了让这个计划更合理和可实现——即通过奉献、刻苦和专注达到目的。让每个员工成功而不是失败，是领导者的事，即让员工做自己喜欢和擅长的事直到成功，并记录其胜任力各项素质的成长轨迹。（参见本章后续内容和附件 A）

❖领导者应该聚焦员工的优势和才能而非其弱项

最有利的员工开发计划应聚焦在员工的才能和优势上，不应去关注他们的劣势和需要改进的问题。

弱的方面和可能面临的挑战，当然要讨论和涉及，但绝不是提升组织能力的主要关注点。在讨论每个员工的劣势和特殊挑战后，在个人发展计划中，

应采取中立的方式来对待。因此，应该重点培养员工的才能。对于劣势，中立的处理方式是，给他们所需要的帮助，但不必超过工作所要求的胜任力的最低标准。对于劣势的过度关注，可能会把员工推向他们厌恶的方向，或让他们去做他们根本不喜欢做的事情。这样的结果一定是一团糟，受害者不仅是领导者和员工，更可能是整个组织。

❖怎样开发成功的非凡的才能

如果只关注一个员工的劣势，我们就会让他更弱、更不可靠。而如果能忽视劣势，把能量聚焦在一个人最大的天分和才能上，就会创造出一个超级明星和特别自信的人，就会对组织长期目标的实现做出特殊的贡献。

让领导者识别和帮助提升员工的优势，因为员工的优势也就是整个组织的优势。要首先承认这是和员工密切相关的事情。领导者和员工结盟，共同面对组织的目标和愿景，以满足个人愿望和本能的动机，并提升组织的品牌形象。

此外，领导者还应倾听员工关于工作、兴趣和对未来的期许等正面积极的信息。例如：

- 我喜欢这个工作！它让我很开心；
- 我喜欢给团队写战略计划；
- 我喜欢去学校，把自己当成一个终身的学习者；
- 我喜欢推动自己，让自己的能力达到一个新高度；
- 我会被竞争激发出热情；
- 我喜欢研究最新技术并应用到工作中；
- 我喜欢实验和尝试新事物；
- 我很内向，我喜欢静静地一个人待着思考和计划；
- 当我教练其他人时，我会学到很多东西。

一个员工发展计划应该包括短期和长期目标，以和他在组织中的当前状态和未来发展相适应。

❖别只教你知道的

我们常常只教我们所知道的，使用熟悉和顺手的工具，并对它们产生依赖。这本没什么错，人类的行为都是想保证自己的努力获得成功，而我们希望所培训和开发的对象也能获得成功。他们最终的成功，将反映出我们在挖掘潜能和提升能力上也是成功的。但也要记得，职业成功并不是唯一的标准，或者说不是成功的唯一含义。你教练一个员工使用了多少次你所依赖的老方法？其实，方法无所谓正确与错误，无所谓好与坏。但是人类的天性使然，我们常常灌输我们自己认为最好的，而不是实际上对对方更合适的。一个行动学观点这样认为，“教练一个对象，不可能沿着一条与他们看待自己完全不同的方向走下去。”每个被教练的对象都是在开发者和教练者的关注之外成长起来的，所以有各种不同的对待生活和工作的观点。员工的最终成长可能是我们所想象的范围之外的因素导致的，我们永远不知道作为领导者的影响到底何时停止发挥作用了。请和领导者分享这个观点。

❖让领导者学会当自己的导师

我们一般从自己擅长的方法和自认为最好的工作方式开始领导，但是最终能够让员工发挥潜能的办法，一定是我们放手后不再影响他们，让他们自己去领导自己。作为领导者，帮助他人成功是我们的分内之事。而做自己的导师，以个人的资质和风格去完成工作任务则是员工自己的事。不管起点在哪里，我们有一段共同的旅程要走。

员工开发计划应该是稳健的、充实的、可靠的、强壮的、灵活的、真实非虚拟的、使用方便的、容易掌控和实施的、能够直达最后职业目标的一整套方案。

作为领导者，最终的目的就是提供给每个员工最好的工具和资源，确保一段成功的旅程和安全着陆。

一旦你提供了地图和罗盘，就到了你和员工一鼓作气实施计划的时候了。

【实施员工开发计划的目的是什么?】

实施员工开发计划的目的，就是为了让领导者提升组织内部员工的优势和才能。它并非是为了把员工强留在公司内，或者把扣掉的工资还给你，或者赏识你在公司受雇超过了30年！那不是IDP的初衷。正如金克拉（Zig Ziglar）[①] 在《名人名言集锦》（*Little Book of Big Quotes*）中所说，“如果你帮助很多人得到他们想要的，你也会获得你想要的甚至更多”。这句话对员工开发计划也是适用的。

如果领导者帮助员工在职业发展上获得巨大成功，而员工却选择离开公司，那就让他去吧！忘掉这件事，继续前行吧！不管员工何时结束，或者离开公司，或者接受另一份更高待遇的工作（公司无法相比），领导者的目的都应该是单纯的，是为了员工的成长和成功。无论你是否相信这一点，该发生的总是要来的，而领导者的目的一定是真诚和无私的。员工开发计划是一个持久的强有力的工具。领导者承担怎样的使用工具的责任是由自己决定的。

❖很少有人能在同一家企业奉献终身

现在的管理者们心知肚明：如果一个员工（尤其是年轻的员工）在一个公司工作五、六年，那就太难得了。绝大多数X代人和Y代人都不愿意把自己30年的职业生涯奉献给同一个公司。不过，这种事也有可能发生，但概率很小。因为这不符合现在流动的、有史以来最快速的虚拟办公室的建立方式。

如果有人能工作五到六年不离职，就是你最好的期望了。如果有更理想的状况出现，把它当作奖赏，感恩这种忠诚和奉献精神吧！但要记住，绝大多数人（或许包括你自己）只对让自己成长的教练和提升的项目充满感激之情，可是一旦他们成长或进步以后，就到了他们有各种理由选择去留的时候了。而他们是否选择继续留在公司，关键在于在这个过程中我们所建立的关系，而不在于是否被公司当了人质。那些持续进步的、强势的、个人化的以及与老员工建立专业关系的经理们，会看到接踵而来的成功的惊喜。

如果你是经理或者领导者，也包括你在内，请告诉别人这样做，最后你一定会很欣慰自己所做的一切。

---

① 金克拉：国际知名的演说家、作家及全美公认的销售天王暨最会激励人心的大师。

【实施员工开发计划的简易“七步法”】

创建员工开发计划的步骤是领导者最想知道的。经验告诉我们，协同合作来设计这个计划是保障计划稳健顺利实施的关键。作为经理人，你可以指导那些日益重要的领导者，按照以下七步来协作设计：

1. 胜任力
2. 长期目标
3. 短期目标
4. 战略
5. 行动步骤和时间安排
6. 资源工具包
7. 可预期的成果

❖开始

当你和一个员工（未来的领导者）坐下来，开始讨论描绘未来的蓝图、梦想和目标时，这个进程就开始了。先放松一下，从员工的兴趣和才能开始聊天。询问他目前所处的职位和状态，并问他是否对可能的新安排、培训课程，或一些对所在部门有贡献的做法感兴趣。把这些记录下来，这是倾听时间，不必说太多。

❖你的领导者愿意调到一个异地的梦想职位吗？

询问领导者不同的目标和责任义务，了解他的家庭情况和对社区工作的兴趣，因为这些因素在很大程度上影响着员工开发计划的进行。假如另外一个地方有很棒的职位，就必须了解清楚他是否愿意调到其他州或城市去工作。如果答案是肯定的，那就立刻把这一点写到计划中去。如果不行，计划就要朝着不同的方向调整，并把这些局限考虑进去。

另外，如果这个人暂时有困难，但可以考虑两年后调任，那么就要把“调任新职位”写到此人的长期目标计划之中。

提供你所了解的各种可用资源，无论来自公司内还是公司外。领导者均可咨询人力资源专家，以提供可用的资源和工具。正如上文所提到的，领导者习惯于使用自己熟悉的职业开发工具来帮助和指导其他人，我们常常不假思索就掉入到这样的陷阱中。但那些过去适合于你做经理时的方法或工具，并不完全适合于现在坐在你对面的员工。你应牢记这一观点，并把它传播下去，同时提醒未来的领导者在指导他人时也要注意这个问题。

现在，作为一个领导者，你要开始准备制定员工开发计划了。安排时间约谈员工，听取他们对计划的评估和修正意见。提供评价工具，以便他们能够确立胜任力基准，正确评估自己在哪个领域可以长足发展。

重要提示：别等上一年再和员工碰面，或者只用年度表现评估来执行这个计划。这是一个不断修正的工作，需要不间断的会议来补充新鲜内容到文档中。

图 13. 1 是一个模板，你可以修改和采纳到你的特殊需求或你的积极领导者的需求中。图中的短语是为了帮助你有一个好的开端；你和你的领导者们应该把自己的词汇和根据提示得出的新内容，以更细致的方式创建一个更好的、稳健的、个性化的和专业的计划。

【如果领导者不知道该去哪里，任何路都会带领他们到达目的地】

❖给领导者一个地图和罗盘

你提供给领导者的员工开发计划就相当于一个路线地图，帮助他们达到最终的目的。而罗盘则提供内在的指导系统，帮助他们找到方向，推动他们走向成功。通过优化工具和技术，帮助员工找到“正北”方向，并应用到工作环境中，员工开发计划也就正式启动了。同时，要让领导者学会如何：1）依靠自己的内在“罗盘”来决定职业的发展方向；2）做出坚定而关键的选择来推动进步；3）聚焦个人发展，而不考虑是否远离队友或其他人；4）指出员工的情商和智商在快速决策和创造性思考方面的优势。

一个领导者的员工开发计划和一个可靠的罗盘，将保证领导者和团队不会迷失方向。请参看图 13. 2，图中很好地总结了实施员工开发计划的八个步骤。

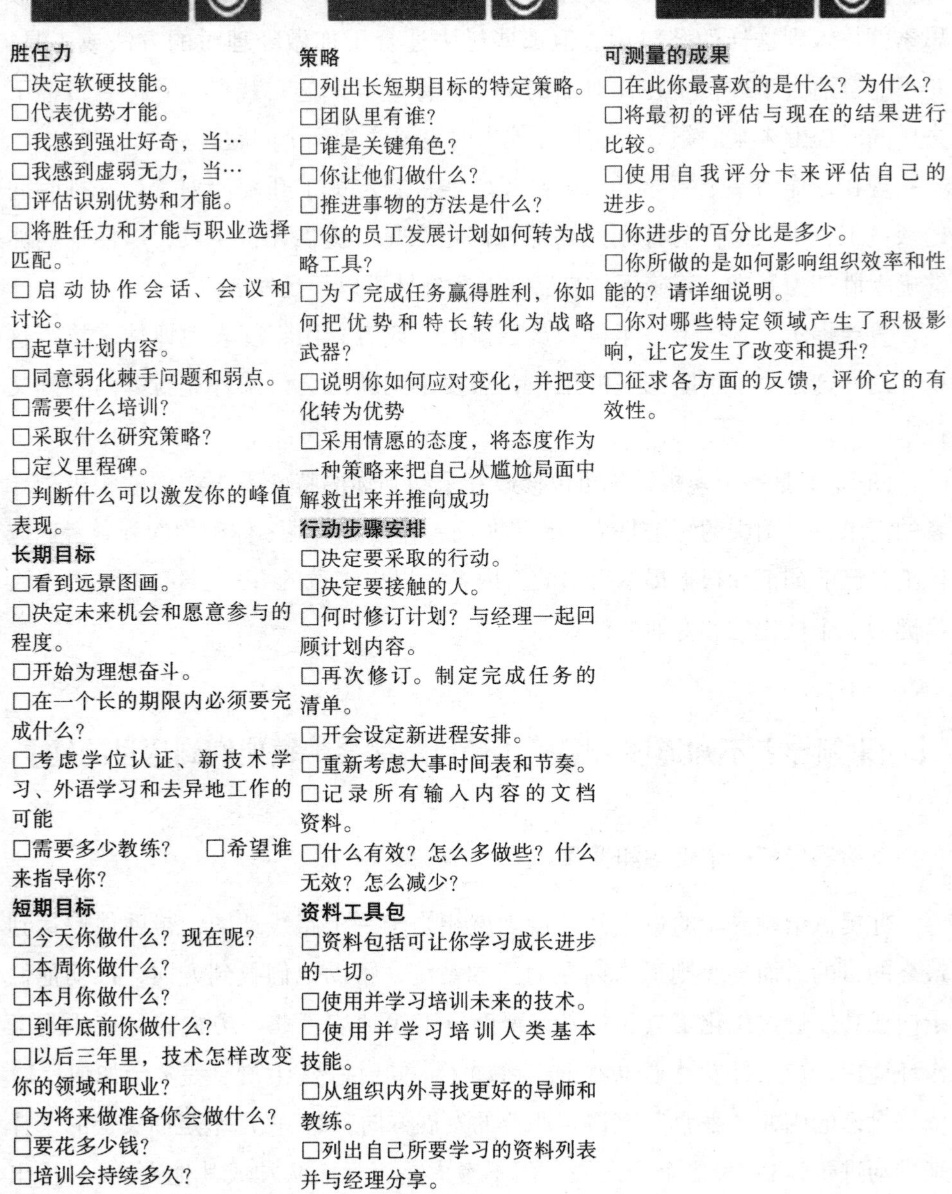

模板

胜任力

☐决定软硬技能。
☐代表优势才能。
☐我感到强壮好奇，当…
☐我感到虚弱无力，当…
☐评估识别优势和才能。
☐将胜任力和才能与职业选择匹配。
☐启动协作会话、会议和讨论。
☐起草计划内容。
☐同意弱化棘手问题和弱点。
☐需要什么培训？
☐采取什么研究策略？
☐定义里程碑。
☐判断什么可以激发你的峰值表现。

长期目标

☐看到远景图画。
☐决定未来机会和愿意参与的程度。
☐开始为理想奋斗。
☐在一个长的期限内必须要完成什么？
☐考虑学位认证、新技术学习、外语学习和去异地工作的可能
☐需要多少教练？ ☐希望谁来指导你？

短期目标

☐今天你做什么？现在呢？
☐本周你做什么？
☐本月你做什么？
☐到年底前你做什么？
☐以后三年里，技术怎样改变你的领域和职业？
☐为将来做准备你会做什么？
☐要花多少钱？
☐培训会持续多久？

模板

策略

☐列出长短期目标的特定策略。
☐团队里有谁？
☐谁是关键角色？
☐你让他们做什么？
☐推进事物的方法是什么？
☐你的员工发展计划如何转为战略工具？
☐为了完成任务赢得胜利，你如何把优势和特长转化为战略武器？
☐说明你如何应对变化，并把变化转为优势
☐采用情愿的态度，将态度作为一种策略来把自己从尴尬局面中解救出来并推向成功

行动步骤安排

☐决定要采取的行动。
☐决定要接触的人。
☐何时修订计划？与经理一起回顾计划内容。
☐再次修订。制定完成任务的清单。
☐开会设定新进程安排。
☐重新考虑大事时间表和节奏。
☐记录所有输入内容的文档资料。
☐什么有效？怎么多做些？什么无效？怎么减少？

资料工具包

☐资料包括可让你学习成长进步的一切。
☐使用并学习培训未来的技术。
☐使用并学习培训人类基本技能。
☐从组织内外寻找更好的导师和教练。
☐列出自己所要学习的资料列表并与经理分享。

模板

可测量的成果

☐在此你最喜欢的是什么？为什么？
☐将最初的评估与现在的结果进行比较。
☐使用自我评分卡来评估自己的进步。
☐你进步的百分比是多少。
☐你所做的是如何影响组织效率和性能的？请详细说明。
☐你对哪些特定领域产生了积极影响，让它发生了改变和提升？
☐征求各方面的反馈，评价它的有效性。

图 13.1 员工开发计划模板

员工开发计划的
八个职业路径

如果领导者不知道该去哪里，任何路都会带领他们到达目的。
给每个领导者和团队成员一张地图和一个罗盘，他们注定会成功！

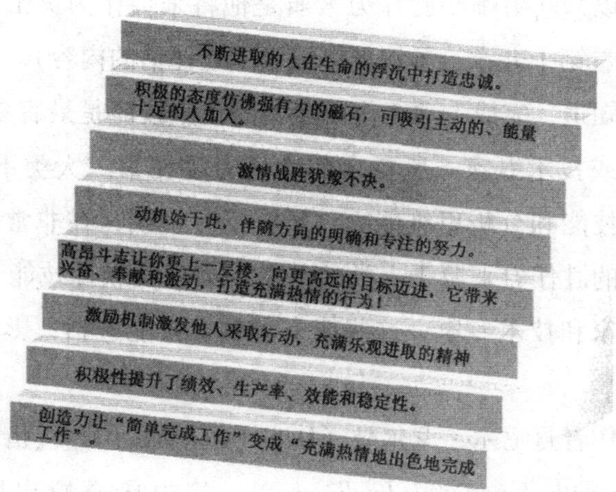

图 13.2　员工开发计划的八个职业路径

【什么是胜任力?】

韦伯斯特大辞典这样定义胜任力：为完成某项特定任务，需要具备的技能、知识、资格、经验或能力。

在职场，胜任力有很多种含义，有时和任务与结果相关，有时描述某人在完成工作任务时的个性特征，诸如价值观、幽默感和各种技能等。这就是“素质群”这个词的来历，指所有胜任力的集合。

胜任力把员工和组织的战略、战术和目标连在一起。当员工和企业或部门的战略目标结盟时，他们就会用最佳的状态去迎接挑战。这是最好的鼓动员工获得成功的方法，在工作开始前就已经起到作用了。

要确保领导者明白这样一个道理：无论在职场遇到什么挑战，有一点是共同的：大家需要知道自己适合做什么，完成这项工作需要具备什么样的胜任力素质。这是底限。

❖将胜任力的内容加入到领导力培训中

本章讨论的胜任力包含两大类：1. 人类的基本能力以及软性技能（智商）；2. 专业技术知识或认知能力。观察一下领导者每天要面对和处理的问题是什么，就可以判断出哪些胜任力素质是他将来会作为员工绩效评估的考核标准了（请参看第十九章，了解更多关于绩效评估的内容）。

领导者应该知道，完成一项工作所需要的技术技能是最容易表述清楚的。对于一个科学家或技术专家，所要求的胜任力是在第二大类下的两个素质：针对工作的技术技能和分析思维能力。研究反复证明，在非常专业的技术人群中，确保成功的胜任力来源于人类的基本能力以及软性技能（智商）这一大类。对于科学家和技术专家，这些能力和软性技能包括：影响力、倾听能力和协作能力。

根据畅销书作者丹尼尔·戈尔曼（Daniel Goleman）①［《情商》和《工作情商》（*Working with Emotional Intelligence*），均由斑塔姆出版社（Bantam Books）出版］所说，在研究和辅导了500多家机构以后发现，在各个领域，优秀员工和杰出领导者所具备的胜任力素质中，智商并不是最重要的因素。他还说，在最伟大的领导者中，并非高学历和技术专长，而情商才是他们无与伦比的共性所在。他还强调说，在如今这个地球村时代，影响力、适应力、自信心、自知力和沟通力是几项主要的胜任力素质。

❖领导力的十个核心胜任力示例

领导力胜任力把组织战略和员工紧密地联系在一起。在今天这个工作场所高速扩张、全球快速融为一体的时代，当员工和战略结盟时，他们就会随时准备好去迎接扑面而来的挑战。

本章中，我们将关注十个胜任力素质。这些会作为案例，为公司的领导力培训开发提供示范。

---

① 丹尼尔·戈尔曼，哈佛大学心理学博士，现为美国科学促进协会（AAAS）研究员，曾四度荣获美国心理协会（APA）最高荣誉奖项，20世纪80年代即获得心理学终生成就奖，并曾两次获得普利策奖提名。

琼·史密斯（Joan Smith）是一个胜任力专家，她为全球数以百计的学习型组织和培训公司提供咨询服务，帮助他们在领导力培训中，设计出有用的各领导层级的胜任力模型。（更多胜任力培训内容，请参看第十七章）以下胜任力示例就是在她的帮助下挑选出来的，作为对本书所覆盖领域的领导力的补充说明。你可以采用以下列表内容与自己内部组织的需求相匹配，把公司内部领导力所需要的技术技能和经验与这些内容结合在一起来考虑。这样做的目的，是帮助你创建和细化组织内某些特定管理岗位的胜任力素质模型。

十个核心胜任力素质：

1. 正直
2. 信任和价值
3. 团队建设能力
4. 倾听能力
5. 影响力和说服力
6. 竞争意识
7. 激情和直觉
8. 优先顺序设立能力和决策能力
9. 幽默感
10. 愿景规划能力和适应能力

下面对每种胜任力素质的重要性做了简要的介绍。相应的练习，或一系列问题，可以帮助领导者洞察和思考开发员工计划时这类素质的基本标准。各种素质所对应的行为特征在描述时也会有所涉及。

领导力胜任力很重要，而且很多胜任力模型对各级领导者都是可用的。故可先参考案例建立一个框架，把常见的领导力胜任力素质包含在内，即可更好地指导和实现个人领导力风格。慢慢地，领导者对胜任力的应用就会渐入佳境。

❖10 种胜任力素质的应用

以下是针对领导力的基础胜任力的问题和练习。

胜任力 1：正直

我们的正直告诉世界：我们是谁，我们关心什么、不关心什么。也说明了，我们的优先选择是什么。有两个简便方法，可以评估一个人的正直程度：他怎么安排自己的时间，以及怎么花自己的钱。正直是核心素质之一，影响我们如何去承担责任，也影响我们的习惯表现和行为示范。正直的行为特征，包括了开放共享真诚的交流方式；给出有益的反馈、认可和奖赏；行为符合道德伦理规范；做其所说，说其所做。

问领导者们一个有趣的问题：假如正直是一种罪，你因为犯罪而被捕，那么你是否有足够的证据来证明你确实犯了此罪？请他们列出不可抵赖的证据。那么，他们的列表上应该是自己如何正直地生活和领导的叙述。要求他们在回答中尽量具体而明确，且细节突出。

胜任力 2：信任和价值

如果我们违反了誓言，就毁掉了信任，丧失了信用——而这两者一旦失去，都极难重获。信任的基石包括：

- 做你所说；
- 尊重他人，接纳异己；
- 开放交流；
- 承认信任是双向对等的交换；

> 技巧和技术当然重要，但建立信任却是经年累月的事情。
>
> ——汤姆·彼得斯（Tom Peters）《创新圈》

询问领导者以下关于信任的问题：

- 你能想起某段时间办公室丧失了信任吗？
- 具体情况是怎么样的呢？
- 最后发生了什么样的结果？
- 信任轻易回来了吗？如果没有，为什么？
- 怎么理解信任和价值观与正直相关？

价值观是一个机构内保持正直风气的保障。之所以重要，是因为它们通过一个领导者的个人行为导向定义了所希望的领导者行为。作为一个领导者胜任力的基础素质，价值观是每个机构最致命的武器，因为它们早已被植入了企业文化的灵魂。

一个领导者的核心价值观要同企业的核心价值观保持一致。通过完成这个练习，领导者就能够清楚地发现二者之间的差别，并学会如何消除这种差别。

从以下列表中，让领导者圈出三个他们认为最重要的属性。

友谊　家庭关系　责任

提升　权利　忠诚

激情　个人成长　状态

自尊　卓越　真理

社区　财富　个人成长

胜任力　补偿　竞争

家　道德　成功

品质　正直　信任

荣誉　尊敬　勇气

完成后，请他们回答以下问题：

你需要进一步开发这些选项吗？你会怎么做？

你认为价值观可以通过学习来获得或改变吗？如果是，你会如何教育他人做到这一点？

关键点：

如果你在一个充满信任、激情洋溢、认可价值的环境里工作，那么你的个人和职业生涯都会突飞猛进。

胜任力 3：团队建设

团队是领导者成功的根本条件，现在的团队要比以往承担更重要的责任。现在，领导者们更习惯于鼓励团队独立运作，做出决策，甚至鼓励积极行动而不惧犯错。你经常会听到领导者这样说：“你自己找出需求，然后决定如何去解决它。”

领导力胜任力中团队建设能力之所以重要，理由有三：

- 团队带给员工归属感；
- 作为团队成员可激发员工能量和动力；
- 团队在问题解决方面更有优势获得成功。

以下是关于团队建设的问题，请领导者带领大家在团队内讨论，并建立团队成员的核心胜任力模型。

- 我们应该经常做什么？
- 是否有些活动我们应该重新考虑一下或者不再继续？
- 我们什么做得最好？
- 作为一个团队，我们需要把哪些事情做得更高效？
- 如何考量你的工作绩效？
- 我们是以可能的最优方式组织在一起的吗？

请领导者回答，他们是否具备团队建设所需要的以下领导力个性特征：

- 滋养愉悦的团队精神和自豪感
- 以支持和接纳的方式倾听
- 授权的能力
- 鼓励员工果断行事的策略
- 寻找解决方案的兴趣
- 允许团队员工做财务决策的愿望

胜任力 4：倾听

伟大的领导者都是伟大的倾听者。倾听是一门技巧，也是塑造性格的力量——一个领导者最有效和最具影响力的武器。合格的倾听者都是以他人为中心的。他们并不抢着说话，而是让别人感到重要、有价值和受尊重。

以下描述就是一个合格倾听者的行为表现。为了示范倾听行为的有效性，请两个志愿者加入扮演搭档。让搭档根据提示

示范动作：

- 眼神接触
- 倾听姿势——坐直、前倾、记录
- 享受倾听
- 专一关注
- 提问问题

根据角色扮演，请领导者们列出没有认真倾听的行为列表，写出充耳不闻型的行为特征，了解倾听时不该做什么和该做什么同等重要。

胜任力 5：影响力和说服力

优秀领导者都具备以下影响力大和说服力强的言行：

- 以理服人
- 表达清晰，语气肯定
- 用身体语言影响他人
- 不断获取观点上的支持
- 有效屏蔽反对和担心
- 机智应对一切
- 亲身示范说服销售能力
- 了解真相

如果领导者认为哪些行为比较重要，可以就此展开讨论。

请他们回顾一个时段，当时出现了什么特殊情况，使用了什么技能来展现影响力的，又使用了什么样的说服技巧来达到目标的。

胜任力 6：竞争意识

本项胜任力描述：无论领导者做什么，都是想尽力达到最好的内在驱动力。拥有竞争意识的领导者充满能量和热情——无论对工作、爱好还是体育运动。一旦员工置身事内并做出参与决定，领导者的竞争意识就会在团队中传染开来。

请领导者描述他们的竞争意识和能量，并请他们回忆一段全心投入的时光，那种全身心的努力最后带来了自我实现和专业成就的满足感。

没有人会自动保持他的热情。热情需要被新的行为、新的愿望、新的努力、新的愿景所激发。

——摘自古埃及作品集

胜任力7：激情和直觉

充满激情的人亲自实践的比指挥他人的要多，他们擅于激发员工的热情。为了实现梦想，他们和一切不寻常之事做斗争。激情是沃特·迪士尼（Walt Disney）和约翰·F. 肯尼迪（John F. Kennedy Jr.）所具有的胜任力素质，也是当代的领导者如国务卿鲍威尔（Gen. Colin，Powell）所具有的特质，他的激情鼓舞了所有的美国少年。而亚马逊的缔造者杰夫·贝索斯（Jeff Bezos），他用激情建造了世界上最大的在线书店，从而改变了世界图书业的经济形态。

问领导者们两个关于自身激情的问题：

- 在哪方面你是个主张激情的人？
- 在那些领域你的激情推动你的领导才能得以成长？

阿尔伯特·爱因斯坦（Albert Einstein）曾说过，“真正有价值的是直觉”。但爱因斯坦却是超前于他的时代好几十年的人物。只是在近几年，直觉才作为可信赖的领导力胜任力素质，在全世界领导力培训的课堂上讲授。我们慢慢学习到，通过相信自己最本能的感觉，可以开发出对工作的敏锐感知能力和判断能力。

常使用直觉能力的领导者，其个性行为包括冒险、相信未知、相信某人、直觉信任、因某一重要原因产生信仰的飞跃和擅于描绘愿景预见未来，以及信赖来自内心的微小声音。

请领导者思考该胜任力素质在自己职场生涯中的重要性和对工作表现的影响。询问他们是否相信预感。请他们描述曾被预感笼罩的某段时间，后来发生了什么事情？是否曾经发生过后悔没有相信直觉的情况。

胜任力8：优先顺序设立能力和决策能力

设立优先顺序需要依靠直觉和决策。在组织中，如何设立优先级是一门艺术。组织内每个人都有自己认为的优先顺序，问题是，这些优先顺序是否和整个组织的优先顺序一致呢？

请领导者们列出当前面临的三个最重要的组织优先事项。这些事项结合他们个人的优先事项来考虑了吗？请记住这一点：一个组织的领导者是否考虑员工个人的事项安排，直接决定整个公司的成功与否。

胜任力 9：幽默感

对员工来说，有幽默感的领导者看起来更亲切、更人性化。当领导者在工作场所使用幽默，就会通过舒缓紧张和注入友谊，来自动释放各种压力。

幽默可以通过做点什么有趣好玩的事情，让大家大笑和放松。有些人爱讲个笑话，还有人愿意一本正经地说些诙谐的话。有些人喜欢一语双关，还有人常常拿自己开玩笑，装成白痴让人大笑不止。如果 CEO 带着唐老鸭或者米老鼠领带出席季度午宴会，想传达什么样的信息给员工呢？或许，他想让员工别那么严肃，多些微笑，甚至大声笑出来，或者只是想让员工碰到他时放松一些。对领导者来说，对待工作严肃认真和待人轻松自如并不矛盾。

请领导者把自己的幽默案例分享出来，说说他们是怎么在工作场所让员工放松的，幽默是如何积极帮助工作的完成的。请他们列出自己在办公室常用的三种成功的幽默方式。幽默的好处有哪些呢？答案应该包括减轻压力，建立友谊，减少争吵，或消除紧张。

胜任力 10：愿景规划力和变通能力

愿景规划力和变通能力紧密相关，它们是帮助领导者启动事业和接受变化的胜任力素质。没有愿景规划力，就谈不上领导力的意义。愿景式领导者用心、用情感，同时还要用眼睛来看清现在，预见未来。他们把愿景清晰地描绘出来，让每个人都仿佛身临其境。也因为他们可信度高，值得信赖，更擅于激发人们去认同这个愿景。一个组织的愿景要代表大家集体的愿望和梦想，这一点很重要。这个责任自然就落在了领导者的肩上。领导者必须让员工认同企业的愿景，并让大家愿意和企业同呼吸共命运，共度艰难时期，同赴辉煌岁月。员工也必须相信自己，认同领导者的愿景。上述九种胜任力素质均可帮助领导者规划愿景，并与员工保持沟通。

请正在提升愿景规划沟通能力的领导者回答以下问题：

- 一个领导者规划的愿景可能是宏远而非针对性的，看起来无法和组织里的个人直接相关。你是怎么帮助员工去看清这宏大的愿景画面的，帮助其理解愿景与员工本人的相关性？

• 你真的理解组织愿景是如何与自己相关的吗？你能解释一下吗？

• 你怎样把愿景与工作团队和各部门做有效的沟通？

学完以上胜任力的内容，做完所有练习，理解了建立胜任力模型对企业成功的重要性，领导者应该可以

• 建立更加紧密的高效的团队
• 将胜任力的内容嵌入继任规划过程
• 创建一个信任和忠诚可重建的办公环境
• 为员工的进一步成长服务
• 鼓励员工通过开发未曾实践过的胜任力来提升自己
• 在合适的岗位上选用合格的人选

【胜任力与组织目标的匹配要服从于商业目的】

本章最后一步，就是帮助领导者根据某个特定的组织或领导目标来决策——比如说，确立一个正式的咨询项目，或者为所在部门启动一个新的社区外延服务项目。这一步很重要，因为它为组织提供了商业结果。让领导者确认并列出特定的商业目标，然后选择要达到目的所需要的胜任力。领导者要与其他领导者和项目成员分享整个过程。由于领导者非常了解自己的公司，他们可以判断哪些胜任力，可以确保领导力的最终成功。

【领导力胜任力】

既然领导者已经理解了每种胜任力所承载的内容，那么就请每个人列出个人领导力目标，要求与下列胜任力相对应。

领导力胜任力	对应的领导力目标
1. 正直	______
2. 信任和价值	______
3. 团队建设	______
4. 倾听	______
5. 影响力和说服力	______
6. 竞争意识	______
7. 激情和直觉	______
8. 优先顺序设立能力和决策能力	______
9. 幽默感	______
10. 愿景规划能力和变通能力	______

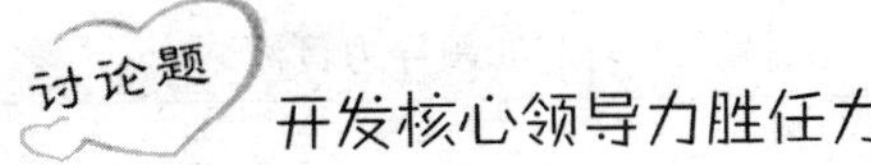

1. 为什么领导力目标与核心胜任力的匹配很重要?

2. 核心胜任力如何影响领导力目标的最后结果?

3. 领导者怎样使用核心胜任力来匹配员工和指定项目?

4. 所有领导者都需要路线图和罗盘来指引他们抵达目标。你准备采用什么工具在组织内部的各级管理启动个人发展计划?

【结束语】

本章学习了培养领导者时打造胜任力品牌的重要性，同时强调了关注一个人的才能和优势比盯着一个人的缺点要重要得多。胜任力是强有力的工具，会随着时间推移的不断使用被磨砺成越来越有效的利器。使用胜任力作为潜在成功的可靠测量仪，领导者就会按照自己期望的胜任力列表去招聘、培训和提升员工。在此基础上，领导者应该已做好充分准备来创建成功的领导力计划。

第十四章　成功教练和人才管理周期

教练已迅速成为对企业各级领导要求的领导力技能，教练这一名称也获得普遍认可。该名称及其相关的责任似乎反映了一种新的领导力风格——认识到群策群力比独断专行能够做出更好的决策。这种领导力所追求的是通过古老的教练技能帮助员工挖掘出全部潜力。

本章中，领导者将学习如何通过教练各级员工对组织产生持久的影响。领导者将学习企业最常用的各种教练方法，以及如何将自己的教练风格与本章所讲的核心内容联系起来，继而将这种风格运用于现实工作环境。如果你的培训尚未包含此内容，请及时补充。

本章中你可以学到

◆初级领导力教练方法。领导者必须：

- 准确了解自己属于哪种教练风格
- 欣赏领导者中间存在的不同教练风格
- 理解教练是领导者职业生涯成功和自然转变的要求

◆建立自己的教练计划，领导者必须：

- 提供到岗后适职过程的教练，尽早投入
- 准备满足被教练学员的期望
- 尊重和爱惜他人时间
- 在开始前就决定如何测量教练效果

如果你准备在组织内发展领导者成为教练，或者你在考虑创建一个教练的职位，或者你在设计一个教练计划，本章将在这个过程中给予指导，为你提供强有力的技能和工具来引导领导者发展演变成教练。

【成功教练“11 诫”】

因为教练这一角色非常重要，想要做教练就要有行为特征和胜任力来帮助员工树立成功的信心。一个称职的教练应该具备以下技能和行为。我们称之为成功教练 11 诫。

1. 频繁自由分享知识和专长，然后要求对方照做；
2. 尊重和欣赏各自的差异并作出相应的教练；
3. 每当发生变化时，鼓励员工提建议；
4. 确认员工知道他们被期望做什么；
5. 始终对人坦率真诚；
6. 开诚布公地沟通；
7. 让员工专注于团队的效率和目标，并重视个人贡献的价值；
8. 工作出色给予真诚的表扬和认可；
9. 寻求新方法帮助他人尽展所长；
10. 鼓励团队成员互相理解、尊重和支持；
11. 言行一致，要求他人做到的自己先做出榜样。

【了解常见的领导力教练风格】

教练的方法甚或正确方法不只是一种。相反，一个优秀的教练可以采取很多种风格，这取决于他的个性和领导力风格。

当培训作为领导力技能的教练时，采取的第一步就是介绍人们常采用的主要的教练风格有哪些。首先请领导者描述自己的领导力风格。这样可以在课堂上针对具体学员指出相匹配的教练风格，或帮助教练按照需要调整他们自己的风格。

具体而言，教练风格有几十种，但我们只挑选其中八种人们最常使用的基本风格来研究，目的是拓宽认识和欣赏组织内部的诸多领导力风格，并让每个人鉴别一下自己是其中的一种还是多种风格。

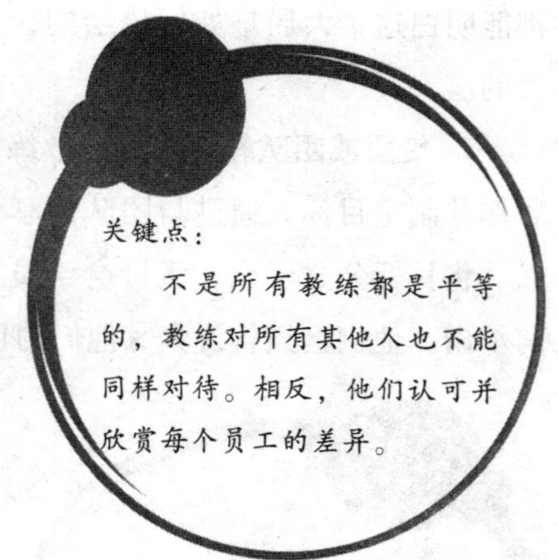

【八种基本教练风格】

1. 意见领袖：意见领袖是举足轻重的人物，能够作为榜样引领他人追随。这种教练风格是由具有巨大的影响力和个人魅力的人来实施的。

2. 正式和结构化教练：这种风格多见于大哥大姐俱乐部或离退休人员服务团这样的系统。

这样一些组织通过一对一援助系统为人们提供相当棒的教练辅导。

3. 松散的非正式的教练：这种教练是在需要支持和指导时才提供。这种方式比较松散，通常是有要求时才采取积极教练。他的行为是被动但有意义的。

4. 直接教练：如果你父亲教你如何打棒球、如何下诱饵、如何放钩，你最好的朋友告诉你第一次到纽约怎么打的，这叫直接教练。这种教练风格是向你演示怎样做，这种方法在书中不容易学到。

5. 间接教练：有时称之为运行教练，这种风格可以包括有人告诉你复印机手册在哪里，然后你自己阅读并实施操作流程。间接教练很愿意在你自己努力尝试后帮助你。

6. 愿景教练：这是到目前为止所有教练方式中最令人沮丧的一种风格。教练看到的都是大局并喋喋不休地谈论愿景。不过当落实到实处时，这种教练方式会让员工感到茫然。教练不光要花时间来描述大局并且要核查每个人都能明白这个大局是如何描绘的，只有这时，愿景教练方式的影响力才是巨大的。

7. 集团或团队教练：这种教练方式多见于整个集团或团队结合起来互相协作并制定目标。通过与团队分享个人目标，你等于在告诉他们你要达成什么。将目标公之于众，无疑会给员工压力去贯彻执行，而不能轻言放弃，背离承诺。他们已经告诉大家他们的目标，他们不想失去信誉。

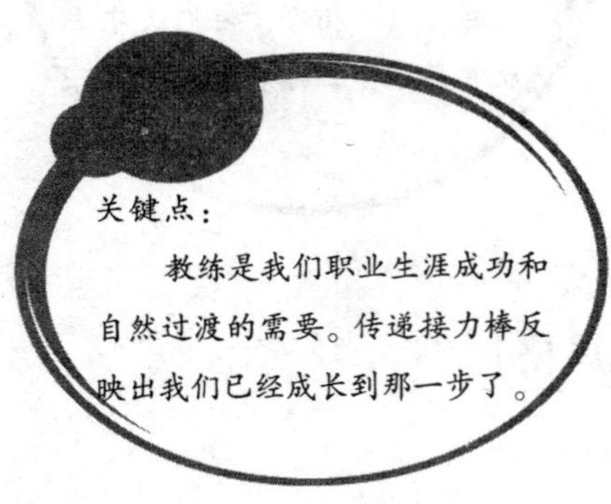

8. 变相教练：你生活中最有影响力的教练经验会以多种方式多次出现，你甚至意识不到。它发生在你最不希望受别人影响时。也许你坐在机场等航班，一位坐在你旁边的陌生人的几句话会改变你的生命历程，或在一个月后你觉得对自己非常有益。你可能永远见不到这个教练了，但是他或她给你留下了终生难忘的印象。

【开发个人案例分析】

能用于理解和开发教练技巧的最有效模式来自于我们的个人阅历。培训教练技巧时，不管是什么领导水平，都可以从以下个人案例分析练习开始：

❖我从现实生活教练中学到了什么

下面，每个领导者将从他们的生活中选择一位教练——针对此人来构建以他为模型的案例研究。首先，请领导者从自己的实际生活中找出对自己有很大影响力的那个人选。可以来自个人生活中（如，父母，好朋友，体育教练，牧师或拉比①），也可以和职业相关（或许是主管，团队领导，合作者或前雇员）。

接下来，请完成下列案例分析工作表：

---

① 拉比：Rabbi，犹太人的学者。

1. 这个真实生活中教练人选的名字：

2. 与你的关系是什么？

3. 这位教练的基本教练风格是什么？（参考本章所概述的八种类型）

4. 你曾经观察到过他是如何教练别人吗？他又如何教练你？

5. 回忆一个场景，他展示了他的真实教练技能。详细描述是怎么样的环境和什么样的技能？

6. 这位教练怎样沟通对别人的期望值？

7. 详细描述教练如何提供了既有价值又诚实的反馈。当他提供建设性的和有帮助的反馈时，你从中学到了什么特别的策略？

8. 教练何时、如何欣然接受过别人的建设性反馈？从他的接纳和感激中，你学到了什么？

9. 你何时观察到教练曾超出职责范围之外去帮助别人？他当时面临的挑战是什么？他采取了什么措施来掌控局面，并给你留下了深刻长久的印象？你从中学到了什么？

____

____

____

10. 你从这位教练的身上学到了什么技能和人际交往能力可运用到工作中？

____

____

____

11. 在你和这位教练之间有什么明显的不同吗？（个人风格，背景，文化，年龄，人生观）从这些显著差异中可以获得什么益处？

____

____

____

请在开发培训教练的初级阶段使用以上练习。当领导者肯花时间仔细琢磨影响他们的教练的特征时，他们就已经在塑造自己的教练风格品牌了，开始用精雕细琢的方式去适应员工们的需求。

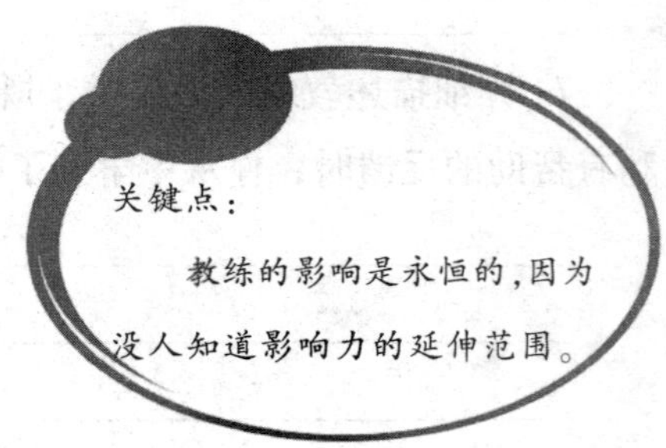

【教练指导方针】

教练是所有领导者生死攸关的技术。当今时代，领导者必须熟练于包括教练在内的软技能的开发，这些软技能与诸如财经和存货管理的硬技能一样举足轻重。

但是，开发这些技能和采取必要行动实施这些技能是两件完全不同的事。询问领导者他们目前是否有适当的教练项目在参与。如果没有，以下的指导方针和行动步骤可以帮他们快速上手。

一定要提醒领导者，启动一个教练计划并不能替代任何其他类型的培训。但是它完全可以起到助力的作用。要想获得成功，领导者需要五花八门的资源，从电脑技术到员工学习与发展，不一而足。教练可帮助员工更有效地使用那些工具与技能，尤其当他们一路接受珍贵的一对一指导和建议时。

领导者可从下列教练指南中择优而用，为员工快速启动教练项目。

- 准备去满足教练对象的期望值。请员工们清晰地表达出他们对你作为教练的期望。同样地，说出你对员工们的期望也同等重要。
- 尊重和爱惜自己的时间。用美元的值来定义自己花在教练上的时间价值。当然这是主观想象的，但要记得，时间即金钱。你完全有权利这样说："我的时间值 X 美元，"尽管你并不是真的要别人付那么多钱给你。你知道一些职业教练的费用是每小时 250 美元吗？通过预先设定一个时间价格，你就表明了你并不希望别人浪费你的时间。任何传递时间价值的表达，都会让别人对你全情投入，信守承诺为大家的学习和成长而奉献，他们会由此对你产生由衷的恭敬之心。
- 让员工付诸行动。在教练进程中确保强调跟进和持续贯彻的重要性。让员工在你的建议和推动下采取实际行动，付诸实施。一定要让员工理解，持续贯彻显示了一个人的严肃认真和言出必行。在每次教练会后制定行动计划步骤表，设置截止日期，约定下次碰头时间，同时要保持跟进。例如，如果教练建议读一本书，被教练的对象就应该马上跟进，首先拿到书，然后阅读，最后给出反馈。
- 传递接力棒。教练需要给人们授权，并把责任下放。下达任务让他们完成接下来的教练单元。
- 提前决定你将如何考核教练效果。在教练项目启动之初，尽量选用最佳测量方式来考核教练的有效性和被教练对象的成功标准。你想看到什么样的考核结果出现？截止到什么时间？

● 打破藩篱，在更大的范围寻找教练。教练不只在工作范围内可以找到。他们可能在网上，教堂里，通过杂志和行业期刊，俱乐部和协会，以及在同伴中。

● 鼓励同级教练，或者反向教练。同级教练是一个持续进行的过程，是团队建设的极点。创建一个影子项目，让新员工和在职教练结盟，到一定时间周期后进行交换。或者让员工与他们的榜样同事结盟。设定反向教练环节，员工把他们所学和希望继续传承的内容反向教练给他们的教练。当我们能够教会别人的时候，我们就变得更专业了。

● 鼓励虚拟教练。教练不必一定在室内进行，也不必一定是人与人之间的互动。教练可以通过电话、E－mail、传真、平信或音视频资料来进行。

怎样考核教练的成功
• 开展一个员工基本调查。找出员工是否拥有必要的支持和技能。 • 跟进六个月后，再调查一次，看看教练项目是否产生效果。

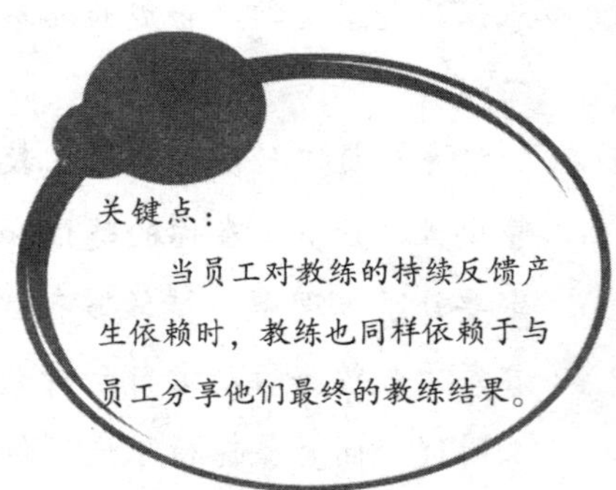

【在适职过程中进行教练，是领导力的战略工具】

在入职时教练员工，是让领导者实现留任和保持敬业的难以置信的有效策略。许多公司已经把领导力适职过程项目放入马上实施的任务列表中了。考虑这样做的公司动机各异，有些公司是在某个特殊岗位或角色上经历了痛苦的流失，而另一些公司则是为招聘和选拔流程寻求更高投资回报率的手段。研究数据表明，40%的新入职领导者在18个月后因不合格而流失，而内部提拔的领导者则有20%在两年后表现不如人意。

基于这个无奈的商业案例，显然那些有效的领导者在过渡到正式角色前，应该积极参与到目的明确的适职过程项目中来。很多领导者一直挣扎在和公司的不成文的规则的斗争中，苦不堪言。而适职过程项目则提供了路径图，让他们快速理解企业文化并适应它。我们就此向连点咨询公司（www.ConnectTheDotsConsulting.com）的专家和思想领袖布伦达·汉佩尔（Brenda Hampel）和埃里卡·拉蒙特（Erika Lamont）请教。布伦达和埃里卡是畅销书《新员工入职培训和适职过程的完美措辞》（*Perfect Phrases for New Employee Orientation and Onboarding*）的作者，而且她们和安妮一起合著了《解决员工绩效问题：怎样早发现，早行动，早解决》（*Solving Employee Performance Problems*：*How to Spot Problems Early*，*Take Appropriate Action*，*and Bring Out the Best in Everyone*）一书。布伦达和埃里卡是有效适职教练的专家。以下就是与这两位的沟通成果。

【适职过程第一步】

万事开头难。领导者和人力资源专家需要首先明白，他们没必要去发明车轮，去做费力不讨好的重复劳动。有很好的经过检验的实践经验可拿来借鉴作为起点，稍作定制即可用来满足每个企业的特定商业应用和企业文化。

❖第一步：定位和定义领导力适职过程

一旦公司做出决定并清晰表达创建实施领导力适职过程管理的商业模型后，该如何着手启动建立这一过程会有些困难。下面这个领导力适职过程管理路线图已被各种规模的企业测试成功过，从小型到中型甚至全球500强企业。

连点咨询适职过程管理模型始自对领导力适职过程的定义和它的角色以

及在人才管理周期（见图 14.1）中的前后环节。适职过程被定位为企业人才管理循环中的桥梁，衔接人才选拔、绩效管理和领导力开发三个环节。它让新的领导者和企业双方在同时过渡中为每一个参与者分配角色和责任。适职过程从一份工作的任命开始，通常在四个月的时间节点后结束，然后就自然过渡到了正式的绩效管理流程。尽管很多公司不得不承认，需要一整年的时间新领导者才能完全融入，但最好的实践结果显示，三到六个月的结构化过程是最理想的时间周期。

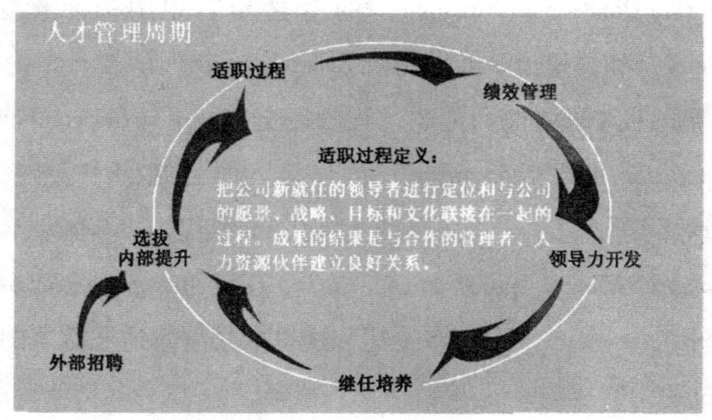

图 14.1　人才管理周期

❖第二步：详细目录和整合结果

公司目前可能存在很多个适职过程，所以识别哪些有效哪些无效非常重要。通过将目前正在实施的适职过程与最佳实践模型作比较，就可能在新领导者的适职过程中弥补原来的缺陷了。

可能已经实施并且需要继续使用的部分包括：

- 公司信息包（或网址或门户）
- 再安置支持过程
- 办公室配置清单
- 见面会日程表
- 新领导者同化过程
- 导师或适职教练

一旦商业模型被框定，每个人都将使用相似的适职过程定义。连点咨询列出了成功适职过程管理的三个最重要的因素。每次他们与客户一起建立或定制流程，总会聚焦角色、资源和围绕人才管理循环图中三个主题的交付。支撑适职过程管理成功的三大支柱是知识、关系和反馈。

第一大支柱是知识，指新领导者在适职过程中所需要的所有信息。先从对企业的综合宏观了解开始，包括愿景、使命、价值观和历史，再具体到当前策略、过程和文化。然后从这一刻开始，新领导者需要更及时的信息诸如他们的职能，团队和角色。

下一支柱是建立关系，对新领导者的成功尤为关键。这一组件对那些被推荐到公司来引导变革或度过危机的管理者尤为重要。当然，对任何新领导者来说，当他们希望通过与别人的合作和支持来实现目标获得成功时，更是最为重要的因素。

最后，提供及时和可作为行动参照的反馈环节常常在领导力适职过程项目中被遗漏。公司一般不会直接建立好正式反馈体系，而他们所依赖的非正式反馈可能是不完全或干脆没有意义的。对新领导者的印象和认知在最早时刻就会形成，所以在适职过程项目中吸收定性定量的早期反馈同样重要，通常是在 45 ~ 60 天的时间节点。

以上三个主要组成是公司赖以建立领导力适职过程管理的基础，保证公司领导者们能看到与整体目标相一致的结果。

对于大多数项目而言，建立机构化来保证一致性是很重要的，这将保证把三大支柱整合成一个实际的适职过程管理项目。同时，允许足够的灵活性来保证项目更贴近公司的特殊商业模式和新人或被提升的员工的个人需求。至此，连点咨询就成功定制好了满足双方要求的最佳实践模型。

❖第三步：创建模型

一旦成功定义和定位了公司的领导力适职培训内容，并且挑选出你一直在做的部分和那些应该被整合在领导力适职项目中的内容，就会有助于创建基于时间或分阶段的策略来增建整个流程。这就为你的新领导者、他们的人事部经理和人力资源合作伙伴创建了路线图，以便每个人都能为新领导者的成功出谋划策贡献力量。连点咨询推荐了基于时间的进程，使得每一部分都能够及时传递，新领导者也能了解信息的来龙去脉，不至于出现工作前几周的“找不着北”的慌乱。

先从准备工作开始，这个阶段包括从就任的第一天起算，新领导者就应该得到所有关于公司的信息，如竞争对手、业务部门或职能、经理、同事和团队等。紧接着制定一个 90 天的适职计划，确保人事经理已经把所有关键目标都列在其中。这个 90 天的计划还应该包括必须建立关系的人员名单，以及他们和新领导者目标的关系。

第一个月应该集中精力去获取关于公司、职能和角色的信息。同样重要的是与关键利益相关者的见面会，通过此会来构建人际关系。这一阶段，人力资源经理与新领导者的相处非常重要，因为公司的分工可能会有微调，与最初应聘的岗位不完全吻合。也不要低估角色申明的作用。

在第二个月，新人对公司文化会有一定认知经验，也开始学会如何适应。新人需要别人对他早期看法的反馈，以便于他们及早修正失误，重回正轨。对新领导者是否适应新岗位的反馈（不是工作绩效）也至关重要，最好在 60 天的时间节点上进行。然后在第三个月，新领导者应该聚焦在如何利用自己所长来撬动其他必须提升认知的事物。不幸的是，领导者常常得不到自己需要的反馈，直到进入角色一年或更长时间后才有可能得到反馈，但此时为时已晚，修正无望了。

❖过程总结：

过渡到绩效管理

实践证明一个优秀的适职过程应该有清晰明确的开头和结尾。领导者不可能永远侥幸当新人，公司更需要他们早日过渡到绩效管理或领导力开发进程中。未完成的目标可以很容易被转换为年度剩余目标，或者调整为新的优先排序事件。在过程结束时的任务报告非常重要，可有助于公司优化和提升标准过程。成功完成适职体验的新领导者充满活力，成为又一个新的适职过程倡导者。HR 合作伙伴也会从此与一个有影响力的领导者建立密切联系，并转化为业务合作伙伴。拥有这样一套较为完整和可持续的适职过程系统，企业就更容易将一批批的新人平稳过渡为加快生产力、为品牌增色的杰出“粉丝”。如果新领导者、人力资源经理和HR伙伴与计划和过程相一致的话，就不会再出现招聘过程和实际用人之间的巨大反差。

更重要的最后一步是，如果你知道该做什么，就要明确每个任务的责任人。在领导力适职过程中对每个参与者清晰定义角色和责任，会显著影响项目的交付。通过列出项目参与人来启动，标准的列表包括新领导者、人力资源经理、人力资源部和导师或教练。判断谁来做什么的一个好方法是询问每个团队参与者3C的问题：

- 团队的能力（capacity）是什么？
- 团队的胜任力（competency）是什么？
- 团队对适职过程的贡献（commitment）是什么？

答案有助于厘清团队的现状和能力，对适职过程的贡献大小，同时看到现实与理想的差距。消除差距的行动计划即可应运而生。

❖交付方式

最佳适职实践被证明有三种主要的交付方式：纸质（或活页夹）、在线或基于网络的形式和教练式。

每种方式各有优劣，但给新领导者的交付则以教练方式为主，基本由一系列的会议组成，由人力资源伙伴发放印刷好的支持文件给新领导者。然后人力资源伙伴可以促动对话和任务分配。

最后，每个项目必须以结构化和有序形态呈现，但不能死板。基于时间的线程标注了特定的里程碑和检查点，让新领导者体会到不同的感受，而不是在穿越一个漫长过程。它也同时让人力资源伙伴使用自己的知识和判断来恰当地为每一位新领导者定制项目。

人力资源经理同样有责任来考核一个适职过程的成功与否——这远比你想象得轻松！领导力适职过程的考核指标一定要反映出公司最初的目标。我公司领导力适职过程的商业模型是什么？我们需要满足哪些领域的需求？文化适应性？绩效提速？新员工留任？敬业程度？这些都是需要考核的领域。促动讨论、个人交流、反馈调查和适职任务都可以囊括在领导力适职过程中来获取数据。

测量工具需要收集两类数据：定性和定量。通过征集这两类数据，公司会储存大量信息，能够对适职过程做出改进和调整，并能预测新领导者可能的挑战趋势。该测量一定要囊括所有相关人员以保证数据的完整性。

越来越多的企业认识到一个始终如一的、结构严谨的领导力适职过程管理的重要性，并把它的作用归纳如下：

- 为所有新领导者创造公平竞争环境，无论来自于外部聘用还是内部选拔
- 为每个过程参与者提供相同的起点和资源
- 让每个新领导者获取同样的经验积累和资源准备
- 提升新领导者达到目标的概率

【领导力适职训练在行动】

在适职模型的辅助下公司已经体验了真正的成功。以下两个真实案例可作为案例研究对象。

❖案例研究 1：培养特长，收获新生力量

一家财富 50 强企业、全球销售优惠价商品的零售商，发现需要一种新策略来重建内部领导力“后备队”。过去企业一直依赖于内部提拔，但是流动的人才库迫使企业开始从外部招聘更多的管理人员。为了满足商业变化的需求，公司使用了连点咨询的模型来创建可延续的适职流程，将新领导者融入企业文化，让人力资源伙伴和人力资源经理参与到流程中来。

由于这是一家计划型企业，他们开始先在内部构建商业模型。他们做了大量调查，并访问了尚未启动正式适职过程的新领导者，也访问了完成这个过程的人。他们最后得出的结论概述如下。

新领导者经历的挑战和障碍没有包含在适职过程中的有：

- 硬件环境没有准备好（没有办公室、办公家具、计算机等）
- 他们不知道如何访问信息
- 没有过渡的规程——没有正式目标

- 没有人帮忙指点企业文化——团队成员似乎很不安
- 公司假设我们知道该怎么做——在新岗位上没有真正的培训
- 重新安置等个人过渡问题成为早期困扰
- 他们不能立刻做出贡献
- 他们被要求把已有知识放在一边，只去吸收新信息

对正式适职过程影响的研究认可了项目的以下成果：

- 领导者们承认项目定位与他们的期望值匹配
- 他们深刻理解了角色的含义及对企业文化的适应性
- 与人力资源伙伴一起工作非常有帮助——有人帮忙一起思考并为意见提供反馈是很珍贵的体验
- 他们认可人力资源经理和人力资源伙伴坚强后盾的作用
- 他们感到工作氛围是积极和愉悦的
- 见面会效果很好，对稳固关系的建立大有裨益
- 早期成功可以帮助打造领导者的自信和企业对领导者的信心
- 在前几周和前几个月使用结构化适职内容很有效果
- 总而言之他们一直能够感受到环境支持和鼓励成长的氛围

❖案例研究2：快速成长和文化冲击

另一个案例来自于一家行业领先的儿童健康研究中心，该中心在两年内发生了翻天覆地的变化，包括高级领导团队。公司董事会鼓励在国内和国际上招聘管理人才来保障这种成长。这样做的结果是公司文化发生了巨变，新领导者被迫快速融入和适应公司文化，接受挑战性的目标。

使用了连点咨询的模型后，该医院建立了自己的领导力适职过程，以使新领导者通过发挥他们多样化的背景和经历，感受到自己是公司和社区不可或缺的重要部分。

在实施正式的领导力适职过程之前，医院的高级领导者们描述了他们的痛苦体验：

- 缺乏对企业里谁是关键人物的认知
- 无法与这些关键人物直接沟通
- 参加了太多内容不知所指或不了解与会人员分工的会议

- 因缺乏足够信息或经验而被压抑了决策需求或不能做出正确决策
- 在最初的几个月里不理解系统和流程可被引导

落实到位的适职过程结果包括：

- 更好地理解新领导者的角色和医院对这些角色的期望所在
- 及时的会议和信息提供了决策需要的来龙去脉
- 通过重新部署社区资源给新领导者，让他们实现平稳过渡
- 更快的投资回报让医院的招聘流程及早受益
- 加强需要保留的积极文化元素，减少负面成分和陈规陋习

现在，人力资源团队有利器在手，可测量新领导者的融入程度和医院的选拔和适职过程需要改进的部分了。

成功的领导力适职过程是新领导者和公司双方的得力助手，在当今千变万化的经济时代，对新雇员的留任和敬业功不可没。适职过程将在人才管理流程中继续扮演重要角色，随大势所趋日渐突出。通过此工具可更容易实现人尽其才。

美国运通、迪士尼和贝尔大西洋公司的教练模式

美国运通有一种约定俗成的“伙伴系统”，通过它来帮助财务顾问找到学习伙伴。每个人同意通过定期碰面支持和鼓励另外一人，可以一起用餐，提出忠告或只是像好朋友一样去聆听。该流程持续几个月。

在迪士尼，员工会在开始的几天参与“迪士尼传统课堂”，大家彼此认识和了解企业传统，然后被引见给“魔幻王国”风格的教练。两周后，迪士尼的人力资源开发经理就会引导培训和教练工作中的演艺人员——打破传统公司的培训套路，直接在真实世界里进行教练。

而在贝尔大西洋公司，教练特别安排的“循环指导体系”会自然产生互惠学习。在循环指导体系里，中层管理与几个高层管理人员配对，一起接受各种在职挑战。主管们在一起沟通个人经验，作为回报，每个人都拓宽了知识边界，因分享而获得更多经过时间和实践检验的技能和解决方案。

“正点”案例：以微软方式来教练

毫无疑问，微软已占据信息高速公路的制高点。公司拥有操作系统和基本应用程序，在世界各地17亿台计算机上运行。在这样令人咋舌的璀璨成就下，你一定觉得微软根本不需要教练。但是事实恰恰相反！创始人比尔盖茨的价值观是培养员工给自己、领导者和公司带来利益的能力。教练就是微软帮助员工在一个高速发展竞争激烈的行业提升绩效层次的有力手段。在微软，下列领导力实践随处可见：

- 设身处地替别人着想。让员工在别的部门待一天，看看在发生什么事情
- 亲身示范
- 给员工机会以上级管理的身份工作
- 鼓励继续教育和有意学习
- 定期安排团队与高层管理一起用午餐
- 让员工替你去开会——绝好的士气鼓舞方式！
- 通过授权员工新的责任来挑战他的劣势

【教练的力量】

通过实施本章提及的教练实践技能，你将给管理者们提供强大的能量和能力去挖掘潜力无限的资源——他们的员工。另外，公司会不断收获教练带来的巨大回报。毋庸置疑，成功领导力需要成功教练。

教练自我评估：11诚自测表

在1（最低）到3（最高）分中评估自己的教练特质。对得分少于3的特征在自我改善的过程中可反复评估。

1. 频繁自由分享知识和专长，然后要求对方照做	1	2	3
2. 尊重和欣赏各自的差异并作出相应的教练			
3. 每当发生变化时，鼓励员工提建议			

续表

4. 确认员工知道他们被期望做什么			
5. 始终对人坦率真诚			
6. 开诚布公地沟通			
7. 让员工专注于团队的效率和目标，重视个人贡献的价值			
8. 工作出色给予真诚的表扬和认可			
9. 寻找新途径来帮助员工开发全部的潜能			
10. 鼓励团队成员彼此理解、尊重和支持			
11. 言行一致，要求他人做到的自己先做出榜样			

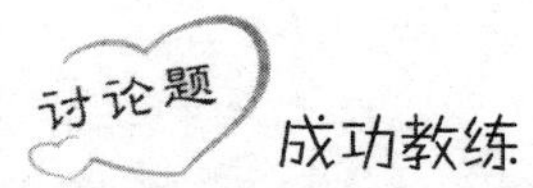

成功教练

1. 为什么教练特质是重要的领导力素质?

2. 是否有其他风格的教练特性和行为特征可以增加到已有的教练风格列表中?

3. 怎样理解一对一教练可以帮助领导者成为更有效的教练?

4. 怎样应用领导者教练风格去满足员工的特殊需求?

【结束语】

本章中，我们学习了教练角色所承载的巨大责任，因为教练会影响员工的生活和工作技能。一旦这种影响产生，一定会有大量的机会去改变员工的个人和职业发展，但它也会无意中把事情搞砸。所以要确保领导者理解了他们所承担的教练角色的二元性和严肃性。

下一章，我们会研究领导者需要的“远程临场”。

第十五章　领导虚拟世界——领导者需要"远程临场"

比赛开始了！思科（Cisco）、惠普（HP）、苹果（Apple）、微软（Microsoft）等公司正竞相开发营造远程临场感的产品。如今，高清大屏显示器正充斥着全世界尖端高科技公司的墙壁。在这些地方，你的一举一动会被记录下来，从你进入房间到离开，摄像头就像开会时专注的眼睛一样寸步不离。每个人都在一个"绝对时间"体系下相连，影像的无延迟传输保障了这一点。

这就是人们所谓的未来统一虚拟工作场所。在这种环境下，人们会误认为一个实际身处遥远彼岸的人比如迪拜人或是新加坡人，正好坐在桌子对面（顺便一提，美国的白宫和五角大楼早已开始使用这种技术了）。当然也要谨记：尽管全球顶尖领袖们都认同未来虚拟工作场所的高效性和环保性，但是它永远不能取代与员工或顾客的面对面交流，后者会给予会谈对象一个渴望的拥抱和握手，抑或是让他闻到会议室桌面鲜花的芳香。不过很明显的是，根据全球高科技巨匠所言，以虚拟的形式实现最人性化的体验（触觉、感觉和嗅觉）即将不再是纸上谈兵了。

惠普公司如何评论远程临场技术

"如果你能让身处地球两端的人'共处一室'，并且全然不觉得他们自己在进行远程会议，那么你就实现了远程临场。如果你认为技术是会议讨论的障碍之处，比如说你知道自己在开视频会议，那么你就没有实现远程临场感的营造。"

——比尔·艾弗里《管理移动工作者》

本章中你可以学到

◆管理虚拟世界。领导者必须能够：

- 灵活分配任务（在某些公司，领导们不在乎任务何时何地被执行，只要它们能按时准确完成）
- 安排定期会议来协调和推动任务的执行
- 了解在家办公并不直接带来和睦协调
- 用量化的结果和截止日期创建具体工作任务

◆在不需要办公室的公司，技术是关键。领导者需要：

- 成功实现“远程临场”；
- 熟悉工作所需的“直觉”技能
- 以电子形式频繁与组员们交流沟通——这有可能是你和他们之间的唯一联系，而一个快速的回复会帮助人们感知这个联系

【让我们回到未来——从现在开始】

当涉及现代移动工作团队的培训和技术支持时，领导者们肯定会向你寻求解决问题的工具或策略。据估计，2012 年年初，全球会有超过十亿的移动工作者，你的工作就是帮助他们应对这样的现实。在虚拟工作环境下进行领导，既有优势又带来了挑战，也需要一套独特的技能组合。

直观技术

有些人是难以消化移动技术的，但是那些一步步走上来的领导者尤其是 Y 代人，会将移动技术预想为直观、有机和贴合人天性的技术。你的顾客们最希望见到的就是它们一直保持简单易用。换言之，人们总是希望科学技术能按照人们的思路来运作，与此同时，也能支持人们在现实世界中的做事方式。这是一个听起来高不可及的要求，但是它已经就要成为现实了。

实例证明：需要新技术来表达领导者们的想法，而不是领导者去理解新技术。

续表

在工作中对移动技术敞开怀抱的领导者们，同时也懂得如何运用这些技术，他们正在创造一种新的主流的领导力思考模式。一场移动技术应用的巨大增长被预期即将在在线商业如 Apps、移动博客和电子邮件等领域中产生。据预测，手机的用户量将在 2013 年底达 56 亿；智能手机的装载量将超过 3.9 亿台。就在这本书的成书过程中，超过四亿的拥有登陆无线网络功能的手机正在市场发行。

【领导者注意啦：保持灵活，“边走边学”】

灵活性和交流方式是至关重要的，因为你需要在虚拟环境中培养虚拟领导者和制定管理规则。不要急于求成，一步一步来。好消息是很多领导并不害怕创造一种他们倾爱的、独特的虚拟领导方式，所以你要创意多多。移动技术缩小了全球工作范围，并且几乎每天都能持续为领导者提供新式优化的领导力选项。与此同时，很多领导者已经铺开了虚拟世界的领导之路，他们通过分享已经证实有效的虚拟领导方法来让我们都有所收获。

【虚拟领导者与技术唇齿相依】

与一直处于传统工作模式的领导者不同，虚拟领导者们曾一度面临挑战。忠于传统做法的领导人擅于面对面就地解决难人难事，而虚拟领导者们只能和他们的移动技术、键盘和数据库绑在一起。当你处于一个近距离的、私人的氛围时，要解决相应的矛盾，领导者必须学习和应用一套特定的技巧。但是解决 3000 英里之外类似的问题就需要不同的策略，包括：创造性思维、良好的写作技巧和优秀的挖掘能力来判断你不能第一手观察到位的现场情况。很多问题都将归结于信任、远程存在感和工作模式，这就是最终成就成功虚拟团队的三要素。

【加强远程存在感】

虚拟领导是一种思维模式，它并不复杂。你只要改变自己的固有模式，事情就会变得简单。

当你向领导者们传授如何加强远程存在感时，一个虚拟团队的成功关键就会被提及。这一点并不难掌握。有些时候距离恰好会成为领导无力的借口或是不愿面对麻烦困境的挡箭牌。但事实是，虚拟管理正在变得越来越简单，领导者们也会找到属于自己的独特领导倾向来完美实现。在本章中并没有教科书式的解决方法，也没有唾手可得的现成策略。往往能帮到你的就是一种思维框架和尝试新方法的主动性。

我们可以通过远程电话会议、远程小组研讨、网络电话（Skype）、短信、电子邮件和视频会议来发送我们的指示和图表来告诉我们的员工如何完成工作。这之后你就会可能会打电话说些什么。也许你会这样问：“你好约翰！我打电话过来只是为了给你带个好，并且看看你家人在优胜美地国家公园（Yosemite）是否度过了一个不错的周末。我一直都住在东海岸，总想找机会造访那一带。能给我讲讲那儿的情况吗？有什么好地方你会推荐我去游玩呢？你可以给我们发一张你儿子斯蒂芬在野营地区看到的熊的照片吗？或许你还可以写点儿有关勇气和领导力的图片解说？”

再一次地，我们又回到了成为一个真实、真诚领导者的话题（详见第一章）。表达人性，你就让你的存在感加强了。你要做到符合常理、谦恭有礼、肯为别人花时间，还要稍微显露出一些自己的个性，而且最好不要总是摆出一副商人架子或技术专家的模样，因为在虚拟团队，你每天很难会与办公室里的人们有物理上的接触。

将人性化的接触带入虚拟领导力的管理者们会比那些严守教条的人成功许多。

❖你的态度决定高度

还记得在本书前面章节，我们曾提到这句俗语：“虽身处异地，但却能实际工作在一起”。让这句话成为你领导虚拟团队的口诀吧！远距离领导就是一种态度。正所谓，态度决定高度。克服各种挑战，寻找创新的解决方法实现更好的

"虚拟工作在一起"吧。告诉领导者，让他们要求被远距离指导的员工上交意见和建议来提升优化流程。一定要记住，他们是虚拟领导的接收端，所以他们是最有资格对远程管理发表意见来改善组织系统和进程的人。就这么简单！

如果领导者未能成功寻求那些受到远程管理的人员的意见，这常常是因为他们不想听到如何才能进步。但是在虚拟世界里，领导者们需要更频繁地询问团队以下问题："我们如何才能在这个过程中有所进步？""你如何让这个会议组织得更加高效？""当我们不能同时讨论，我们如何增进效率？""你认为我们多长时间组织一次会面比较好？"以及"我们如何最大化地利用成本来创造一个更加给力的能成为整个组织榜样的虚拟办公场所？请详细回答。"

❖你在听我说吗？

一定要和领导者们强调，一旦他们收到了来自团队的回复和建议，要迅速做出反馈表达感谢（还记得第二章中戴安娜·达姆龙所提及的职场礼貌吗？），以此来赞赏员工肯花时间贡献自己的点子。之后告诉团队成员："我在________（设置一个日期）会再和你联系。"领导者不一定要完全同意这个建议，或者去实施一个建议。但是他们一定要承认员工的付出和投入。当一个领导者在"千里之外"仍能坚持这么做，各级员工就会觉得有人在倾听自己的声音，尽管他们并不在现场或同一时区。无论一个人身在何处，他总是希望自己被看重、被尊重、被倾听和被认同。另外，领导者会有几次能够停下手中的工作来为你的优秀表现写下一张感谢条，或是寄出一张感谢卡片给刚生了小 baby，当了爸爸或妈妈的员工？或者关心一下约瑟夫上周六的成人礼是否顺利？可见，当你在跨邮区或跨越海洋来管理时，谦恭、文明、体贴的特性确实能够增色不少。存在于你们之间的路程有时候并不是最令人担忧的问题，尽管我们总是让事情变得好像如此。真正的问题是领导者和员工的沟通程度。不论远近，你的领导者都能和你们连接起来吗？

当涉及虚拟领导风格、方法，以及最重要的态度的时候，领导者最有掌控能力。当他们总在抱怨他们在辛辛那提办公，而团队却"身首异处"时，你认为他们是在传达什么样的信息？这会导致自己团队中的未来领导者们将虚拟领导力看成是一大苦差事！这就是他们抱怨的结果。与此相反，你要告知领导者，当在温哥华的团队不只是在危机发生时，而是能时刻"感受"到领导者的关怀和联系时，领导者的存在感就真的穿越了多个时区环绕他们左右。告诫领导者们去改变固有的方法，积极对待工作并且高效管理团队，这样他们就在不知不觉中培养了一批未来的虚拟领导人。

> 作为领导者，你的态度决定你的高度。
>
> ——金克拉

【虚拟领导者和他们的组织并非以同一种方式连接】

虚拟团队常常以每周七天、每天24小时来运转。信不信由你，用这种方式领导虚拟团队可以为你的领导者们极大地减轻工作压力。怎么做？某一刻你会突然发现，"何时"沟通变得远不如你实际去沟通来得重要，所以你只要把事情及时做好即可。

❖本书主编就是虚拟领导者的楷模

身为作者，我们掌握着虚拟工作场所如何运作的第一手资料。我们可能会身处新泽西的一家旅馆深夜赶稿至凌晨三点，然后交给我们的编辑克里斯丁·胡萨克（Kristin Husak）；当时我们也许还在赶往研讨会和教练课程的路上，但是克里斯丁真的会关心我们什么时候工作或是我们在哪里完成图书内容吗？一点都不！

出版业就是一个虚拟的工厂。克里斯丁这样的领导者，眼睛都不眨一下，就能管理好几千英里以外的作者和他们的产品。但是作为领导者，克里斯丁的确非常关心我们的工作质量、图书写作进展情况以及是否按照她产品创作团队的时间表来完成了要求。她用以领导和指导作者们的标准从没有商量的余地，即便这是在一个虚拟工作场所。当你通过电子技术工作的时候，你反倒保持了你的高工作水准！尽管大部分的作家和部分助手分散在全国各地，甚至是全世界，克里斯丁的领导风格却一直是以产品为导向的、高绩效的以及结果驱动的。那么你的呢？

克里斯丁虚拟领导力的另一个关键要素就是注重搭建人际桥梁，修补人与人之间的沟通嫌隙。不论她的管理对象每天住在哪里、前往哪里旅行或是在哪里工作，她都注意管理这些人之间的人际关系。在写书的过程中，我们会向克里斯丁寻求领导力方面的帮助。与此同时，当我们需要援助之手或是一个朋友来进行头脑风暴的时候，不论日夜，她就在那里，好像她一直在大厅的尽头那儿等着（其实克里斯丁在弗吉尼亚的亚历山大工作，而我们在南加利福尼亚或北加利福尼亚工作）。这就是一个有强大存在感的领导者！

【虚拟世界的多样化人员】

很多领导者承认，在虚拟工作环境下文化差异和文化竞争的问题有时候会变得更容易掌控。在一幢大楼的办公室里，有额外需求的个体会发现在远程工作的情况下，他们的需求更容易被实现。一个客户告诉我们，他们公司的一个价值很高的员工在处于癌症治疗的恢复期时，能够远程在家工作让她感到了持续的快乐和满足。她说她不再觉得自己是办公室中生病的那个人，她也同样拥有团队归属感，即便是在她身体欠佳的时候也是如此。

回到工作岗位后，她对这几个月的远程工作赞不绝口，如领导者如何信任她，以及她所领导的团队是多么理解她并且充满工作的激情。她对公司忠心耿耿，开始使用她曾受益的虚拟领导力来管理新的虚拟团队。

当然你也会发现有些员工很难与别人相处，并且很难与之肩并肩坐下一同工作。这个人估计就是你能领导的最佳虚拟员工了，如果他在家里远程工作的话。

虚拟领导力是管理那些难与别人相处的“极品人物”的上佳手段。如果你听到某个领导者尖叫：“那家伙确实高效，可和他一起工作还不如杀了我！”这时就该考虑建构虚拟工作场所了。

【虚拟工作的缺陷——字里行间捕信息】

远程工作有一个缺陷，就是你会失去一部分的亲密感和人际接触。伙伴情谊会受到挑战，尤其当一方团队专注于家庭办公室里的那些事务时，另一方会比较失落。

❖别迷失在翻译之中

滑稽的笑话和强烈的幽默感有可能会在（电子邮件或电子通讯的）翻译中被省略或被扭曲。这和所有团队人员面对面开会是截然不同的，在虚拟工作环境很难做到抖个包袱让人们开怀大笑或是花点儿时间来嘉奖一个合作者，对方会报以微笑来感谢你。

虚拟领导者在团队准备实施一个新举措或新计划时，常常抱怨无法引起大家的关注，或抱怨无法让大家一直恪守承诺。领导者和团队都会有一种孤立感。此时领导者更需要在所有人面前增强团队存在感。领导们需要提出有新意的方法来鼓励大洋那头或街边的团队成员。这也许意味着举办小型比赛，在网络上共享图片，与在南非、印尼或新西兰的高校学生领袖进行联谊，或是任何能为你的团队带来新视角的事物，或通过帮助后院之外的其他人来实现这一点。向远处的事物学习，甚至是孩子们，都能极大地推动虚拟团队走向出乎意料的新高度。

虚拟领导者需要在字里行间穿梭。他们必须超级擅长倾听和辨别千里之外员工的语气和语调。虚拟领导并不占有利用肢体语言推测员工真实情感的优势。在近十年之内，更高分辨率和高清晰度的视频会议技术正在成为主流的领导工具，所以这个现状将得到极大的改进。

激励、驱动虚拟团队的16个快速简便方法

1. 信任并且鼓励员工——让工作环境变得富有想象力和乐趣；
2. 为工作或项目提供出色的工具和精彩纷呈的训练方法来吸引学生；
3. 提供完成项目所需的激动人心的资源。寻找方法去做到这一点；
4. 告诉领导者们要利用员工的优势来工作，这样员工就会热情洋溢，自动自发；
5. 对团队或项目提出巨星级承诺；
6. 提供详细的预期、边界、时间线和结果；
7. 规划出与组织目标相一致的目的和目标，并满怀热情去实现；
8. 允许犯错——见鬼！你甚至可以感谢这些错误——但要迅速从中吸取教训，并将之分享给大家，以避免重蹈覆辙。

续表

9. 与团队分享你的知识——提醒他们知识并不等于力量。是我们利用这些知识创造出来的结果才让我们与众不同！ 10. 不论他们在哪里，聆听团队的心声并进行沟通协作； 11. 向团队显示你在乎和关心他们； 12. 要认识分布在全世界各地的团队成员，从波兹曼（Bozeman）到布达佩斯（Budapest），从丹佛（Denver）到迪拜（Dubai），并分享彼此成功的经验； 13. 通过电子邮件、电话会议或视频会议来尽可能多地交流沟通。使用快递手写一张卡片来彰显你的存在感，或通过电子卡片来表示快速反馈。这就是人际接触。人们保留手写的卡片就是看重它们的意义。人们也会保留洗出来的照片并且将它们展示在公告板上或是办公室的相框里； 14. 寄予员工完成优秀工作的最好期望，然后给他们合适的授权。但是当你说出“授权”，最好真的能这样做。如果你先提授权，但是仍然不停地“告诉”他们去做什么，那你就失去了所有的信用； 15. 想出新方法来为虚拟环境充电——查看泰德网（TED. COM）和 Youtube 来寻求有帮助的想法。挑选能用于团队会议的视频片段并讨论。使用网络电话（Skype）。不要让距离成为沟通的阻碍。距离影响到思考模式的切换——在线教授无论身在钢筋水泥的大厦中，还是夏威夷岛的山顶上，都能激励学生奋发向上； 16. 在沙滩上或是公园里进行瑜伽锻炼——这个措施可以让大家头脑清醒，而且很有可能找到待解决问题的答案或解决方案。

【虚拟团队可以是“混血儿”】

一个团队可以是百分百的虚拟——也可以像有些公司那样，打造一个混合的工作环境。混合工作环境集开放和封闭于一身，尽可能地满足团队中几乎所有人的需要。

员工们可以在家工作，也可以到办公室来寻求合作、进行会谈，抑或是从每天的家庭办公室中解脱出来，放松一下。混合环境综合了技术、面对面接触和虚拟合作，它包括办公室的设置或是遥远的所谓的“第三空间”。混合工作环境也提供大量的外部刺激因素。

在美国，提前辞职所导致的损失为每年 3.28 万亿美金

- 70% 的美国员工认为自己会提前辞职；
- 90% 的美国员工提及他们辞职的原因是和自己的领导者没有情感连接；
- 33% 的员工认为他们的领导者是言出必行的实力派。

数据来源：www.HumanResourcesSources.org

"第三空间"

常见的混合工作环境称作"第三空间"（员工可以远程和现场办公，再找个地方一起会面、互动，或是喝着拿铁来讨论一个新建议或费用报告）。这种情形通常发生在员工聚在星巴克（Starbucks）、巴诺书店（Barnes & Noble）或机场休息厅和俱乐部里干活和应对项目截止日期的来临。这个"第三空间"就是未来的虚拟工作场所。人们会奇怪为什么书店会提供无线上网、提供食物和饮料？可能是他们希望你在那儿工作的同时买份杂志或图书什么的。

【管理虚拟团队的七个高效能习惯】

管理虚拟团队确实带来了挑战，但以下提示会帮助领导者平稳过渡：

1. 明确期望值。正如团队需要明确每天对他们的期望一样，虚拟员工也是如此。事实是，失去了近距离管理的优势，这些期望值就变得尤为重要。要以书面形式来提供具体要求。

2. 清晰频繁地与他们沟通。使用虚拟办公工具如远程会议服务、skype 和即时通讯服务来保证交流的畅通。让团队成员习惯使用这些工具，并加以适当技术培训。

3. 保证有空，并期待更好的可用性。尽管团队有工作的灵活性，可以在家工作，但不意味着他们可以随时离开、整天购物或看电影，只有半夜才会去公司网站签到或收发邮件。需要一定水平的可用性才能保障团队成员的有效沟通。

4. 设定目标。由于远程工作需要更多的自主性，所以要明确指出希望团队完成的任务目标，并包括实施时间范围。

5. 找到激发团队的动力源泉。正如为了激发团队成员你需要了解他们一样，对于虚拟的员工也要同他们保持一致。找到他们在此岗位所追求的是什么，给他们创造机会去成长。

6. 建立信任。如果你承诺要发布什么给他们，就一定要做到。也要要求员工同样的信任回报。

7. 在电脑上使用世界时钟。要体谅其他地区员工不同时区导致的作息时间差异。提前发送会议通知以便所有员工能够做好充分准备。记住，公司是为了节约设备费用和办公室空间才实行远程办公的。远程办公的另一个好处就是员工在家工作效率更高，因为可以不受办公室杂事的干扰，比如过多的闲聊和机器噪音等。

弹性十足的记账公司

MedAmerica 记账公司（MBSI）是美国最成功的和业务最繁忙的医疗账务公司。MBSI 总能快速发现创意举措来留用公司的顶尖人才，在这样一个竞争激烈的行业中，允许大量雇员在家工作。曾有这样的一个案例，在差点失去主程序设计师的情况下，MBSI 率先推出了虚拟办公。他们在主程序设计师约翰·考林斯准备把家搬迁到另外一个州时，通过打破传统领导的办公方式留住了他。这一做法让 MBSI 大大受益。为什么呢？因为他们不需要再去招聘和培训一个主程序设计师了。而约翰在新居住地加入了很多小的项目组，同时又雇用了当地的很多顶尖人才加入公司。所以远程工作是双赢策略，不仅节约了金钱和时间，同时大大提高了效率。

【通过国际分部来领导虚拟团队】

组建一个国际虚拟团队时，领导者总希望精英中的精英来为自己工作。他们希望员工具有理解国家与国家之间广泛差异的能力，能够快速让自己接纳别人的不同并融入其中。

❖领导者应该研究各地风俗习惯

了解世界各地风俗习惯在虚拟社区中是非常宝贵的财富。千里之外的当地顾客是你希望发展的客户的必要组成，可帮助公司实现国际团队的成功。

大量令人头疼的国际团队管理问题

在德国，钢样板不能少于某个厚度。而在英国，则至少为另外一个厚度。那么如果在伦敦的制造厂团队中有德国工人该怎么办呢？使用最小值作为标准！德国工人继续按照德国标准去制造钢样板，因为那是德国方式。当你和一个国际团队坐下来沟通时也会有类似的问题。使用不用语言只是国际领导力在沟通方面最小的难题。

当领导一个由几部分组成、员工在世界各地工作的团队时，本章提及的各个因素都是非常关键的问题。原来习惯使用的规范需要加入不同语言的翻译，各地风俗习惯、法律架构、绩效标准和奇风异俗如不同的假日和工作规则等都需要考虑在内。

而另一方面，跨文化团队也有一些共同遵守的简单规则。我们都有自己不愿意承认的偏见，但当我们生活和工作在与我们完全不同的人群中时，我们很快就会接受他们。有时我们会学会宽容待人，这就是虚拟工作环境的真相。

❖让领导者跨出舒服区域

在国际团队中工作是个冒险行为。即使是最老练的旅行者也不愿离开舒服的区域去工作，因为觉得会享受不到家里温暖的壁炉和熟悉的感觉。如果你在领导一个国际团队，就会发现自己面临完全不同的制度、顾客，甚至是不同的周末（在中东地区，周六日不是周末，周三和周四才是）。

现在越来越多的全球虚拟团队正在涌现，数量呈快速增长。要让领导者迈出自己熟悉的地图范围，以全球化而不是本地化的视角来思考，这样才能在领导虚拟团队时收获更大的效果。远程决策也是一个挑战。多种文化队决策过程有不同的促动方式，如果项目或团队跨出美国之外，悟性十足的领导者就会先来研究文化的差异性。

惠普的虚拟管理之道

现已退休的惠普企业外部标准组织负责人约翰·门罗在2003年接受了一个挑战，运营一个跨越16国、分布在国际日界线两边的多语种团队，来为在家办公的产品设计者解释成千上万有时甚至是相互冲突的政府规定。那时惠普正在精简旅行预算，所以这个任务非常艰巨。在预算经费捉襟见肘的前提下，他决定运用远程办公的方式来解决问题。他很快在团队中建立信任，并用事实证明他可以在节约大量资金的前提下达到目的。最后，他的团队为惠普公司阿根廷分公司节约了80万美元的年度消费性成本。另外，他们为在韩国公司的各个方面共计节约20万美元的年度经费。并非每家公司都能通过虚拟管理来达到更大的有效性，但早期的惠普做到了。

管理虚拟世界

1. 在一个固定地址之外另设办公室的虚拟团队有什么优势呢？

2. 团队成员之间的创意会带来什么样的挑战？请每个团队成员贡献解决方案。

3. 根据本章提示，你怎样为团队成员创建清晰的期望值？

4. 为了激发员工，了解他们的爱好和在公司的期望，你会去花时间了解哪些员工？

5. 为了提高公司虚拟办公场所的沟通水平，你会使用哪些技术工具？

6. 为了激发团队，你会采取哪些变化和调整措施？

7. 你是否能清晰地表达目的、角色和截止日期？

8. 对于出色完成任务的员工，你如何嘉奖？

9. 作为领导者，请详细描述你如何实现自己的存在感？

10. 你的办公室工作两年前是什么样子？五年前呢？

【结束语】

鼓励领导者成为“无边界”思维者，不断发现机会，灵活改变，来学习激励每个个体，不管他是在马拉西亚还是在缅因州。在用最后一个案例结束本章时，请大家认真思考这个研究项目的结论。

一个总部在圣迭戈的远程办公研究网络公司（Telework Research Network）的研究者凯特·李斯特（Kate Lister）在一家企业杂志上提出了一个大胆的猜想（“虚拟办公室的案例和计划”，2010 年 4 月），并预测了如果人人在家工作将会对美国经济产生怎样的影响。以下数据是基于一年的估计总量，表明人们是时候通过邮寄关键内容来加入“无办公室”一族了。

- 全美国商业领域会节约七万亿美元的开支；
- 办公室租赁、电费、缺勤、不动产花销和员工流失等将节约 1.9 万亿美元；
- 每个人不再浪费 100 小时在公共交通上；
- 仅美国公司就将提高生产率达 2 万亿美金；
- 节约石油数量达到 2.76 万亿美金；
- 不再因交通事故造成 1500 个生命的牺牲。

下次在晚餐桌上和领导者们讨论管理团队的话题时，你可以和他们来分享这些数据。

下一章我们将学习绩效管理。

第十六章　绩效管理——通过卓越沟通实现

就在此刻，在一些公司里，领导者还在和员工商议绩效考核问题。这真是件令人头疼的事，有的领导者甚至宁肯去做牙根管治疗，也不愿来评估员工绩效；因为每当实施绩效管理时，领导者关注的是错误的议题。比如，领导者可能会过多关注如何正确填写公司的评定表，而不去用有效的沟通手段去帮助员工获得成功。

本章中领导者将学习提升公司整体绩效水平的唯一方法，就是通过功能强大的绩效沟通工具来实现。本章涉及的所有技巧将会彻底改变各级领导者管理绩效的能力。如果你的培训尚未包含此内容，请及时加入。

本章中你可以学到

◆绩效管理需要什么。领导者必须能够：

- 在适职过程管理时实施早期反馈机制；
- 认识到绩效管理是关于人的过程；
- 绩效管理有助于激励领导者和员工之间的持续沟通；
- 实际应用绩效沟通技巧来提升绩效水平。

◆现实世界的领导力绩效方案。领导者必须做到：

- 学会处理蜂拥而至的大量绩效问题；
- 防止不良绩效再次出现；
- 制定保证领导者成功的绩效战略。

【绩效沟通是循序渐进的过程】

飞机可以靠自动驾驶仪来飞行——但公司不行。领导者每天要面对形形色色的挑战，所以必须教他们学会独立思考，并使用沟通技能来清除员工绩效障碍——在事前或发生时及时清除，不能坐等不可逆转性的损害造成再来处理。这就是所谓的绩效沟通是“循序渐进的过程”。保持员工最佳绩效水平是日常的挑战。绩效沟通技巧是双向的过程，应该达到以下两个目的：

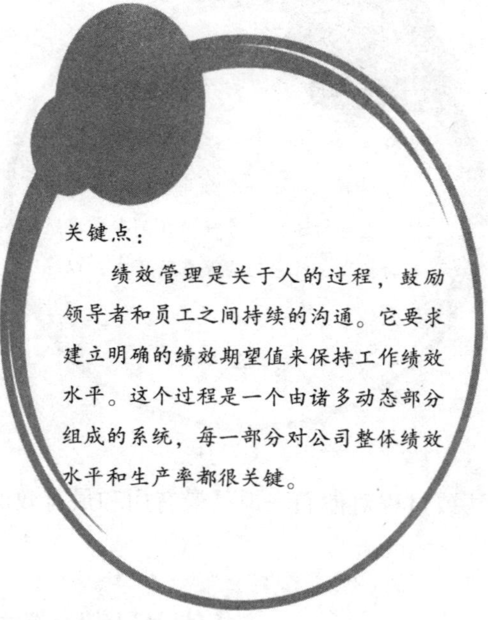

目的1：快速判断并清除影响员工绩效的障碍；

目的2：快速提供员工和领导者双方清除阻止员工进步和成功障碍所需的一切。

绩效沟通注意事项	
应该关注	不该关注
• 未来和积极的结果	• 过去
• 绩效问题	• 性格冲突
• 制定目标和计划	• 评估
• 寻求解决方案	• 指责与批评
• 对话	• 单向表达

领导者培养卓越沟通的方法和过程包括：

• MBWA（Management By Walking Around）：巡视管理，观察各

项进展情况（观察力是最有战略意义的工具，而且是免费的，所以可以多使用）；

- 周会：员工在会上汇报项目状态

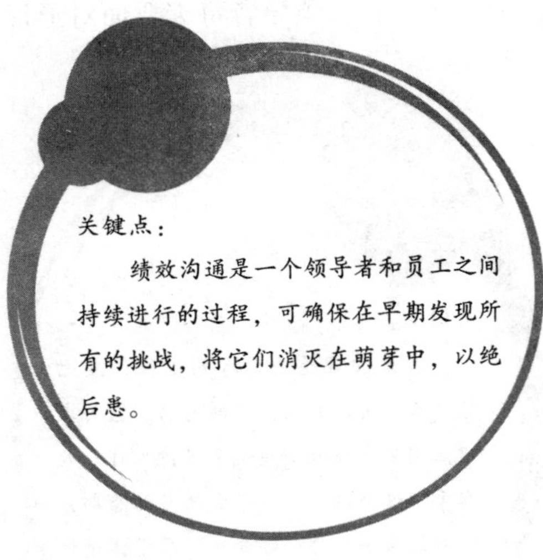

- 月会：与每位员工评估整体方向，总结迄今为止完成的部分
- 提供大量有帮助的纠正式反馈
- 当员工绩效问题产生，与员工一对一沟通
- 定期接收到的员工工作汇报

与领导者总结以上的沟通方式和过程后，请他们分享哪些特定方法或过程对他们来说是最有用和最有效的。

【建立早期反馈机制的重要性】

领导者在就任新岗位或新公司的第一个月内，通常不会得到有实质意义的反馈。这给领导者和公司双方都留下了隐患。有效沟通包括在管理绩效时尽早的反馈机制。布伦达·汉佩尔（Brenda Hampel）和埃里卡·拉蒙特（Brika Lamont）（参见第十四章她们的适职过程培训部分）拥有超过 25 年的顾问、教练、激励和开发人力资源领导力团队的经验，并通过她们的公司连点咨询（Connect the Dots Consulting）为很多顶级公司创建了适职过程培训战略，培养了教练式领导者。我们虔诚地跟她们请教早期反馈机制与最常用的 360 度领导力反馈机制的区别，以及怎样实施早期反馈机制。她们提供了一些案例研究，说明其他公司如何使用这个工具。以下就是她们的策略和反馈的总结。

你也许会问这样的一个问题：“公司为什么要重视给领导者早期反馈呢？”很多人都会觉得，“等着瞧”此人在第一年能做什么就可以啊。在有些案例中可能确实如此，但你也可能听说过新领导者可怕的统计数据和失败率。

据创新领导力研究中心报告，1998 年 40%~50% 的新领导者，在新岗位上的前 18 个月是以失败告终的。根据卓越领导力联盟（Alexcel Group）和英才网（Monster. com）的研究，这个数字一直徘徊在 40% 以上。这个现象的代价和影响则是公司丧失了新的领导层。《顶级评级法》的作者布拉德·斯玛特（Brad Smart）主导的一项研究表明，为失败的领导者支付的薪水要花掉每个企业基本薪水的 24 倍。保守估算一下，一个年薪为 12 万美金的领导者如果离开或必须被替换的话，公司的损失将是 280 万美金。

商业案例已经相当清晰地说明问题了新领导者们在冒险，而且他们失败的代价是公司每年的巨额花费。但是怎样处理这个问题呢？越来越多的公司实施了正式的领导力适职过程管理流程，帮助他们搭建早期正式的反馈机制，扫平先期障碍，顺利过渡，提升成功的概率。这样他们不仅能把自身角色和公司文化很好地整合，还能比没有获得支持的其他同类领导者更快做到这一点。他们也能够更快地让公司的付出得到回报，帮助实现更扎实稳固的投资回报率。

所以解决问题的对策是容易的，对吗？创建并实施一个支持所有新的过渡期领导者的领导力适职流程，可帮助领导者快速获得对公司的关键认知，明确自己的职能和角色，搭建重要人脉，得到及时反馈，自动融入公司，保障成功的实现。而在很多企业的领导力适职管理流程中很容易遗漏最后一步：及时反馈。

但并不是任何反馈都有重要的内容。“我们发现公司给新领导者的反馈常包含四个大类，而且是从经理、报告和同事那里得来，所以很松散，没有一个完整的系统，还很难管理。”汉佩尔说。她和拉蒙特解释说，常见的反馈有下列几种类型：

- 没有价值的
- 顺便的
- 二手的
- 滑稽的

所以常见的现象就是领导者成败全靠自己来过渡，或者被认为“她很聪明，迟早会搞定的”。既然这样，就没有消息是坏消息了。很不幸，这个办法被证实是不成功的，因为印象和观点会很快形成，未经核对很难改变。新领导者并不了解自己的误区，所以会持续犯错，也没有人指出来。这就可能导致浪费时间、错误决策和损害关系，甚至偏离轨道。

“顺便的”反馈也很普遍，常常会在走廊的对话或其他不正式的场合出现。可能是新领导者的上级几句简短的意见，也可能是同事没有上下文或进一步解释的没头没尾的话，根本没有特定的行为和动作去匹配。新领导者会被扔在那里，疑问更多，更不知道该如何去更正或下手了。

二手的或滑稽的反馈跟顺便的反馈一样不起作用，因为同样缺乏语境或案例来帮助新领导者理解为什么他所做的越出常规。像“我听到你确实在预算会上让他们做这个”这种形式的话，到底是好还是坏呢？领导者会被扔在那里独自核计，却总也得不出正确结论。这类反馈的常见结果就是新领导者更加困惑，产生各种挫败感、幻灭感和错觉，从而引发绩效问题。这些现象都对惊人的新领导者失败率难辞其咎。

作为正式领导力适职管理流程一部分的早期反馈机制则是完全不同的。它允许新领导者明确看到自己究竟是融入还是尚未融入企业文化。它是数据驱动的，由合格的教练分发给新人，每个观点都有上下文和各种讨论来支持。这类反馈最关键的不同在于它不是绩效相关的，而是针对适职管理的。

❖早期反馈模型

这个模型代表了为新领导者或过渡期领导者准备的由最佳实践验证的早期反馈流程。它显示了何时采集数据，流程相关人员有谁，以及被考核的部分是什么。它允许新领导者和公司双方得到精确快照，明确标示新领导者应该不再做什么，开始做什么，以及继续做什么才能成功完成新角色的相应任务。

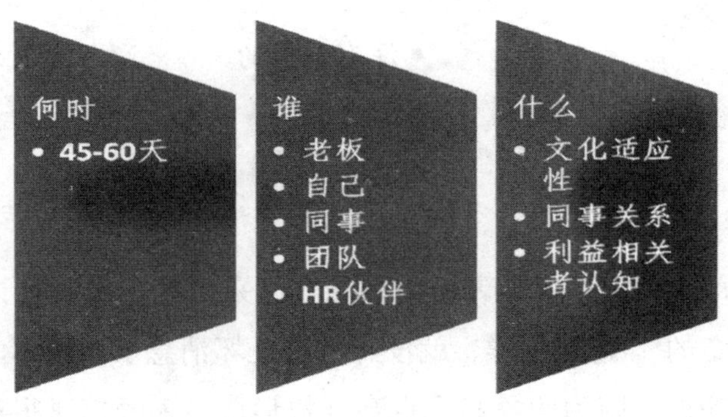

图 16.1　早期反馈模型

❖过程与整合

很多公司使用调研来考量领导力适职过程，但这属于典型的“过程相关”方式，而不能体现新领导者与公司的真实融合程度。调查问题可能包括：“你的办公室就绪了吗?”或“你收到门禁卡和停车证了吗?”或“电脑设备和文书工作准备好了吗?”诸如此类。尽管这些也是领导者过渡的重要后勤细节，但并没有指出领导者是否具有与公司一致的行为方式，以及他与公司的整合程度。连点咨询识别了七个关键指标来衡量新领导者是否真正融入企业，适应其新角色、新职能和新机构。

❖七个适职过程指标

连点咨询的七个关键适职过程指标可预测新领导者成功与否。如果新人能接收到来自这些领域的关键利益相关者积极的、有建设意义的、定量和定性的反馈，几乎就相当接近成功了。

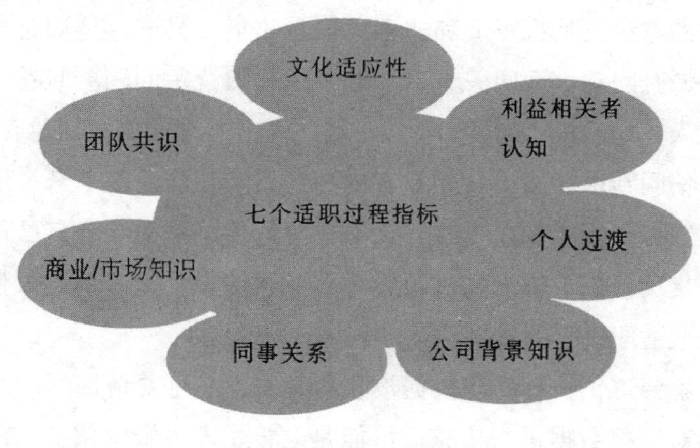

图 16.2　七个适职过程指标

1. 文化适应性：领导者对企业文化的理解程度是怎么样的？他的风格如何融入企业？

2. 利益相关者的认知：利益相关者（上级，同事，直接下属，顾客）觉察到新领导者所做的一切后觉得应该怎样去帮助加速或整合？

3. 个人过渡：新领导者的异地安置是否顺利？有什么家庭或个人问题可

能干扰他履新职？

4. 公司背景知识：新领导者是否更专注于了解公司背景知识而不是急着证明自己？

5. 同事关系：同事是最难争取过来的利益相关者，但可以提供公司的深层文化和公司政治内幕。

6. 商业/市场知识：领导者常常从别的行业进入现在的公司（比如从手工业到医疗保健行业），来发挥他们曾经的成功经验。所以将“101 条商业法则”的知识和过程应用到现在的行业是很重要的。

7. 团队共识：对于新领导者来说，团队共识就是评估新的团队并且让他们与共同的目标相一致。来自团队成员的早期警告信号可有助于领导者及早回到正轨，以免为时太晚而来不及补救。

❖收集和传递早期反馈

“通过正式和非正式两种渠道传递反馈都很重要。”拉蒙特说，“我们所见到的最有效的方法就是将正适和非正式信息收集工具嵌入适职过程。正式的工具通常是调查问卷，询问关于以上七个指标的特定问题。问卷会分发给关键利益相关人，如老板、同事、直接下属、人力资源伙伴和其他有关参与者。一个自我评估问卷也能测出新领导者内在的真实想法。接下来，通过对话和观察来收集数据也很重要。老板、人力资源伙伴、新领导者自己都可以从不同的来源征集反馈，了解人们对领导者需要开始做什么、不再做什么和继续做什么来完成适职进程的看法。”

拉蒙特解释道，一旦反馈数据被收集起来，一定要请进程中有经验的合格的参与者对这些数据进行审核。可能是老板、人力资源伙伴，或者是一个外聘的教练。根据反馈数据向外推展各种主题，从而帮助领导者利用优势，消弭缝隙，做出调整。规定时间范围对分发反馈表也很关键。发放问卷和回收问卷之间最好不要隔太长时间。如果回收被拖延超过期限，反馈就会失去它的关联性而被新领导者弃用。

以下是实施早期反馈的关键步骤：

1. 将考量的指标与目标相匹配；

2. 收集定性与定量的数据；

3. 要涵盖所有的参与者；

4. 要向个人和公司都提交结果。

汉佩尔和拉蒙特开发了一套多人打分的调查工具“Are You Connected?”，带有27个问题，考量七个指标，为个人和组织提供定时和定量的数据报告。这个过程是360度调查的一种多人评分工具。它被证明是无价的资源和信息，帮助新领导者了解他的行为是如何被评价，并做出相应调整。调查问卷发放给重要的利益相关人，包括新领导者、他的上级、同事、直接下属和人力资源伙伴。每个问题需要一个数字得分，并允许评论。调查结果被编辑成易读的报告，附有支持资源和行动计划指导。一个合格的促进者会指导新领导者一起讨论和评价这些数据，有时会邀请上级一起参与。

当早期反馈被收集并被正确分发出去，整个公司都会受益。

新领导者会获得：

- 针对七个适职过程指标的及时反馈和寻找漏洞的行动计划
- 脱离轨道前的调整机会

人事部经理和人力资源合作伙伴会获得：

- 新领导者怎样做的全景快照
- 特定的使对话更容易的定量定性的数据

机构可以获得：

- 显示任何常见的适职过程中的挑战和主题的数据
- 反映选拔和适职过程时的需求数据

❖人力资源在早期反馈过程中的角色

人力资源是最有用的部分！HR为以下几方面带来了巨大的增值：对新领导者，对负责招聘的经理，尤其是对公司。

- 人力资源伙伴对实际的反馈最有贡献。他能为新领导者提供公司内与新领导者不在一个工作小组的其他人的观点。
- 人力资源伙伴扮演了内部顾问和专家的角色，为新领导者在以下几方面提供帮助：

○识别机会，寻找问题；

○教练新领导者及时做出调整；

○加速新领导者对公司的回报。

人力资源伙伴和新领导者从一开始就建立了稳固的基于信任的关系，并随着一起工作的继续能够更好地维持。

❖对公司的益处

真正成功的标志是对新领导者、他的团队、部门和整个组织的全面影响。汉佩尔和拉蒙特从使用这个反馈模型的客户的结果那里发现了五个不变的主题。

公司希望新领导者具备以下素质：

- 更快的速度来提升绩效
- 对公司更多的参与和保留
- 与企业文化及目标的一致性
- 与关键利益相关者更稳固、更好的关系
- 更高的提升绩效和适职过程目的比率

以下的两个案例就是使用了早期反馈进程的客户，他们成功地“挽留”了好几位新领导者。

❖案例研究 1：跨文化领导力团队的困难

一家在美国拥有很大份额的国外奢侈品牌汽车制造商，领导层由来自全世界所在国工厂和美国的领导者构成。加入这个跨文化的领导力团队的领导者遭遇了共同的挑战。美国人力资源领导力团队一直在努力留任受聘在某个特定的引人注目的岗位上的人选。因为此岗位上人才流失所造成的软硬件的损失显然是惨痛的。该公司的企业文化非常强势，在不提供任何支持和反馈的前提下希望新领导者能够“旗开得胜”，快速生产。但人力资源团队深知，如果不改变对新领导者的支持策略，这种人才流失现象还是会继续的。

针对此问题，连点咨询开始给他们实施汉佩尔和拉蒙特的适职过程教练和早期反馈模型。为了适应公司文化，她们先教练了组织发展伙伴（OD partner），由他来对新的首席运营官（COO）进行教练指导。另外，《Are You

Connected?》的早期反馈调查也被用来给首席运营官提供利益相关者对他上任前 90 天的评判数据。

领导者适职过程教练模型和早期反馈调查给新领导者和组织发展伙伴在合适的时候提供了工具和资源。连点咨询给组织发展伙伴提出了关于如何使用资源、怎样分发信息和工具、何时以及如何让人资源经理介入的建议。《Are You Connected?》调查则为首席运营官提供了利益合伙人对他成功的有价值的深度见解反馈。由连点咨询来教练组织发展伙伴如何传达反馈以及如何教练。

❖案例研究 2：如何既保持友好又提供反馈

另一家汉佩尔和拉蒙特的大的零售商客户因为没有给新领导者提供任何反馈也遭遇了类似问题。他们的企业文化是“保持友好”，所以当他们被要求给出任何建设性反馈时都感觉很不舒服。但是人力资源领导者了解，新领导者为了在复杂的文化环境中实现成功，很需要反馈。另外，人力资源团队不具备专业知识来判断哪些是需要考量的恰当言行。

连点咨询为公司的新领导者实施了《Are You Connected?》早期反馈调查，作为领导力适职过程的补充。他们使用适职过程的七个指标并且定制调查工具来匹配公司文化和沟通风格。对人力资源伙伴的培训旨在保证他们使用工具和传达反馈。新领导者现在非常清晰他们究竟在哪里击中或错过了目标。公司的一位副总裁说，“早期反馈调查确实挽救了一些新高管。”

❖早期反馈的最后结语

基于持续的新领导者或过渡期领导者居高不下的失败率，公平地说，绝大部分公司的新领导者并没有接受早期反馈并采取行动。公司因为没有提供结构化的正式的收集和传递关键反馈的流程而错失目标。尽管你的公司缺乏一个成熟的领导力适职过程管理流程，领导者依然可以极大地受益于早期反馈进程的参与。如果你还没有让领导者参与任何适职过程的活动，反馈进程也可以独立运作，并获得回报和影响。反馈是强有力的过程，可以阻止失败，加速成功。

【领导者的一天：绩效管理场景】

本章这一节提供了实实在在的绩效管理的真实场景。这些场景呈现了发生在大多数工作环境中六个最常见但最具挑战性的状况。精选的绩效话题包括：

- 处理员工对老板的怨恨
- 管理冲突和对变化的抵触
- 影响生产率的个人问题
- 提高自我满足的标杆
- 处理流言蜚语
- 处理自我防御的态度

作为本项目的开发者，当你在领导力培训开发中使用这些场景时，你就会快速武装领导者们来更好地处理他们的日常挑战。他们能学会应对随时出现的各种绩效问题，防止同样的状况反复发生，并建立成功的战略战术。这些场景对于领导力培训者来说同样也是强有力的工具，因为对每个问题的特定解决方案可以很容易地快速总结归纳成标准格式去推广。

❖怎样使用绩效场景

把学员分组，给每组一个绩效场景和沟通挑战。让他们在组内进行头脑风暴来讨论这六个场景中自己的解决方案和建议的工具。然后一起讨论每组所提交的答案，分享对每种场景的“给领导者的建议”。这些答案可作为反馈工具来帮助他们衡量自己给出的答案的优势。这些建议还包括额外的快速提示、使用工具和领导力技能等作为领导力工具包的补充。

绩效场景#1：

处理员工对老板的怨恨

苏珊是最近提升的客服经理。她知道有个同事也非常想得到这个职位。苏珊过去很愿意和那个人一起工作，因为她很随和，也容易合作——但是当苏珊被提拔，一切发生了变化。从那时起，她就不断给苏珊想完成的事情制造障碍。她越来越不好合作了，有时还很敌对。苏珊的提升已有两个月，而那个同事开始不断地说她的坏话。在员工会议上，她的身体语言传达着防御和冷淡的情绪。苏珊问她怎么了，她转着眼珠说“没事”或者“我不知道你在说什么。”

沟通挑战：领导者如何教练一个她以前的同事，而现在是一个非常明显地憎恨和不接纳她的管理的手下？

给领导者的建议：

- 试着理解那个同事的憎恨情绪不是针对领导者，而是针对自己。他可能觉得自己没有得到公平的对待，因为你在这个位置上，所以你就成了最方便的靶子；
- 试着找出这个人不被尊重或他的贡献不被接纳的原因；
- 不必为获得提升而道歉。这正是作为领导者和教练显示自尊的好机会；
- 要保持谦逊。一剂谦逊的药可以起很长时间的疗效。要悟到和理解内在自我驱动的行为；
- 采取直接但是关爱的策略。与他诚恳地谈谈他的憎恨情绪。把问题放到台面上处理，使你可以真正地建设性地教练他。
- 最后，询问他的计划是什么，并推动他进步。

绩效场景#2：

管理冲突和对变化的抵触

珍妮是一线主管。她有很棒的团队，但是其中一个高级雇员总是抵制她的提议和想法。似乎不管珍妮怎么努力，此人总是暗中破坏或在别人面前制造事端扰乱进程。珍妮不确定他是抵制她个人，还是对公司发生的变化产生对抗。让她特别为难的是，此人的工作绩效非常棒。

沟通挑战：领导者如何处理高绩效的员工持续抵制变化，挑衅权威？

给领导者的建议：

- 你是领导者。你努力创建了诚实反馈的工作环境，所以要用好它。不要回避问题，把问题摊在桌面上来谈；

• 但存在对变化的抵制和权威的挑战时，不用诚实和开放的沟通没法解决，它就是隐患，会隔三岔五地浮现出来。直接处理可以避免可能的阴谋和将来更棘手的问题；

• 作为团队的领导者，提醒自己，那些对权威和变化的挑战通常是某些人负面能量的信号，需要表达，但跟你个人没有关系；

• 采取真诚的策略。邀请抵御者发表他的看法。把这些观点看作有价值的信息，你可以转换成团队的正能量；

• 绝不争吵或试图兜售自己的观点。平静地解释。总结对方观点以确保自己理解正确；

• 寻求支持，或至少要求员工不去阻挠你在工作上的努力以达到最大能力的发挥；

• 要简洁。沟通清晰，节省时间说明自己的想法和意图。给出问题的答案。如果你不知道，请找出来。

绩效场景#3：

影响生产率的个人问题

斯蒂夫是一个新的团队领导。他从不知道他应该介入团队成员的个人问题到什么程度。尽管他觉得去疏导他们很不舒服，但作为领导者对于嗅到的影响绩效的员工个人家庭问题他不得不采取行动。眼下，斯蒂夫团队的一位员工在家里花大量的时间来处理家庭问题，给他自己造成了很大的压力。员工对此深感不安，严重影响了他的工作绩效和产出。

沟通挑战：领导者如何有效疏导受家庭压力影响的员工？

给领导者的建议：

• 提问有意义的问题。询问发生这些问题的原因。你可以从观察到绩效的变化开始对话，并提出现象，询问根源。

• 花点时间了解过去的绩效情况。有没有什么不寻常的工作绩效上的变化？

• 仔细倾听。要显示耐心。

• 承诺教练该员工，并制定计划来产生积极变化。

更多的帮助：

● 疏导员工揭开阻挠个人绩效的真实情况前要做好准备，了解公司的员工辅导程序和其他可用的资源；

● 要了解你的对象：期望值是什么？需要完成什么工作？确保不卷入员工个人生活中。当然这并不意味着你不应该同情和理解并花时间倾听；

● 在某一时刻，你不得不重复提及绩效问题会导致的负面结果。要开诚布公；

● 保护员工隐私。在没有得到他个人允许的情况下绝不谈论他的个人生活。你作为领导者的可信度随处体现；

● 设定时间再与员工碰面，一起复审计划是否需要调整。与员工共担责任。当你有其他绩效目标时要提供支持和监督进程。

绩效场景#4：

提高自我满足的标杆

詹姆士是一位高级区域经理，酷爱自己的工作。他的团队非常出色，离职率相对较低。但詹姆士似乎无法激发员工的热情，他们看起来缺乏活力。当他征询新点子时，他们只是耸耸肩。没有一个人取得杰出的销售业绩，只是始终如一地工作。詹姆士很沮丧，因为没有谁需要纪律来约束，但也没有谁干得足够好，因杰出绩效而受到奖赏。似乎大家都已开始自鸣得意而不自知。

沟通挑战：领导者如何激发松散的员工呈现更高水平绩效？领导者如何提高标杆挑战他们的冲刺热情？

给领导者的建议：

处于这种状况的员工可能会说："有我什么事儿？"作为领导者，你首先得自己回答这个问题，再来分析员工对变化的抵制和对个人和职业成长欲望的缺乏。因为事情还在正常运转，你应该问自己："如果我希望他们做更多更好，这跟他们有什么关系？"预想到可能的障碍和困难局面很重要。

领导员工提升绩效的小窍门：

● 提升标杆。当领导者提高对整个团队成就的预期时，人们可以对新目标负责；

- 提供一个正向的理由（或者奖励机制）来推动大家；
- 提醒大家摆脱原来的自鸣得意和故步自封的状态，尽管这是不受欢迎的警示；
- 作为领导者，你也应该这样问："我自己能满足那些新标准吗?"
- 事先要判断一下，是否某些员工已经达到理想状态。领导者要学着利用这些办公场所中的高能效案例，并把他们转换成令人钦佩的内部标杆。
- 清晰地告诉大家，为每个人设定的最终的新标准具体是什么。描述这对每个人的好处。

更多的帮助：

- 一定要表达清楚对每个人的期望值。你的期望值表达得越清晰，他们被真诚激发达到目标的机会就越大；
- 从头至尾再思考几遍。你将怎样考量和奖励成功?
- 让团队设定自己的标准。帮助判断提升考核标准后是什么样的，并要求每个人都选择参与。要囊括每个人在内；
- 沿途设定小的成功目标，并与团队庆祝每一个小的进步；
- 识别团队的个人需求。当员工相信自己的需求会被满足、他们会获得所需时更容易被激发；
- 教练自尊和自信。提供有帮助的反馈和自然的赞扬。常花时间说"干得太好了!"会大有帮助。

绩效场景#5：

处理流言蜚语

肖娜是一个主管和教练，她似乎无法处理团队的流言蜚语。她是个好教练，一直自认为是和员工保持着有效信息沟通的领导者，但现在她开始怀疑了。甚至常常出现员工在她之前得到传闻的状况。

沟通挑战：流言现象有多严重?如果确有此事，领导者应该怎么对待?领导者应该关注真实的流言而忽略被证实是虚假的传言吗?

给领导者的建议：

• 实际上在任何公司里，人们都想知道究竟发生了什么。如果没有及时充分地得到他们想要的信息，他们就会另辟蹊径（常常是流言）。

• 作为公司的领导者，你很容易被从公司的留言簿上删除。一些员工不再信赖一个被提升的同事。

• 领导者必须学会使用留言簿的有益方式。请看下列建议：

○迈出第一步。在他们来找你传话前，带着信息去员工中间；

○在团队中养成好的习惯，要询问传递流言的员工，验证消息从哪里得来，之后再考虑是否将这个消息向外散播；

○认真对待你听到的内容，但在了解真相前不要做出反应。想想自己该如何应对。

绩效场景#6：

处理自卫防御的态度

曼纽尔是一个中层管理者。迄今为止他最大的挑战就是和管理团队的其他成员沟通，他们总是对他的新职位表现出不恰当的反应。无论他询问谁，或是提供建设性反馈时，总是面对一个又一个的借口。他正在失去耐心，开始对和同事相处感到困扰。

沟通挑战：领导者如何对待同级管理人的防御式行为？领导者如何加强与管理团队的人际沟通技能？

给领导者的建议：

• 努力去理解防御式行为的根源。绝大多数人保护自己，是由于他们担心自己被人看来是无能的、没有价值的人。这种防御的本能也可能来自于对自身状态或能力的基本的不安全感；

• 在管理层中寻找共同的基础；

• 使这些同级的同事们确信你很在意他们，你并不是敌对者，而是想成长和向他们学习。

领导者建立密切关系的工具：

• 使用身体语言来传递你是个让人相处很舒服的人，既不具有攻击性，也不会威胁任何人。通过研究你希望建立亲密关系的对象的沟通风格来实现这一点；

- 不要变得很防范。保持冷静和自控；
- 多用“我”来陈述，比如“对我而言”或“向你请教这个问题，因为我不知道怎么办好了”；
- 只要听到关于你的防御性评论，就要用你的最佳能力来总结和说明。提问题，不要判断，不要争论。鼓励担当，寻求尊重。

成功绩效沟通的目的：

- 快速识别和清除影响员工绩效的障碍；
- 快速为双方提供清除员工通往绩效之路的拦路虎所需要的资源。

绩效管理

1. 你怎样向领导者说明有的放矢的和需要当机立断采取行动的早期反馈是重要的？

2. 贵公司对于新上任的领导者提供什么样的反馈？

3. 什么是绩效管理？

4. 什么是绩效沟通？为什么它是个持续的过程？

5. 在绩效沟通过程中，领导者应该关注什么，不应该关注什么？

6. 描述领导者培养沟通进程的一些方法。

【结束语】

提醒领导者，绩效管理就像绩效沟通，是一个持续的过程。越练习使用本章的工具和技巧，他们就会变得越来越精通和擅长。当领导者通过卓越沟通技能学习掌握了绩效管理的纷繁复杂，他们就会变成公司中有影响力的领导者。（关于教练和传递反馈的更多信息，请参看附件 B）

第十七章　知识管理，比竞争对手学得快

俗话说，“知识就是力量”（knowledge is power）。事实并非如此。知识究竟有多大力量取决于它的使用方式。领导者可以接受培训，可以学习和获得大量的信息，可以成为炙手可热的“Y 代人”（Gen Y），他们知道有关“移动科技族”的一切，但如果他们学而不用，或不马上把所学的知识传递给他人，那么学习这些有什么用呢？我们已经为本章提出了一个新口号，请与领导者们分享这个谚语的改进版：“终身学习和运用知识就是正能量！”

在此，领导者将了解到作为一个领导力工具和创造世界级学习环境的有效方法，知识管理是多么重要。如果你的培训中不包含知识管理，请借此机会将它补充进领导力训练计划，强化这至关重要的一项。

本章中你可以学到

◆日常管理知识。领导者必须：

- 成为员工教育的创新者
- 承认组织知识的有效期
- 关注终身学习而非终身雇佣

◆比竞争对手学得更快。领导者必须做到：

- 创造一个“未来学习（future learning）”环境
- 利用现有的培训部门取得竞争优势
- 把员工发展和组织最重要的目标及必需的胜任力结合起来

【ASTD——更好、更强大的知识管理工具】

ASTD（American Society for Training & Development，美国培训与发展协会）认识到知识管理是领导力培训的关键。因此他们开发了多种工具和计划来帮助领导者磨炼知识管理技能，包括一个旨在强化员工绩效和鼓励创新的认证体系。（请移步 astd. org，那里有取之不尽的想法、工具、作业工具、图书和其他资源来帮助你在大脑中构建这个概念）

ASTD 也认识到知识管理不仅仅包括存储和传播数据，它还与职场绩效息息相关。知识管理包括为员工提供机会接触到行业专家、促进领导者之间的信息交换、通过社交媒体建立圈子和通过互联网和移动互联网分享想法，等等。成功的企业将知识管理融入企业文化，方法包括论坛、强健的记录保存、公司博客、如何促进信息分享的培训甚至是企业文化书籍。

以下这段话摘自 ASTD 的官方博客：“本质上，员工的知识是企业所拥有的最有价值的资产之一，这些知识随时可能离开。但是，知识管理不只是一种留住这些资产的方式，它还可以使知识持续不断地在整个组织中传播。它让员工可以快速找到他们需要了解的，找到准确的、随时更新的信息。如果方法得当，它还可以确保员工得到对的信息。”

【创造世界级的学习环境】

作为一个绩效和学习专家，你购买了本书，这是个好机会。你可能是个学习官、学习经理、辅导者、HR 专家、管人的、VP、教学设计师、课程研发人员或员工发展教练——任何被赋予了为领导者创造学习环境之责任的人。如果的确如此，请准备好清醒地面对这个新世界——你不仅要发展他们的领导者，而且在某种程序上也要发展他们的：

- 知识管理
- 训练他们去竞争
- 认识知识的有效期
- 关注终身学习而非终身雇佣

- 比竞争对手学得更快，从而保持竞争优势

查克·林奇（Chuck Lynch），曾经担任大陆航空公司（Continental Airlines）的领导力导师，后来成为智略咨询公司（Achieve Global）的学习顾问，在被问及一个世界级的学习环境由哪些部分构成时，他这样回答："这实质上是致力于创造一个学习型组织，把培训当作组织从上到下的信仰——也就是说，从一线员工到总裁和CEO，每一个人都期待着开发自己的全部潜能，不论他们在组织中是什么层级。当这个信条得以实践，就会传递出去一种不可思议的强大信息，不仅仅是传递到组织这个整体，而且会影响到全球范围内的潜在雇员和潜在顾客。"

【知识管理】

本书提供了多种多样的方法来发展和训练领导者，但是如何管理在此学到的知识将制造出最大的不同。拥有这本书或本书中的知识，其实一点儿都不重要。而知识管理将帮助你将本书中的知识应用于领导力开发中。

对于一位学习专家来说，管理知识的能力对他所培养的领导者的成功是至关重要的。在员工教育方面，你是创新者。但是请稍等，你了解组织学习就是经历一场全球市场的地震吗？它确实如此，而且还将持续一段时间。知识管理是给领导者提供其成功所需的技能、知识和胜任力的第一步。

在领导力开发中，什么才是管理全部前沿课程和最新工具程序的最好方法？请记住：你就是识别领导力学习需求的最佳人选。你要带着清晰的、专注的观点，选择本书中最合适的相对应的章节。在管理你要与领导者分享的知识时，你要做的第一步是：采纳、修正、扩展和有效地使用这些材料，来满足组织的学习目标和策略。为了产生最大的影响，这里对这一过程进行了提炼，步骤如下：

第一步：在对领导者实施领导力开发前，评估他们的技能水平和胜任力。领导者是新手、专家还是处于中等水平？如果你把新手和专家组合在一起，期待着同样的学习结果，那必然会打击到经验不够的学习者的自信心。

第二步，评估领导者的实践经验。曾经学习过某项技能并不意味着可以在现实中很好地应用它们。评估可以恰当地认识到在将要开发的技能领域中，

领导者有些什么样的工作经验。

第三步，点燃“已经在那儿并且做了那件事”者的热情，持续激励他们。经验丰富的领导者多年来一直在调整自己的工作技能，他们需要的是重新唤起工作的激情。鼓励他们与他人分享自己的故事，赋予他们教练的职责。他们正在寻求进一步的挑战。通过让他们保持警醒来管理他们的知识。

足不出户便可扩展领导者的知识，促进其成长

数据表明，参与到各种国际交换生计划中的领导者们能够用更新的、不带偏见的视角来看待全球化的工作场所和全球化经济。他们获得了在大学课堂上学不到的沟通技巧。概括来说，他们变得更有效率、更宽容、更有知识。

因此，现今的许多组织更鼓励领导者向国际交换生打开自己的家门。英孚教育寄宿计划（EHP，Education First Educational Homestay Programs）的西海岸运营经理奥特姆·莫斯托沃奇（Autumn Mostovoj）证实，越来越多的组织领导者自愿向国际学生提供寄宿服务，他们发现，他们自己常常从这种多文件经历中学到东西，并且获益最多。

帮助领导者站在新的视角看世界

“在加利福尼亚，我和很多知名公司的领导者一起工作过。当他们自愿向某个国际交换生提供寄宿服务后，会忽然发现，他们可以以一个全新的视角来看待这个世界。我们应当面对这个现实：今天，所有的领导者都是‘国际大使’，我们本国的商业已然萎缩，大家都生活在一个全球化的社会中。我个人认为，一年之中，向国际学生提供为期两到四周的寄宿服务，是了解其他文化和行为、磨砺领导力的最佳途径。”莫斯托沃奇说，“人们对于自己能够向这些住进自己家的不可思议的年轻人学到如此之多感到十分惊讶。”

“职场人士选择通过英孚教育寄宿计划为学生提供寄宿时，他们也即突然打开了职业和生活上的全球意识之门。很多提供了家庭寄宿的领导者跟我们分享说，他们向学生们学到了非常多的东西，包括文化和政治，他们变得更好，与人沟通也更宽容了。他们打破了语言障碍，就像他们在工作中的那样。我认为，类似的计划无疑为公司塑造出更好的领导者，因为他们现在开始以新的视角来看世界了。”

英孚教育寄宿计划为员工提供了领导力训练营和在职培训。“我们着眼于员工的能力培养，我们致力于为每一个参与者提供最好的经历。”莫斯托沃奇说，“在某种程度上，我们同时管理并增进了寄宿家庭和学生双方的知识。为了树立榜样，我们运用工具和技巧构建起我们公司内部的领导力案例。无论在工作中还是在家庭中，好的沟通都是成功的关系之基础，这是底线。我们认识到，非语言的沟通技巧非常有用，特别是当我们在一个多文化社会中生活和工作时。参与了我们的家庭寄宿计划的领导者学到了丰富的人际沟通技巧，更好的身体语言、如何控制语气和手势、如何进行眼神交流、姿势等。对领导者来说，所有这些课程都是至关重要的‘技能生成器’。可以说，我们的计划是产生未来领导者的独一无二的途径，无论是国内还是全球。”莫斯托沃奇骄傲地说。

【领导者胜任力培训的重要性】

按照胜任力培训专家和咨询师琼·丝密斯（Joan Smith）的说法，对培训专家来说，在培训开始前，建立“焦点小组”是十分必要的。丝密斯建议，焦点小组应由来自组织内部不同部门的代表组成，比如说销售和营销代表、区域经理和高级副总裁。焦点小组承担着为每一个领域定义胜任力模型的责任。“焦点小组”建起来后，培训部门就转向开发丝密斯所说的“在绩效驱动的组织中学习的胜任力，基于力量的课程。”丝密斯同时还是位于加拿大安大略的里德出版物（Reid Publications）的副总裁，她建议通过以下做法来开发基于胜任力的课程：“有三个必要的做法。首先，课程的内容必须是独特的。其次，课程中要提供实践机会。第三，必须有一个连接学习和绩效的功能框架。”

实践是最好的学习。领导者为组织效力的机会越多，他就越能够开发出成功所必需的技能和胜任力。

迪士尼的绩效学习环（Performance learning cycle）

在迪士尼大学，他们管这个叫作绩效学习环。按照迪士尼人的说法，大多数公司不幸采用了“扫射和祈祷（Spray and pray）的方式进行领导者培训。也就是说，他们把培训课程扫射到人们身上，然后祈祷大家能够吸收。与这种无效的方法不同，迪士尼的培训者会问自己：“我们给员工提供的培训正确吗？”这意味着要为员工同时提供这样一种在职学习技巧，以便他们有机会实践所学。当学习者接受的是工作所需的胜任力培训时，这个问题变得没有意义。迪士尼的绩效学习环从培训开始，到直接产生所需胜任力的关键经验，到结果，最终是重燃激情和赞扬。

【认识到知识的有效期很短】

在过去的十年间，组织学习的联合体包括培训部门、公司大学、会议培训中心和其他教育机构，已经经历了知识和信息有效期的快速缩短。在很多产业，知识的有效期不过是几个月，在高科技产业甚至更短。了解所在组织知识的有效期对领导者很重要。培训计划被贴上了有效期标签，知识管理需要的不仅仅是拥有当下的知识，还要领先几步。

组织不能再依靠过去的学习体系来重塑工作场所。各地的组织都在发现，是时候训练自己的领导者了。你也是！人力资源开发对组织的成功而言，从未如此重要。成群结队的公司以惊人的速度进入了教育领域。公司大学的惊人发展即是其中一例。在过去的十年，我们看到公司大学的数字从 500 家左右增长到了远远不止 1000 家，支持着组织的生存和竞争活力。

“公司大学（corporate university）”和“培训机构（training facility）”这两个词汇很容易混淆。在今天的学习环境下，很多公司大学压根就没有物理地点。它们是虚拟的，它们致力于为员工提供各种各样的技能开发胜任力训练，这些或者是员工的工作所需，或者可以让他们获得未来职场上的竞争力。

一旦组织认识到知识和信息的有效期很短，由组织驱动的培训系统就产生了。他们启动了远程学习，E - learning，和国际大学合作进行用于学习的电脑应用商店和基于计算机的培训。

每年，用于各种公司教育培训的费用大约是一亿美金。其中很大一部分浪费在了旅途和过时的发布手段上。很明显，学习技术和未来的领导者培训正在走出传统教室的围墙——例如在线学习或者 E - learning（参见 www. MindLeaders. com）。

因此，作为领导者培训人员，现在是个很好的机会，你要借机考虑一下如何使用本书中介绍的知识和信息，用不那么传统的、更尖端的方式。

成功的领导力培训计划不古老也并非刚刚诞生，它们来自于大量的计划和创新。下面的问题可以帮助你走出传统培训的“盒子”，考虑更多的学习选择。

- 通过将本书中的信息应用于一个远程学习系统，我能够为领导者提供更多人次更多频率的培训吗？
- 如果能够开发和使用基于计算机的学习系统，我能够在不增加设备开支的情况下培训更多学生吗？
- 一个更自主的领导力培训计划可以带给学习者更多选择、让他们可以按照自己的进度和喜欢的交互方式进行学习吗？
- 替代的教学方法比如远程学习，是否能够更及时地在全公司范围传递更一致的信息？
- 我能否为领导者提供更大量的可访问的学习资源？同样，我能否为领导者和组织提供远程学科专家，以便领导者和组织可以与其交流？
- 有无可节省培训开支的替代培训方案？

管理知识型领导者

知识工作（knowledge work）有时指的是“新思想的源泉（the source of new ideas）”。要从知识型领导者那里接收更多思想，必须创造一个能够更快地接受新思想、为新思想提供更多保护的环境。

下面这些办法可以在组织成功和知识型领导者的绩效之间建立起有力的、可信赖的纽带，从而有助于组织形成竞争优势。

使用技术：想方设法地帮助领导者接触和使用最新技术。

管理知识：为公司制定知识管理策略。建立知识数据库，增加每一层级的每一个人的学习机会，鼓励员工分享知识。建立一个专供协作的区域，给员工提供“分享时间”，以便他们能够把知识分享给每个人。可能时，鼓励行业领导者进行标杆管理。

成为“教练”而非“老板”。不要老板！只要教练！了解领导者正在做的工作，必要时提供即时帮助，从而赢得他们的持续信任和尊敬。随时表扬他们。和领导者建立教练关系，给领导者自由，在工作需要时为他们提供帮助。

纵观全局。人们更想知道“为什么”而非“什么”。不要只告诉知识型员工去改进产品设计，而不告知他们为何要改进，以及改进为什么能够提升公司绩效。当员工了解了“为什么”，他们便能提出更具创新、更有洞察力的解决方案。“做大事”的感觉会令他们意气风发。

续表

创造性地设定绩效指标。种瓜得瓜，在知识工作的管理中，最终结果也是最重要的，过程有时候显得不那么要紧。通过检视结果中最有价值的部分，通常给够预先指出关键的绩效因素，从而设置出自己的绩效指标，来检查改进的过程。把指标和你最关心的与大局有关的结果关联起来。

【致力于终身教育而非终身雇佣】

帮助领导者理解过去20年间发生的主要变化。这种变化就是大家原来念叨的那句“努力工作，准时上班，好好干活，你就会得到终身雇佣”变成了现在的“承担学习责任，磨砺工作技能，尽可能多地汲取知识，保证你在余生中还具备职场竞争力”。

在某种程度上，学习型组织已取代了过去的工作保障——一项组织用于在全球化经济中保持竞争力的策略。其结果就是，产生了所谓的“刻意学习者”。换句话说，学习的责任从培训部门和培训人员那里转移到了员工个人身上。

同样，组织的学习功能也从简单的培训活动转变为终身承诺的学习。

过去的培训部门	今天的学习型组织
培训是一次性事件。	学习是终身过程、终身承诺。
有物理的培训地点。	培训是即时的、虚拟提供的，在世界上任何时间、任何地点均可获得。
通过听讲座来学习。	边做边学，远程学习。
向内部的培训师或外部的大学教授学习。	向内部的高级职员或外部的在线专家联盟学习，或者是自主引导的学习。

你还可以列出哪些对比来进一步阐述组织学习的这种戏剧性转变？

【组织是否准备好去充当员工的主要导师?】

教育不再随着领导者从传统学校或大学里毕业而停止。在昨天的职场，员工的生涯被分割成两个部分——进入学校接受教育的一部分和找到工作进入职场的一部分。今天的组织则期待自己的员工终其一生都在学习和提升自己的知识和技能。结果就是，具有前瞻意识的组织成为员工的主要导师，因此在竞争日益加剧的商业社会中，它也更能满足顾客的需求。

包括迪士尼在内的很多企业承认企业应当成为教育者，于是启动了一项策略，开始收费向供应商和外部客户提供培训。迪士尼是通过迪士尼大学实现对外培训的。企业大学已成为很多组织的赢利中心。

【学习的未来】

作为一名培训专家，现在是一个想象组织未来的学习将会是什么样的好时机。这里有几条有效的建议，可供你在思考和制订下一步领导者培训和发展计划时参考。

把组织的培训和员工发展计划和组织最关键的目标和胜任力匹配起来。很多公司正在采用的一个做法是设立首席学习官（chief leaning officer）或其他类似的职位。这一职位的责任是把员工学习和发展同整个组织的策略和目标结合起来。很多时候，这一职位直接向 CEO 或总裁报告。将员工培训和组织策略相结合的学习专家站在潮流之巅。

运用回馈法（teach - back method），让组织现任领导担任教师。一旦领导层参与到学习过程中，就会传递出强烈的信号：他们非常关注员工培训。雇用高管人员担任培训师有助于培训计划的实现。已经学习过某些技能或具备某种胜任力的人是传递这些知识的最佳人选，因此，这种方法有时被称为“回馈法”。告诉领导者，你打算让他们将来担任老师。

利用企业大学和培训计划，不断在市场中获取竞争优势。使用组织的品牌名称来赢得它在市场竞争中的位置，给组织培训加上官方名称是实现途径之一。

记住：企业大学不必通过拥有具体的物理地点来强化或创造品牌。如果有可供人们参观的地理场所，那很棒。如果没有，就用虚拟大学的方法来为组织赢取卓越企业的荣誉。然后，如果组织决定进入培训市场、获取荣誉和外部利润，就为此打下坚实的基础吧。

已产生品牌影响力的企业培训

第二城市通讯（Second City Communications，第二城市剧院的分支机构）

施乐的文献大学（Document University）

西南航空（Southwest Airlines）的员工大学

丰田大学

谷歌编程学院

苹果大学

戴尔学习

麦当劳

迪士尼大学

和全球高校建立战略合作伙伴关系。越来越多的组织和高校联合给员工授予学位，包括工程师、HRD、计算机科学、商业管理方面的本科或研究生学位。还有的公司为领导者提供联合学位计划，为领导者获取未来成功所需的特定技能和胜任力大开方便之门。

将技术引入传统的培训方案之中，以获得更强的学习解决方案。结合了高科技和高度个性化的学习能够给领导者最好的体验，更不用说高度娱乐化、高度可参与性的有趣的培训项目了。科技对学习的影响日益加深，变化最大的就是企业局域网。有人预测说，不久的将来，企业局域网将承担三分之一以上的培训任务。而且，技术使企业能够以简便快速的方式来衡量、追踪和促进学习。

【全面的领导力开发和培训】

今天，员工培训和发展已纳入某些组织的全面规划之中——也就是说，学习不再被看作是一次性的培训活动，更多时候，它采用了全人途径（whole

-person approach)。由于所有的领导者都是终身学习者、他们的学习关系着组织的策略和胜任力，全面发展创造出越来越多的自信、自我激励的成功的领导者，通过设定有意义的目标，他们在组织内部实现了自我。

采用这种方法来发展组织各层级的领导者，不仅能够更有效地管理知识、保持竞争优势，而且可以为组织的人才库准备更多的未来领导者。

要创造一个世界级的学习环境，领导者必须：

- 管理知识
- 进行胜任力训练
- 认知到知识的有效期很短
- 关注终身学习而非终身雇佣
- 比竞争对手觉得更快，从而保持竞争优势

为了管理培训知识：

- 在培训领导者之前，了解他们的技能水平
- 评估领导者的真实经验
- 持续激发资深领导者，不断挑战他们

1. 为什么在培训领导者之前，了解他们的技能水平非常重要？
2. 在大多数产业，知识的有效期通常是多久？
3. 诸如远程学习这样的替代性的学习方式能为组织带来什么好处？
4. 组织学习领域发生的最有意义的转变是什么？
5. 组织与高校建立战略合作伙伴关系，对员工有什么好处？
6. 培训被纳入组织的全面规划中意味着什么？
7. 培训不再被看成一次性的活动，那它现在是什么？

【结束语】

学习型组织关心的不再是通过培训进行技能转移，而是运用多种方法来提升人力资源绩效，这些方法有远程教育、自主式学习和虚拟学习、远程职业发展，等等。这种转变最终明显帮助领导者保持了组织的竞争优势。

下一章我们将了解调动员工潜能的“3P 原则”。

第十八章 目标、激情和成就——“3P 原则”

学习当今成功公司激励员工的模式，有助于我们掌握如何向员工们种植热情和理想以优化绩效的策略。扎珀斯的 CEO 托尼·谢就用“传递幸福”给员工的方式做了很好的示范。谢的前瞻商业模式已经为很多公司所研究和借鉴了。这一章会加入一个有关扎珀斯的小的研究案例来告知你该如何定义和坚持公司的核心价值，允许员工成为他们自己，行动要做到光明磊落，鼓励在工作以外建立友谊，来培养员工间的激情和乐趣——这反过来可以培养快乐员工，从而创建高效和高利润的职场。你也会学习如何使用“3P 原则”——目的、激情和绩效——当调动员工的最大潜能，领导团队实现公司目标就不再是梦想。

本章中你可以学到

◆将“3P 原则”注入办公场所。领导者必须：

- 传达给每个员工清晰的目的和目标
- 遵从使命和愿景，点燃激情去抵达目的地
- 充满热情，坚信目的和目标定能达成
- 模仿最佳公司的杰出之处，努力实现卓越状态

◆在办公场所中维持激情。领导者必须：

- 问候和关心员工
- 为失败作总结和分析，感谢失败带来教训以避免重犯
- 了解并传播公司核心价值
- 保持适度幽默感

在当今的工作环境中，有的放矢、满怀激情的员工们显然会大幅提高团队绩效。在一切都在飞速发展的大前提下，商业也在以光速向前飞奔，鉴于此，领导们应该培养和激励员工挖掘自身最大潜力，以最大的热情去保证高效的生产率和质量。

【扎珀斯，互联网销售急先锋】

扎珀斯于1999年由尼克·斯文默（Nick Swinmurn）创立，后来邀请托尼·谢（谢家华）加入任CEO。而谢在青少年时期就呈现了企业家精神，一路走来学习到了大量的经验和教训。他加入扎珀斯后，把先前一直运营的公司交换链接（Link Exchange）以2.65亿美金卖给了微软。交换链接公司起步时只有十个员工，在谢的领导下成长壮大为100人的团队。谢卖掉它的原因是他再也没有热情去自己的公司工作了。微软给了他机会让他脱身去接受更大的挑战。谢为了离开原公司去追求新的挑战，留了大把的钱给公司，因为他并非被钱驱动的人。相反，他是被激情所驱动——去创造、激发和达成。

多一点搞怪

文化中的搞怪很值得推崇。著名的电子商务零售商扎珀斯坚信这一点：员工从帮助他人处获得“心理满足”。呼叫中心的客户服务代表被赋予极大的自由度——只要客户愿意，他们可以和客户聊天，寄送感谢信，甚至送花给顾客。他们的顶级优先选项是建立“情感”连接！

扎珀斯雇佣积极的员工并把他们安排在需要加强积极思考的岗位。CEO谢家华给员工十个核心价值列表，其中两个是：①创造欢乐，甚至可以多点儿搞怪；②拥抱并驱动变革。

现在，根据谢所说，“扎珀斯是世界上最成功、进取和前瞻的公司之一，因为它拥有最不可思议的愿景设计领导者。”

事实上，扎珀斯在过去的三年里一直是《财富》杂志“一百家最好的就业公司”之一，所提供的就业机会也呈巨幅增长。

另外，扎珀斯在前五年的运作中经历了如下的总销售纪录：

1999：几乎为零

2000：160 万美金

2001：860 万美金

2002：3200 万美金

2003：7000 万美金

2008 年，他们获得了 10 亿美金的总销售额——提前两年超额完成他们制定的目标。

❖扎珀斯首先信任公司文化的力量

在谢的《传递幸福：一条通往利润，激情和目的的路》（*Delivering Happiness: A Path to Profits, Passion and Purpose*）一书中，他举例说明了自己是怎样领导扎珀斯的。对于谢来说，运营一个成功的公司并不是为了钱，而是为了幸福。实际上，据报道他的年薪只有 3.6 万美金，即便在亚马逊收购扎珀斯后也是如此。

谢在大量的专访和主题演讲中说，他总结出商业如何获得成功：让“员工”快乐，并允许他们表达出来。他也相信，如果员工快乐，顾客就会快乐。只要建立正确的企业文化，其他一切就会顺其自然，水到渠成。在一次《商业内幕》（*The Business Insider*）对亨利·布拉吉（Henry Blodget）的访谈中，托尼回答了如何利用过去的失败引导未来的成功的问题，“在我之前的公司——交换链接里，我们雇用了有正确技能组合和经验的员工，但却没有对公司文化做特别的贡献。这就是为什么公司文化走下坡路的原因。”

在后来的一次采访中，谢陈述道：“在扎珀斯，我们的第一优先要务就是企业文化。我们相信如果文化是对的，其他事项——如客户服务和打造长期的品牌——将是文化的自然而然的副产品。”

核心价值是创建文化的关键。扎珀斯所公布和遵从的核心价值包括：

1）通过服务让人们感到惊叹：WOW！

2）拥抱并驱动变革。

3）创造欢乐及一点点搞怪。

4）勇于冒险，敢于创新，开放思想。

5）积极进取和不断学习。

6）通过沟通建立开放和诚实的关系。

7）建立积极的团队，塑造家庭精神。

8）追求事半功倍。

9）充满激情和决断力。

10）虚怀若谷。

扎珀斯已经把价值观的集合放在了市场战略的高度。事实上，公司希望员工下班后结伴出去游玩，开心享乐，讨论工作以外的话题，开放地交流思想——这些都是扎珀斯价值观的行动体现。

❖绩效评价和核心价值齐头并进

谢在他的书中阐述到："既然我们的公司一直在成长，明确定义扎珀斯的核心价值就变得越来越重要，我们将从中提炼出企业文化、品牌和商业战略。随着公司的壮大，越来越多的新员工在不断加入，我们希望保证每个员工都能达成共识，与扎珀斯目标行动一致。随着时间的变化，我们会重新调整绩效评价的方法，以保证每个员工的绩效评价都是基于扎珀斯的核心价值。"

你认为扎珀斯重视价值的承诺，与他们不断打破旧的记录创造新的成功并行发展，是一种巧合吗？今天的顶尖公司证明，通过清晰的公司核心价值来领导，具有极大的优越性。最好的领导者不是通过自私的只为自己服务的价值，而是通过可以推进整个组织的扩大和卓越的价值来领导。猜猜看会发生什么？人人都将获得成功——包括领导者自己！

❖激情与薪水

扎珀斯怎样给员工目标和激情，以及如何提高他们的绩效呢？谢这样说："你知道，归根结底不能让他们感觉到绩效只是个数字。对于人和人之间的连接来说，当顾客打来电话，他们一定是想和一个真实的想提供最佳服务的人来沟通，而不是和一个在那里等着发薪水的人交流。并不存在一个魔法清单列出我们做的十件事。但确实当顾客有问题或事务要处理时，我们会告诉服务代表'使用自己最好的判断'，采取自己认为最正确的对策。"这就是授权！

【什么是目标和激情?】

韦伯斯特大辞典（Webster's dictionary）定义目标为：

- 某件事物存在、完成、制造、使用等的理由
- 预期的和希望的结果，结尾，目的，终点
- 决心，坚定的信念
- 实际的结果、效果或优势：为好的目标去奋斗

你一定会问，这个定义和我的工作场所有什么关系呢？你可以通过让员工相信一个更大的未来，聚焦希望的结果和公司愿景来注入目标。在扎珀斯的案例研究中，激情是通过授权和允许员工在工作中发挥自我，甚至是“一点点古怪”来建立的。

实际上，有人把爱和激情等同起来。激情就是你有很深的愿望去达到目的或收获成功。如果员工有深深的愿望去追求卓越——对待工作充满激情，那么会发生什么呢？渴望成功的激情会导向卓越。将目标和激情注入办公场所，就会自然提升绩效水平。

【怎样把激情和目标注入公司的每个团队?】

激励是创造目的和激情以及明星团队的关键手段。明星团队在领导者的激情带领下会快速成长，他们的领导者也非常了解怎样培养和注入激情。卓越的领导者们会抽离所有的停顿，用下列想法创建一个策略：

❖创建一个未来的愿景

作为领导者，你应该为团队开发一个强大的愿景。这个愿景同时也应该是简单的，意义深远的和可实现的。愿景应该由整个团队来一起创建，争取他们的支持和投入。创建一个愿景板和团队格言可以推动愿景的实现，有助于授权让团队雄心勃勃。

❖你不必看到整个故事

最好的领导力课程在员工的故事中。很多次，我们会不了解员工行为背后的背景就对他做出判断。人们很善于在私人生活中区分出各自的领地，但在职场中，却没有那种魔法开关把外部因素排除在工作之外。悟性高的管理者总能记得全人策略，尽管领导者不是培训顾问，但他们可以不带评价去倾听，表达耐心和同情心，如有必要，让员工了解 EAP（员工帮助程序）的益处。只要记住，有更多内容在你看到的故事之外，只要用尊严和尊重对待员工，你就会获得信任。

❖有时你需要故意打破规则

很多时候领导者是死板的，遵从规则的正确选项，绝不偏离。但一个快速自发团队的助推却需要偶尔打破规则，激发热情。团队成员会发现领导者为他们冒了风险（他确实这样做了!），就会觉得领导者更在乎团队的快乐。这种脱离规范的行为应该是简单的，如庆祝团队小小成功的蛋糕晚会，允许员工在办公桌而不是休息室吃饭。员工会喜欢这种小小的冒险，当了解领导者愿意为他们承担风险时，会激发出更多的热情。基本上，领导者只要迈出一步，他们就会在一段时间后给以回报。

❖赋予员工雄心勃勃的使命感

为达到激情焕发的状态，团队需要具备为最终目标负有特殊责任的使命感。这种感受相当于授权，让员工充满能量去驱逐成功。而作为团队领导者，你更应该大幅进步，加强员工的使命感。对于一个新的使命来说，应该举办使命启动仪式，计划当使命结束时应该完成什么（让大家对奖励保持期待!）。

❖克服阻止使命实现的障碍

每个团队都会有使命障碍——给团队增加阻碍导致失败的某些力量。每个团队都应该努力减少使命障碍。如果不存在，你应该假设一个，以便团队战胜敌人，增加信心，积极努力，奔向卓越。

❖沿途创造乐趣

领导者应该增加乐趣来打破千篇一律的乏味，缓和工作压力。如果团队充满乐趣，他们就会在使命和愿景的支持下把工作干得更出色。可以试试寻宝游戏，或把奖券藏在秘密的地方让员工在工作中意外发现。让奖励随机产生，你的努力就会激发士气，放松情绪。

❖停下来，看一看，倾听团队的心声

多数情况下团队中应该以民主方式来决策，但对于那些无法做到民主的情形，一定要确保倾听所有的反馈。每个人都应该感觉到自己是决定未来目标的重要组成部分，他们希望在未来大的蓝图中看到自己的形象。一旦做出决策，就应该走开，让员工自己以最佳节奏去工作，从而保证发挥他的最好状态。优秀的领导者周围环绕着优秀的员工，要在关键决策中鼓励他们，然后就把自由留给他们。

❖灵活性保障一切

聪明的领导者理解员工的个人生活比对工作更在意（孩子、家长和配偶问题）。灵活性高的领导者会与团队建立攻守同盟。

按照这些指南去行事，作为领导者的你就可以把目标注入团队中，激发他们的热情，同时提高团队绩效。

【怎样让团队的激情与绩效同在?】

领导者通过保持员工对目标、愿景和使命的热情来维持职场激情。请牢记，一定是领导者搭建了最大绩效的舞台。

如果领导者不够热情，团队成员就很难维持他们的热情。需要魅力型领导者保持燃烧的热情和活力，努力去发现各种措施保障团队向前迈进。以下步骤会帮助维护团队热情，维持高绩效水平：

第一步：召开快速晨会来给团队打气，并设置一天的工作目标。启动一个团队建设的练习或破冰练习，开启诚实沟通和答疑过程。

第二步：花 10% 到 20% 的时间与团队坐在地板上交流，虽然稍显困难，但你的投入非常值得。

第三步：庆祝失败。这和常规思维有些相悖，但却是多次失败最终成功者的非常了不起的创意。如果你总是指责失败，团队成员就会因为害怕承担风险而不敢进步。

第四步：在员工开始轮岗时记得祝福他们，并在轮岗结束时祝贺他们。你可能听说过夫妻要在每天的开始和结束时用积极的话语问候对方的建议，这办法在职场同样有效。这会让员工感觉到你很高兴和他们在一起，他们就会以好心情开始一天的工作。

第五步：公开表扬和庆祝所有的成功，无论大小。这会鼓舞士气，提升生产率，对维持绩效的峰值非常必要。

讨论题

计划使用 "3P原则"

1. 描述如何把激情注入你的团队中。
2. 本章中你会在团队中立刻采取的措施有哪些?
3. 你的团队的使命计划是什么?
4. 你怎样在团队中注入愿景来完成使命?
5. 你怎么安排时间走出办公室与员工互动?
6. 回顾扎珀斯的核心价值,你会在自己的团队中采用哪几个?

【结束语】

对于卓越的领导者来说,他们的字典里没有失败!把目标和激情与绩效捆绑,是职场成功的关键。通过研究扎珀斯、利兹卡尔顿和谷歌这样优秀的公司,我们学习了明星公司的领导者们与其他公司的不同之处。通过如扎珀斯要求成员做到的"一点儿古怪",或使用"打破盒子"、"置身戏剧三角形之外"等的心态,你一定能够使命必达,一路打造明星无数!

第十九章　考量重要的和已完成的，忘掉其他因素

过去几年里，大部分高管使用一种方式来评估雇员绩效表现：他们看每个人工作时的繁忙程度。他们是准点打卡上下班么？他们对待工作是严谨认真并且不苟言笑的么？一旦员工在工作中稍有乐趣，老板们就会把这个归结到工作表现欠佳或生产率降低的证据。当然，这是经理们把流水线心理模式和威慑激励作为保证生产力基本工具的时代的事了。

当今，新的时代已到来，领导者将学习到激动人心的衡量绩效和改进生产力的全新方法，并最小化传统绩效评估系统带来的负面效应。这一章将重新评估过去的绩效测评系统，提供通过使用有效工具来鼓励持续进步的新方法，比如绩效生成器（Performance Builder）、个人进步分值卡片和90天邮件反馈工作表等工具。如果你的培训不包括这一项，请及时加入此内容。

本章中你可以学到

◆新的高效的绩效评估测量方式的特性。领导们必须：

- 保证持续学习和进步
- 确保评估方法灵活，必要时易于修改
- 建立个人绩效指标时，要打破陈规，提升敏感度

◆绩效评估的长远利益。领导们必须：

- 开发自己对于绩效的定义
- 激励员工发挥最佳水平
- 在员工个人利益和优势与公司利益和优势之间建立有效连接
- 建立自己的简单易用的BARS①评估工具

---

① BARS：Behaviorally Anchored Rating Scale的缩写，行为锚定等级评价法。

过去衡量一个人工作表现的好坏，通常是看他对待工作的态度有多认真，以及他“消磨”在这些日常工作上的时间有多少。他们总是不停地提醒自己，打起精神来，干活吧。上班来、下班走，不管做什么，都很难找到享受当下的那种乐趣。

而今天，工作绩效评价已经开始越来越多地考虑人文因素了（哦，谢天谢地），诸如文化、态度以及敬业水平等，都成了领导力圈里最常见的交流话题。领导者们正在放轻松，不那么紧张苛刻了。

事实上，很多人都相信如果没有将态度这类特质用在工作中，领导者很难获得绩效最优表现。萨姆·葛雷恩（Sam Glenn），态度测评权威专家，《态度的临门一脚》（*A Kick in the Attitude*）一书的作者，这样表述，“如果你不花时间给公司领导和雇员之间的态度充电，那么公司就像是一个没电的手机，打不了任何电话。工作绩效和职场态度有千丝万缕的关联。技能固然重要，但是如果没有正确的态度，你又怎么能指望团队斗志昂扬呢?”

【恐惧驱动力：落下一块你就被解雇了！】

再没有比1952年的生活轻喜剧《我爱露西》（*I Love Lucy*）里“换工作”那一集更能活灵活现地展现老的工作绩效评估体系了。你可以在亚马逊下载视频，或直接在Youtube上观看。跟领导者说明这个情节和绩效评估体系的关系，最好能直接给他们放一遍故事。

在这个著名的轻喜剧里，露西（Lucy）和埃塞尔（Ethel）得到了糖果工厂包装巧克力的工作。她们的上司就像钉子一样尖酸刻薄，而且从不给他的新下属任何的同理心。他总是利用威慑力来榨出露西和埃塞尔尽可能多的生产力，还常常咆哮道：“好了，姑娘们，如果在传送带上的这些糖果有一块没有包装，而赤条条地到了包装间，那么，你就被解雇了！”不管你信不信，基于数量的策略曾经一度是最普遍的绩效评估标准之一。

由于害怕失去工作，当糖果传送带的传送速度超过了她们的包装速度时，她们变得越来越恐惧惊慌。因为她们知道，在糖果到达包装间之前，只有包装糖果的数量才是衡量她们的价值的重要标准，所以露西和埃塞尔绞尽脑汁做一切能够避免上司咆哮的事。她们把那些没来得及包装的巧克力放进制服，放进嘴里——没错，这是一个传统的轻喜剧。令人不再想笑的是，遭受传统工作绩效评估折磨的雇员们迫于压力所做的偏离核心的疯狂行为，还一而再地在今天的企业里上演。

三种激励类型

1. 恐惧和威胁
2. 刺激和奖励
3. 个人成长和职业发展

哪一种能够使人在工作中表现最好并且生产率最高呢？第三种。

【重新评估现行绩效考评工具】

在你的绩效考评工具里，有没有改进的空间呢？你的公司有可能让领导者不按常理出牌，标新立异吗？还是他们必须遵循传统的绩效考评模式，继续使用公司已经用了多年的表格和公式？不管怎样，本章的考评工具和技术，都将为你在培训领导者关于评估价值时，打开一扇创造创新和思考的大门。

在实践中，年度评级是一种病，摧毁了长期规划，损害了团队合作，滋养了竞争和政治，让人们陷入苦涩、抓狂、受伤、争斗和孤立无援中，尤其是几周后接到评价结果，他们根本无法理解为什么低人一等。

——W. 爱德华·德民（W. Edwards Demin）

❖以教练模式取代判断模式，再构评价体系

60 年前的美国，随着年度绩效评价总结概念的兴起，人们也开始热衷于大量应用这类系统。

该理论认为，每隔半年或一年，如果经理们按照预定标准评估员工绩效的话，员工就会使用评级反馈来提升绩效。换句话说，这套理论被认为是让员工改进的工具。尽管现在依然有很多公司相信它，但实际上，实践证明它

并不那么站得住脚。

在大部分公司里，绩效评价都是在每年中同样的那几周来做的。在那段时间里，整个公司都在经受极端的创痛。经理们提前做好心理准备去引导这些令人痛苦的评估工作，同时也准备好了去面对员工们可能出现的烦扰情绪。而且，整个过程让全公司大部分员工士气低落，却不得不违心隐藏起自己的真实感受和愤怒。如果评分较低，员工如何向自己的家人解释呢？无论怎样看，这都是非常丢脸的事啊。

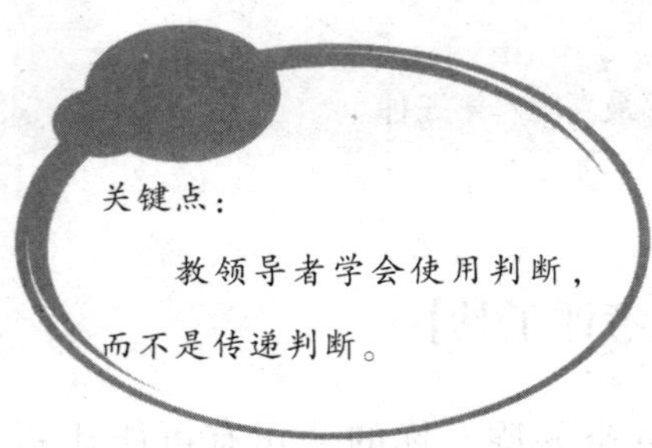

那么再来看看想要利用绩效评估来改善生产力的初衷，会发生什么变化呢？到底有没有可以振奋人心的、有益的方法来改进组织机构里人们的绩效表现呢？答案是肯定的，这就是我们要谈的领导力！

绩效评估影响力的一个真实案例

下面是一个拒绝使用传统评估办法来评价员工的经理分享给我们的故事："我记得我到公司就职时还是个基层员工。在第一次评估时，我只拿到了一个绩效较满意的评价。我想，我的头儿应该是把表格从1分到5分的评级分数里，给我打了3分。我很有挫败感。这评价不仅打击了我的自信心，也带走了我对未来的方向感，让我减慢了我曾经志在必得的步伐。我的内心受尽煎熬，最终还是因此离开了那个部门。"

领导者使用绩效考核评估，并非为了刺激员工成为人群中的佼佼者，目的是用这个手段来鼓励所有的员工持续改进自己。那些依赖定期传统绩效评估工具的领导者忽略了很重要的一点：他应该是教练，而不是法官。领导力意味着选择合适的人在对应的岗位上工作，持续教育和培训他们，直到他们能独立掌控工作。换言之，测量评估过程应该是一路持续的、支持承担的，而不是评判式的。

❖组织系统产生行为

使用数字评分来评价员工绩效指出了他们的不足，但却个性化了这些数字本身，而没有聚焦在眼前的实际问题上。但是一个行为习惯怎么能够被一个数字评分系统所改变呢？它不能。实际是组织内部的系统决定了员工行为。改变系统，行为才会跟着改变。改变系统需要随着绩效评估同时启动。

关键点：

只有当数字表示一个人在某个特定领域（如写作和听力）的学习和进步时，才可以用来给人排序。就这点而言，数字无法代表一个人的综合能力，只能代表一直成长进步的某种技能。即便如此，数字也应该由个人来评估，而不是由领导者来决定。

一个古老的商业格言这样说：“只有能被测量的，才是真正完成了的。”现在这句话依然很贴切。不管绩效考核手段如何标新立异，今天的公司必须找到有效的方法来测量事情完成得怎么样，改进有多大，还需要做哪些调整。

以下是真实的测量案例研究，你可以分享给领导者，让他们拓展思路来考虑怎样选用不同的方式来做组织绩效评估。案例包括一个商学院、一个高科技工厂和一个刚创业的航空公司。一起看完这些案例研究后，请领导者思考设计新的、有效的绩效考评办法来重新评估所在部门或所在事业部的员工表现。请他们根据本章提供的格式写下他们自己的案例研究报告，问一问：什么是对你而言最重要的测评，为什么？编辑他们的案例研究并整合到案例文件夹里作为有效补充，然后分发给每位领导者。

【考量对真实世界有价值的参数：案例研究文件夹】

❖伦敦商学院

目标：让这所高等学校的学生发生根本转变。当他面临生活的变化时，可以回头吸取在这里获得的经验。

伦敦商学院始建于1965年，每年培养大约1200名研究生和超过4000名的高管人员。它是除了美国哈佛商学院之外全世界等级最高的商学院了。就像院长约翰·A. 奎尔奇（John A. Quelch）所说，这所学院不是在教育商业——而是在改变商业。在这样德高望重的学校里，这无疑是高等教育大胆创新的举措。

为了测评他们在实现目标时到底有多成功，校领导们开发了一个叫作转换基准测试问卷的工具，并发给了在那里取得研究项目的学生们。调查问卷会问这样的问题：你记得自己参与了这个项目的哪些部分？你跟有行政职权的教师打过交道么？你跟同学们有过接触么？你觉得这个项目会对你的未来职业规划和生活质量有多大的影响呢？

❖结果如何被测量

校领导计划让这个调研继续重复，每当学生职业进阶时就做一次问卷，包括毕业后第一年，然后每五年做一次评估。调研提供了每个学生绩效表现的翔实数据，校领导们会据此来评估学生们是否达到了学校要求他们创造改变商业经验的目标。

❖在太阳公司（Sun Microsystems）被甲骨文公司（Oracle）收购之前

目标：太阳公司操作系统在客户站点上正常运行。太阳公司过去称这个状态为“系统在线时间”。

太阳公司被甲骨文公司合并之前，是世界上最大的计算机制造公司之一。太阳公司在全球170个国家设有办事处，在互联网时代为商业用户提供端对端的解决方案。超过100万的软件开发者使用过太阳公司的Java编程语言。

在成功地把“点”放入公司域名后缀“.com”里后，太阳公司开始专注于技术创新和工作地点的高绩效行为。太阳公司的管理者们认为，公司的衡量方法必须和客户的衡量方法一致。换言之，对太阳公司意义重大的考量也就是对用户最有意义的考量。

为了让测量系统与客户保持一致，太阳公司开发了一套监控系统是否在线的实时反馈表，安装在客户站点上。这个即时反馈表被用来判断是什么导致了系统停机。但这并不是实时反馈表的全部功能。收集到的信息也被用来培训和教育员工来改进已有流程，以便客户增加系统在线时间。这一点扩大了太阳公司服务客户的能力。这套测量系统一直被支持，直到斯科特·麦克尼利（Scott McNealy）就任太阳公司的CEO。至今为止，太阳公司依然是甲骨文公司最成功的业务部分。

❖结果如何被测量

在被甲骨文公司并购之前，太阳公司用以下两个评估参数来判断是否他们尽了最大能力来表现最佳：他们理解了用户的真实需求了么？他们满足那些需求了么？太阳公司相信，这两个问题的答案都会对最终绩效产生很大影响。

❖美国捷蓝航空公司

目标：通过执行乘客和航空公司双赢的模式和价值观，带给国家物美价廉、零投诉的航空服务。

捷蓝公司，是航空史上起步阶段最资本化的公司，通过它极佳的服务、前沿的技术、低廉的票价和高素质的雇员，被认为是即将给纽约大都会带来全新的旅行体验的航空品牌。像其他运输公司一样，航空公司考量每英里每座位成本，这个专业词汇很贴近它本身的含义。用通俗语言表达，就是可以销售一个机票座位时的平均成本投入。这套考量公式要计算所有的相关成本，燃料消耗、维修保养以及市场的综合因素都算在内。不同于某些竞争对手，当开始考评员工绩效时，捷蓝航空公司并没有止步于此。

其中一个考评工具，体现了雇主和雇员的责任的两个方面，被称为捷蓝双向责任制。它在雇员与公司签约，捷蓝承诺责任时就已启动，包括了以下五个方面来衡量公司对员工的责任：

- 我们总是开诚布公地双向沟通
- 我们将提供给你零干扰的工作环境
- 你有机会表达你的职业发展意愿同时去实施
- 我们保证在 24 小时内我们会回复你的工作相关电话
- 我们会提供给你恰当的培训和适合工作的工具来让你成功完成工作

作为回报，捷蓝要求员工给老板签署一个责任声明。这项声明也从另一个角度反映了捷蓝公司对于公司员工的责任承诺，包含以下几项参照：

- 我将支持并使用捷蓝公司赞助的培训和教育项目
- 我对每位顾客都将奉行：他们是我们存在的理由！
- 我将照看好并保护好捷蓝的所有资产
- 在我与捷蓝公司员工沟通时保持绝对的诚实
- 我对我自己的决定、行为以及职业发展负责

其他一些有益的绩效考核参数包括每个人都要交的月度报告，包含了十个具体的工作表现的细节，比如在丢了行李、准时起飞和飞行完成情况这些方面航空公司是怎么做的。

❖结果如何被测量

一年两次，航空公司的员工评估他们的老板以及他们履行责任制的能力，就像员工们被管理者评估一样。这半年一次的评估被称作是“捷蓝生活质量”调查（我们喜欢这个名字），并且告诉了公司的领导者他们到底做得怎么样。同时，公司把员工对于公司的价值和承诺的各个方面的贡献都跟员工自身利益捆绑在一起。

请注意，每个案例研究都具备了以下 10 个高效领导力和绩效评估特征：

- 与客户的目标相关并支持客户的目标
- 找到员工、顾客和公司底线之间的平衡
- 一次只聚焦某几个重要领域
- 明确提出哪些表现可以改进
- 提出是否需要培训

- 当有必要修订时可以灵活而简单
- 跟公司的组织框架和运营方式一脉相承
- 由那些真正开展工作的人制定
- 确保组织中的每个人的幸福
- 具有把战略变成行动的工具和技术

跟领导者讨论一下他们写的案例研究是如何体现上述特征的。有需要跨越的理解上的鸿沟么？请领导者回答，他们将怎样利用以上列表在未来创建自己的绩效考评参数。

【有效的测量工具和技能推动员工成功】

你必须帮助你的领导者在进行员工绩效评估时，拓宽他的认知和敏感维度。建议而不是单纯的绩效评估，重新考虑他们将要使用的工具，或考虑将以下工具加入到现有的格式里。

❖用绩效生成器来加强绩效考核

绩效生成器是一个领导者一学就会的有力工具，不仅因为它可以帮助改进员工工作绩效，而且还有助于建立起他的自信心、沟通技巧、视野、理解力以及责任心。

使用绩效生成器最大的益处是，它包括了这个员工将被考评的各项标准。它把一个自我评分工具和有价值的工具包组合在一起，来帮助员工识别可见的、可衡量的改进，其中有一个可以促进个人发展和职业技能发展的双重测量工具，体验式跟进来自一线的批评意见，同时还有快速计算投入产出比的公式。

鼓励领导者用下面这个表格和公式来满足他们独特的需求、管理风格、商务直觉和人事技巧。提醒他们，一切都是根据情况来的，别指望每一个技巧和工具在任何情况下都是万能的。

每位领导者学习使用绩效生成器的目标都是希望激发员工的峰值表现，同时在员工自己的兴趣和天赋以及工作需要的兴趣和天赋中架起桥梁。

第一步：开始定义作为领导者，“绩效”对你意味着什么。

绝对不要假设你的员工知道你对于“绩效”这两个字的所有期待。作为领导者，对公司员工的绩效要给出清晰准确的定义。这个词蕴含了不同的含义，根据对方究竟在哪个部门：制造电脑、销售软件、市场宣传包装或者是对外宣传材料的设计，而有不同的解释。

在这里描述你对于“绩效”这个词的期望值：

____

____

第二步：和员工一起建立一个清晰的、具体的对于“绩效”这个词的全部期望值。

邀请员工来讨论，并鼓励他们提出应该考量自己的绩效参数。一旦这么做了，员工会认为这个考核是很务实的，这会让你感觉很好。作为领导者，你必须描述清楚对于每一个特定工作所期待的工作绩效标准，并特别强调你认为杰出的表现是怎样的，不被接受的表现又是什么。研究表明，员工们一旦介入了自己的绩效考评设计中，就更有可能接受并完成挑战以达到领导对卓越工作的期待。

既然如此，为什么很多经理和领导者不花时间来和员工进行这方面的对话呢？也许他们对这种谈话是否定的，有负罪感的或者是不重视的。不管什么原因，告诉领导者和每个员工进行坦诚的对话，谈论切实可行的期望值、界限、奖励和结果是一件关系重大的事。要允许员工参与创造属于他们自己的责任和不断进步的绩效考量工具。

第三步，提升员工能力，让他自己投入改进工作绩效。

员工用时间、投入和能量投资到绩效标准上。让员工投资不该是一个巧妙操纵或强迫的事。把绩效考评看作一个合资企业，把你的员工看成是股东合伙人。领导者这样做的时候，雇员们就本能地被激励去投资针对他们的考核标准，并且努力提升自己去达到更高绩效。记住，大部分员工都希望在全情投入创造好的绩效时，自己有他人不可替代的作用。

第四步：明确你所给予的责任的界限。

要确保你的员工准确地理解了谁对什么负责。当员工们充分理解他们跟其他人之间的责任的关系时，责任混淆的可能性就大大地降低了。

帮助员工找到自动自发的状态！员工的责任范围可能随时会改变，因为不可预知的事件会随时发生。当计划外的情形发生时，迅速适应局面的变化也是员工工作的一部分，此时扩大责任范围是允许的。对上司解释这些难以预料的情况并让上司接受事实是员工工作的一部分。拓宽员工的责任界限是好的。但同时，作为领导者，必须明确拓宽员工责任界限的真实意义。

第五步，记录已达成一致的内容并整理成文档留存。

这是在绩效生成器中有决定性的一步。创建一个带有所有绩效考评标准的手写清单，这上面的一切都是你和你的员工协商同意了的。然而，这不足以引导你的员工去获得成功。你必须明确指出怎么做才能达成这些期望值，并达到那些目标。把那些步骤记录成文，这将是员工的行动教程。

描述员工采取的行动教程：

____

____

提醒领导者将该文件的复本交给员工，并将源文件存档。在每次做员工绩效总结时或项目完成时，这份文档里通过商议达成共识的内容均可作为绩效考评标准。

第六步：跟进。

作为领导者，花一些时间来观察和跟进员工的进展是必要的。千万别等到下次总结的时候才来看他们做得如何。要一路观察并在项目进行过程中随时给出反馈意见。对于经验较少的新手，你就得更频繁地检查，直到他们能够胜任。

第七步：提供及时反馈和奖励，并兑现承诺。

开始使用绩效生成器时就要明确，员工在满足考核基本要求或超过预期后可以得到什么奖励（比如，金钱、更多的责任或者特殊的认可如奖状、一天的休假、两小时的午休、更灵活的工作时间表，或者来自总裁的一封信）。同时要在考核过程中设置小胜目标，达到就让员工得到认可。认可是计划的一部分，可帮助员工把行为和奖励联系起来。一定要兑现承诺，没有计划保障的话绝不轻言许诺。

领导者对于下属的反馈速度也很重要。对员工的快速反应不仅仅是让他的贡献得到验证，同时会最终决定他的成功。当你考量和远距离观察下属和团队的持续进步时，试试这些简单易行的绩效生成器工具包里的快速反馈表格吧。

图 19.1 是可以通过发送邮件、传真、甚至是语音传送给对应的人或团队的记录工具。当员工或团队回答这些问题时，发给他们快速反馈样表（详见 19.2 样本图）。

Speedback
QUESTIONS

快点！告诉我最新消息！那到底发生了什么？

干什么呢？

有什么挫折吗？

图 19.1 快速反馈的问题

回应示例：

快速表扬：

收到了你的快速反应记录—做得好！保持好状态！

快速同理心：

听起来太让人沮丧了。我知道你为什么那么难受。我发给你一个相关的文章，或许可以帮到你。

快速矫正行为：

坚持住！在那么做之前，我建议你先试试这么做。我发现这很有效。你怎么看。

快速更新：

你听说过或者读过这件事的最新消息吗？你一定希望快速了解最新资讯。咱们碰个面，找一个先发制人的对策。

快速跟进：

听上去不错。要不咱们就在下周碰面检查一下整个过程？

图 19.2　快速反馈的回应

❖第八步：给员工提供必要的培训和获得成功所需的资源

根据管理学巨匠彼得·德鲁克（Peter Drucker）的研究，IBM 早期的成功秘密之一就是培训，培训，再培训。当 IBM 开始跟经济萧条做斗争的时候，他们勒紧了培训的裤腰带，结果导致了长期的不良后果。当公司开始使用绩效考评技术时，才发现培训和员工发展始终应该放在第一位。聚焦于员工真正需要的培训吧。问问他们想学什么。不要武断地替他们做决定。确保及时提供培训——那意味着，在他们最需要的时候，培训触手可及。

给员工真正有价值的绩效考核，能够提升他们的自信，激发他们对公司投入培训的积极反馈。测评培训对工作有多少价值常常被用到。下面是工具包以外的辅助绩效工具。

❖监控绩效的 BARS 工具

对那些包含可以细分为特定子任务或步骤的工作来说，我们在工作行为研究方面的专家顾问斯科特·卡尔博纳拉（Scott Carbonara），告诉我们使用 BARS（行为锚定等级评价法）工具对于任何层级的管理者来说都是个很好的资源工具（斯科特取得了心理学和通信学的硕士学位，并且被密歇根州授予“年度治疗专家”荣誉称号）。

“如果你观察到一个行为，你就能衡量它并且评估它。”卡尔伯纳拉说。BARS 很善于对个体发出的特定行为进行评估。比如，想一个客服代表的具体工作内容。所有大步骤和子步骤中的行为都能够被衡量。公司考量了 ASA（回答的平均速度）、愉快程度、回答的完整性、应答所有电话的速度、应答中的冗词，据此来确定几个考核标准。每一步都有很深入的流程，以及实现成功的程序。BARS 工具已经足够具体地帮助领导者去衡量和评估那些细小的行为，聚焦一系列行为中的关键行为。

所以当 ABC 公司开始培训和辅导它的服务代表时，领导者可以使用 BARS 工具聚焦某个领域，比如在 10 分钟内完成电话应答。在这个假定的案例里，BARS 工具可能会这样评估一个具体工作里的具体任务：

5 分——超预期表现：在 10 分钟内回应顾客 100% 的问题

4 分——优秀的表现：在 10 分钟内回应顾客 95%~99% 的问题

3 分——有竞争力的表现：在 10 分钟内回应顾客 90%~94% 的问题

2 分——及格表现：在 10 分钟内回应顾客 85%~89% 的问题

1 分——不满意的表现：在 10 分钟回答顾客少于 85% 的问题

简便快捷创建自己的 BARS 工具的操作说明：①明确指定一项或者一个子项来观察；②描述并记录成功完成任务的理想完美状态。

你把你的 5 分描述成什么样子，那就是你最完美的期望值。对于 1 ~ 4

分，就是写下不那么理想的表现。这些选项可以根据时间的百分比、数量和质量上的参数来确定。比如，一个 5 分的表现包括“在顾客进入商店时，能够在 30 秒内用眼神交流、微笑以及欢迎语对待每一位顾客”。那就是完美。你不能超过 100% 了。对于不那么完美的分数，百分比可能要下降到 95%、90%，等等。用下面的指导原则来创建你自己的 BARS 吧：

5 **分——超预期表现：**包括你可以列出的所有理想而完美状态的内容，在学校里就应该是 A + 学生，在大学里则是那些获得最高荣誉的人。这样的雇员很罕见，当你发现了一个，你应该把他树为榜样起到表率作用，同时用他去指导别人。

4 **分——优秀的表现：**包括绝大部分你能想象的理想完美的状态。优秀表现相对于超预期表现要略逊一筹。这一类相当于得 A 的学生或大学里的优等生。

3 **分——有竞争力的表现：**包括许多你能想象的理想完美的描述。相比那些超预期的表现会缺乏最高水平的技能。有竞争力的表现就是大多数员工能够达到的层次。当员工在这个水平的时候，他们是强大而可以信赖的执行者。如果你带着这样的团队，你就能完成很多了不起的事。

2 **分——及格表现：**包括一部分你能想到的理想完美表现。但是及格表现的分数就意味着这些雇员缺少成功所需要具备的关键品质。在学校里面，这些学生在有待提升空间的班级里，因为他们还没法达到跟他们同伴一样的水平。

1 **分——不及格表现：**几乎没有什么你能想到的理想完美状态。在 BARS 工具里如果观察到这个水平的个体，他们留在你的团队里不可能不危害到你的业务、团队士气以及顾客的满意度。

卡尔博纳拉说，对于测量和评估某些工作绩效，使用 BARS 工具有几个很显而易见的好处。

“BARS 非常客观”，卡尔博纳拉说，“BARS 排除了可能的偏差，也不会有员工这样抱怨‘我老板不喜欢我，所以我的绩效这么差’。当 BARS 被正确地创建出来时，它的功能就像一面镜子，精确呈现事情的本来面目，而不是人们希望的那样。”

另外，卡尔博纳拉还看到其他的优势：

- BARS **给领导者带来信誉**。你不得不非常了解一个工作才能创造相应的BARS。所以BARS需要花一些时间来创建，在领导者花时间创建的过程中，他们会站在员工的立场上去洞察，找到把工作做好真正需要的一切。

- BARS **成为教练的公开秘笈**。扮演教练角色的领导者必须阐明表现良好所要求的所有步骤。当你想提升某个员工的绩效表现时，BARS就成了一个评估和实施教练的起点。

- BARS **简单易懂易用**。员工们学习BARS就像学习一个培训手册（提示：许多培训手册都是BARS友好界面创建出来的，一步一步都有流程引导格式）。而领导者能够在某段时间里听到并且看到雇员们的表现，同时可以获取到一些有证可循的、有意义的数据，用于教练和工作绩效管理的目的。

- BARS **能用于自我改进**。当卡尔博纳拉应邀去提升一个大型呼叫中心的工作绩效时，他提出让客服代表从接听录音里面听听自己的声音。然后他建议让员工自己用BARS来给自己测评！采用了这个办法后，员工就可以用BARS来实现自我改进了。

- BARS **可根据工作岗位来定制**。不同于一些绝对化准则或者彼此不相关的绩效工具，定制的BARS是深度契合具体工作的。每个在相同岗位的人都有同样的机会达到绩效标准，并被认可为称职员工。

❖怎样使用个人进步评分卡

用个人进步评分卡（见图19.3）作为模板，帮助员工在自我改进的道路上进行自我测评。记住，使用数字来给某项技能打分的方式是可以接受的，因为它是对于某种工作技能的评价，而不是针对员工本人的。而且，使用数字在这样的案例里很有效，因为员工会自己给自己打分。用1到10打分，再用百分比来评估改进程度，这样会简单易行。当我们提供更高级别的管理百分比，就更容易去分配花在绩效改进中的每一美元，也能更好地追踪投入产出比了。

❖怎么使用90天回邮工作表

在填写完90天回邮工作表（见图19.4）之后，请员工折叠放入10号信封里并写上地址。确信每个人都用胶条或贴纸封上。把这些工作表收上来，自己创建一个备忘录，或在你的日程表里标注，在90天之后要把这些表格全部邮寄回来。

此个人进步评分卡会有助于快速和简便地测量个人在特定领域的发展和进步。本工具就是设计用来测量成长和识别需要提升和进步的领域。最重要的是，你自己就是那个评分的人。

评分时，1分最低，10分最高。

技能组合	我之前得分	我之后得分	可测量的进步空间（%）
例子：作为经理人的创新思维	7	10	30%
作为经理人的创新思维			
脑电图			
解决问题的能力			
更强的决策能力			
驱动工作环境能力			
成为有效的催化剂			
对发扬光大概念的理解力			
逻辑思维能力			
抑制冲动和更好的沟通能力			

图19.3　个人进步评分卡

（接上）

评分时，1 分最低，10 分最高。

技能组合	我之前得分	我之后得分	可测量的进步空间（%）
激发自我和影响他人的能力			
提升生产率和绩效的能力			
打造更好团队的能力			
作为经理人使用新工具和技能的能力			
真诚教练和促进别人进步的能力			
在职场的胜任力			
授权和权力下放的技能			
作为经理人打造关系的能力			
冲突解决能力			

图 19.3　个人进步评分卡

姓名：__________**车间：**__________

本工作表仅供你本人使用，对外保密。请在下列空白处记录通过本次培训项目的学习，你希望达到的个人和职业的目标。为了有助于你监控过程，聚焦目标，本工作表将作为重要的提醒工具。填完此表后，折叠放入信封封存，在信封上填写自己的地址。在被收走 90 天后，此邮件会寄回给你本人。

在本训练项目中和以后的 90 天内我想提升的技能包括：

____

____

____

____

____

____

____

____

为实现以上目标我所采取的行动计划如下：

____

____

____

____

____

____

____

____

注意：你可能会忘记这个回邮工具，但是当某天它出现在你的邮箱时，你可以根据在这里填写的内容来与实际进展进行核对。如果你已实现目标，你就会更加振奋，对自己很满意。如果尚未完成所有的目的，本邮件可作为温和的提醒，帮助你及时调整方向，重回正轨。

图 19.4　90 天回邮工作表

此工具对每个员工都有实质性影响，可以真实衡量员工是否努力去达到目标和目的。基于此，员工会对自己坚持到底而感到满意。如果未能得偿所愿，也有益无损，因为员工终将会看到这个表格。而且它将对员工未完成部分做强硬提醒。你会惊诧于在你寄回那些表格后所收到的积极的反馈。

❖怎样使用经验性跟进评估表

衡量一个员工在培训课上学到了什么，以及这些课程在真实世界中有什么效果，可以有两种不同的收获。经验性跟进评估表（如图19.5）告诉领导者那些员工是怎样在工作里使用培训课程里的经验和技能的。这个信息对于管理者来说是非常有用的，可以判断培训课程所花的时间成本和资金成本是否为有效的投资。

❖第九步：帮助员工计算投入产出比

当需要提供问题的解决方案或需要更多的资金来应对一个特殊部门的挑战时，这个技能就显得很有价值了。当员工们更像一位领导那样去思考是否值得投资一个项目，能否带来新的改变时，他们对底限的价值贡献就变得非常明显，并且保证了团队提出的所有对管理方面的合理化建议更有依据和信心。

❖怎样使用计算投入产出比的快速公式

图19.6所呈现的公式是一个便捷的快速计算投入产出比的公式模板，几乎可用于任何组织机构的花销问题。在所呈现的那个案例里面，这个工具可用于计算一家公司每年每笔交易的顾客数，以及公司每一单的利润额来决定顾客的价值。其他一些平时不常考虑的因素也会列入计算中。一旦算出问题的成本，再除以解决问题所需要的成本，就可得出投入产出比。试试用这个简单快捷的公式来算算其他可量化情形中的投入产出比吧。

❖第十步：期待下属的最佳表现，但当实现时别太惊讶

研究表明领导者对于其他人的直接期许将影响到整个公司的生产率和利润率。作为领导者，如果你对员工有期许的话，你将从下属身上得到更好的表现。我们对于别人的期望值影响了他们的行为。当一个领导者预先告诉他

的员工他对工作标准的期待值是什么的话，员工们最后会表现得超过老板的预期。

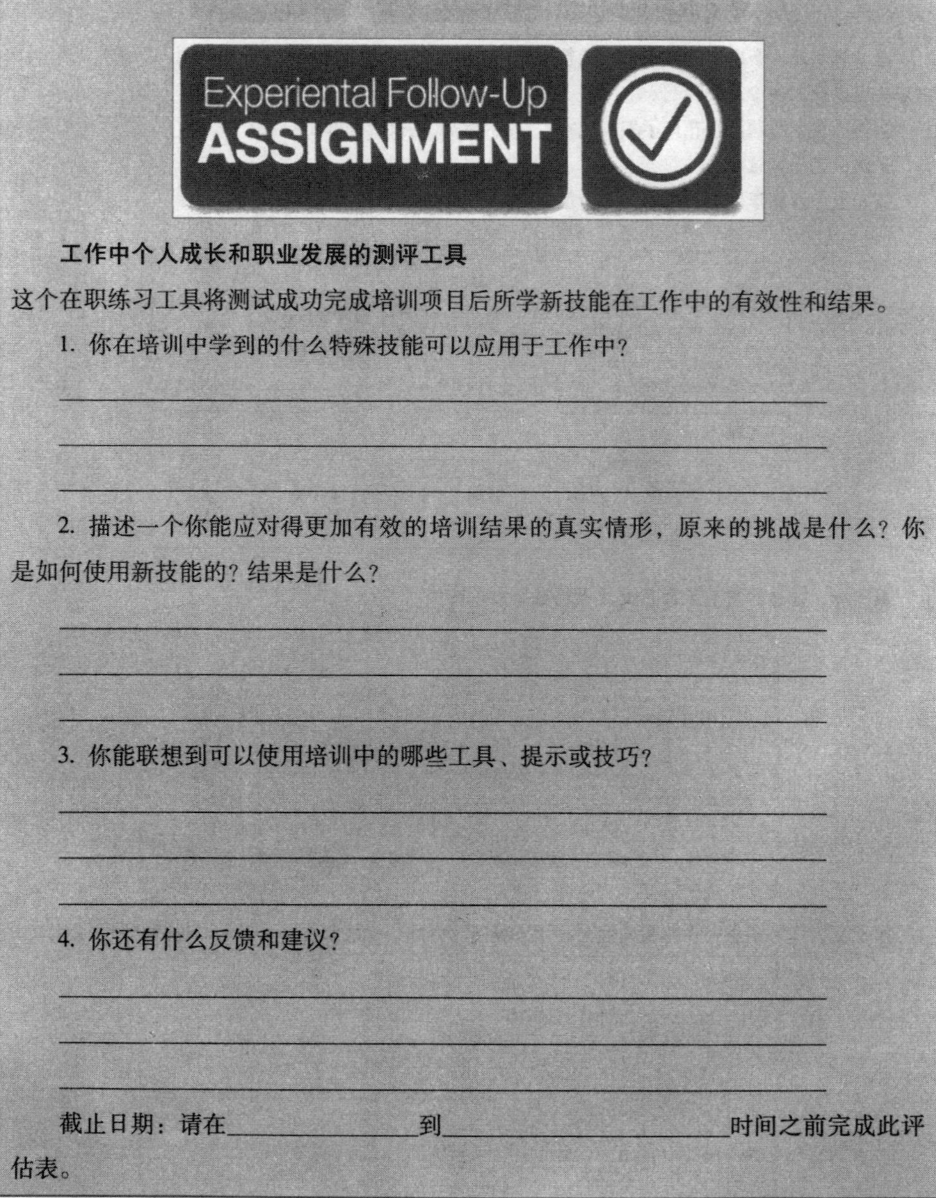

工作中个人成长和职业发展的测评工具

这个在职练习工具将测试成功完成培训项目后所学新技能在工作中的有效性和结果。

1. 你在培训中学到的什么特殊技能可以应用于工作中？

____

____

____

2. 描述一个你能应对得更加有效的培训结果的真实情形，原来的挑战是什么？你是如何使用新技能的？结果是什么？

____

____

____

3. 你能联想到可以使用培训中的哪些工具、提示或技巧？

____

____

____

4. 你还有什么反馈和建议？

____

____

____

截止日期：请在____________到________________时间之前完成此评估表。

图 19.5　经验性跟进评估表

通过演示投入产出比的计算，做拯救企业的英雄吧！评估问题造成的损失费用，用最好的回报潜力来决定再投入多少解决问题。

问题：这个问题已经花掉了多少成本？它值得花新的投资去修正吗？

案例：客户满意度

第一步，计算年度客户赞助的总价值：

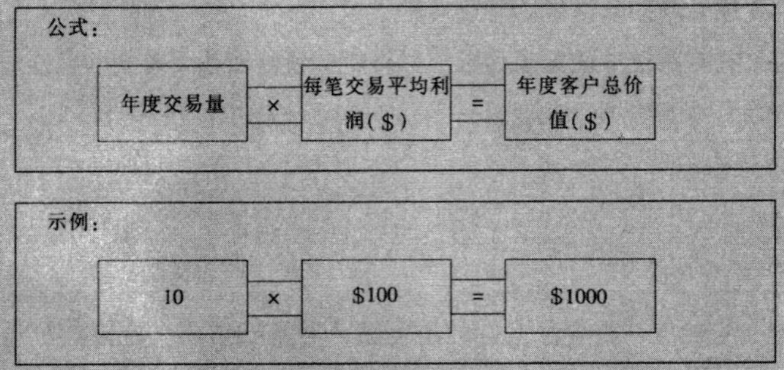

第二步，计算问题的年度花费（不包括负面宣传）：

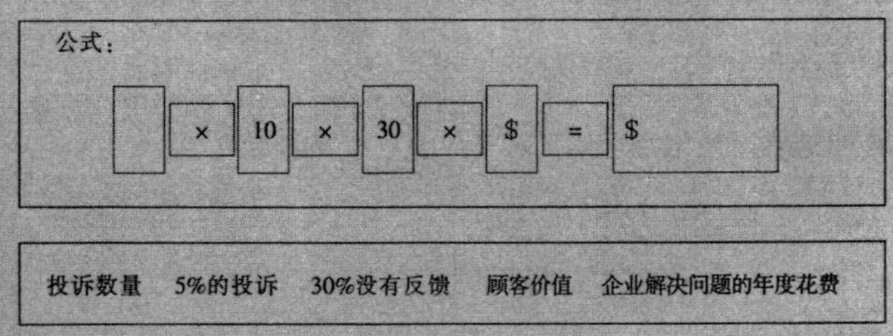

第三步，作为提供给企业解决问题建议方案的一部分，应该包含以下投资回报的快速计算公式：

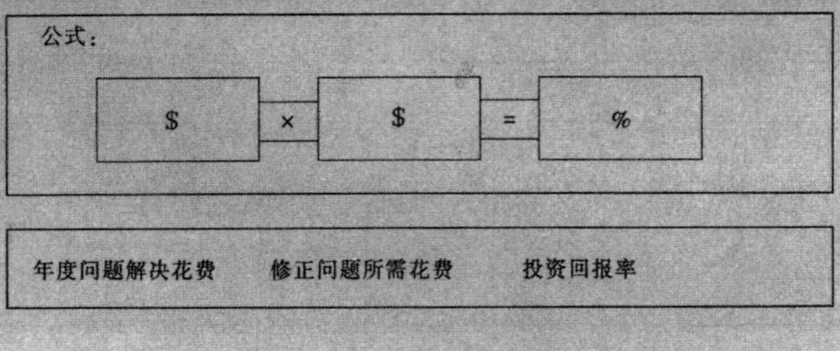

图 19.6　计算投入产出比的快捷公式

一个成功的绩效系统

一个成功而可量化的绩效系统通常需要符合以下几个标准：

1. 必须跟员工所做的工作直接相关
2. 对每个使用的人来说都是简单易用的
3. 必须包括某个特定时间段的绩效考核目标
4. 可根据人们工作时的努力做灵活而简易的调整

简便易懂是很关键的参考意见。领导者一定考虑了方方面面的因素，比如财务、策略、比例、曲线图、表格图、电子数据表等。

翻看第十二章，在那里我们讨论了萨特健康中心是怎么使用仪表盘式标准来考核绩效的。相关数字的设限使得绩效考核又快又简单。看看你汽车的仪表盘，只瞥一眼，几个数字而已，这些仪器就可以精确地告诉你你在朝哪里行驶以及你目前的状态，指南针、燃料、机油、速度、安全气囊，等等。仪表绩效帮助领导者聚焦于提供服务或制造产品，而不用担心令人讨厌的数字或者试图算出复杂的公式。

【绩效的艺术】

或许能被测量的就是已经完成了的——而能被测量的也是已经学会的、变成习惯的和被巩固了的！用本章来指导领导者们学习使用新的、强有力的并且适合他们情况的绩效考核技术。某些工具在特定情况下会很好地发挥作用，而另一些工具则需要特殊的定制才能适用。绩效考核已经成为某种艺术形式，随着时间和经验的积累而被掌握。

绩效考核的过程包含以下行动：

- 定义对于领导者来说，绩效意味着什么
- 和员工一起，建立一个清晰明确的绩效期望值
- 提升员工能力，帮助他们接受改进工作
- 清晰界定你所给予的责任范围
- 达成共识的内容形成文件
- 跟进
- 提供快速反馈和奖励，兑现承诺

- 给员工提供获得成功必要的培训和资源
- 帮助员工计算投入产出比
- 追求卓越

有效的绩效考核有如下特征：

- 跟客户的目标相关并且支持客户达成目标
- 平衡员工、顾客和底线
- 一次只聚焦某几个重要领域
- 明确指出在哪里可以改进绩效
- 明确指出是否需要培训
- 需要修改时可灵活易改
- 与公司系统保持一致
- 直接由岗位责任人制定
- 确保善待每个人
- 具有将策略转化成实际行动的技术和工具

绩效考核

1. 你能否想起某个时候，你的绩效考核似乎不那么公平，而且这会让你觉得不胜任或者不被欣赏？

2. 绩效考核的目标是什么呢？

3. 为什么对于员工来说，计算投入产出比是非常有价值的呢？

4. 对于领导者来说，不再用传统的绩效考核方法或者结合过去的评价来考核绩效，而是使用一个绩效生成器的方法到底会有什么样的益处呢？

【结束语】

那些老掉牙的、令人反胃的传统绩效考核不会在今天的公司里消失。领导者应该被寄望于聚焦更多动态的、定制的以及个性化的绩效考核工具，可以快速简便地测量员工绩效，而不是执着于那些已经证明无效的并且对于员工发展是破坏性的行为了。

所以，你找到新方向了么？我们将在关于领导力趋势的结论中寻找问题的答案。

总　结

【领导力趋势】

在所有国内外领导力的培训班、论文或研究报告里，我们发现了一个始终如一的线索：所有成功的公司都严肃认真地对待领导力！这些公司是如此虔诚，花费了成百上千的资金成本和无以计数的时间成本来确保在这一点上他们已竭尽所能。

商业周刊在线公布了由合益集团（Hay Group）主导的一个最新的调研报告——“20个最佳领导力公司（康纳尔2010）”，该报告显示，这20家杰出的公司每年都花掉数百万美元来打造领导力。像惠普、高盛集团（Goldman Sachs）、思科（Cisco）和UPS物流这样的公司，深知领导力不仅仅是对那些被领导的人们意义重大，同时也对公司的底线起决定作用。

苏珊·彼得斯（Susan Peters），通用公司的行政发展副总裁兼首席学习官（上述报告提及的公司），指出顶尖公司跟其他公司的不同在哪里，“不仅仅是重视好的领导力方面，而且也在人们怎么实现领导力的方面。他们审慎定制培养了未来的领导者，来适应他们独特的商业策略和公司文化。”

西南航空，一个标榜他们通过有趣的方式推动领导力的公司，把领导力比做游戏，认为领导力应该具备全部的能量、准备和热情。“西南航空的领导力的未来，怎么说呢，就像去准备参加橄榄球超级大赛（Super Bowl）。”西南航空的首席学习官伊丽莎白·贝亚特（Elizabeth Bryant）说到，“领导者们会秉持游戏精神，展示必胜的强烈渴望，同时期许每个团队成员都全力以赴。”

领导者们洞见机遇，在任何经济环境之下，都去全力提升各个水平的领导力。接受上述报告调研的最佳领导力公司具备这些特点：

- 在困难时期之后，更倾向于思考如何转危为安、如何由弱变强
- 更愿意投入发展领导力
- 无论任何级别的员工，都要反复告知他有发展和锻炼领导他人能力的机会

在这些公司里，领导力排在了很高的优先级别，事实证明确实如此。本报告提及的另外几家公司如皮克斯、谷歌和扎珀斯都在多个榜单中在列，如最佳办公场所、最快成长公司等。事实上，扎珀斯一直稳定地保持超额完成利润目标的纪录！

你看到趋势了吗？当成功和前瞻性领导力并存时，他们就会互相促进，兴旺发展。

【是的，领导力事关重大】

那么这个和平共处对你意味着什么呢？它意味着领导力事关重大，也就是说，无论你身处怎样棘手的工作环境或怎样萧条的经济环境，你都有机会深度挖掘，应用本书中所学习到的技能来发展壮大自身。

也许你以为领导力就像在准备一个游戏，在那里，你必须创造条件，培训、实践以及制定战略，同时鼓励你最好的玩家。或者你把它看作一个家庭，那里你要照顾好每个个体，帮助每个员工成为他们自己所在部门的领导者。无论这个故事对你起多大作用，本书都在加强领导力技能方面提供了由浅入深的全套内容，同时最大限度地提升了你的工作绩效。现在，是时候让你大显身手了！

“金牌”之旅

奥林匹克运动员们经年来训练有素，收起行囊，勇往直前，而不是希望有第二次重来的机会。为什么？因为他们驾驭着自己的使命去追逐金牌。

在全球化的市场里这意味着什么呢？我们喜欢在不同的语境里思考金牌（gold）这个词，因为它也可以代表“全球领导力发展机会”（Global Opportunities in Leadership Development）。如果是你，作为一个领导者，有你对于GOLD的定义和想法，你就会激励团队冲向代表胜利的终点线。

领导团队冲“金牌”？试试下面这些可以帮你走向领导力的提升和成功的策略吧：

全球化（Global）：聚焦于领导、解决问题和企业成长的全球化策略。研究一下公司是怎么扩张市场、以及全世界最好的公司是怎么领导它的员工的。跨入全球市场，自由发展吧！

机会（Opportunities）：找出可能会在足球或者马拉松比赛中提及的“漏洞”，并且创建一个让团队克服它的方法，带领团队走向预想的胜利。

领导力（Leadership）：遵循这本书里的法则吧！去拥抱一个又一个接踵而至的创新想法。

发展（Development）：修正你过去关于培训任务和鼓励领导者的思维。

❖创造你自己的领导力作风

既然你已阅读此书，说明你已迈开成为一流领导者的第一步。接下来就是要去实施你所读到的内容。

那句古老的说法：知识就是力量，我们并不同意。只有当你去应用你所学到的知识的时候，才会有力量产生。

如何才能成为最好的领导者呢？以下16条就是本书某些章节的如实反映，也是发展领导力的精华浓缩。请根据现状回答“对”或“错”。

1. 我是一个真诚的领导者。____________

2. 我重视员工和工人，把他们当“人”来对待。____________

3. 我主动有意去打造员工的知识、技巧和胜任力。____________

4. 对于每个关键员工我都有针对个体的发展计划。____________

5. 所有员工都了解我的战略计划。____________

6. 我会花额外的时间来培养未来的接班人。____________

7. 我对于我所创造的企业文化很自豪。____________

8. 大家认为我是一个非常正直而诚实的人。____________

9. 我是一个团队建设者。____________

10. 我在认真严谨地执行着教练的角色。____________

11. 我通过有效沟通来管理绩效。____________

12. 我主动地鼓励我的员工。____________

13. 我给别人授权。____________

14. 我培养了一个世界级的学习环境。____________

15. 我是一个愿景规划者。____________

16. 我在考量绩效时实施逐步改进的方式方法。____________

这些陈述以及你的答案反映出了你是什么类型的领导者，以及你学到了什么特殊的技能。你做的怎样？别担心。如果你的回答不全是“对”，你还有机会继续学习和成长。领导力是一个过程，而不是结局！但是，我们一定会预见到，读了这本书之后的你会更自信、更有头脑和更加充满能量。

这是最后一个我们想要加在上面列表里的“对”或“错”的问题：

当我走出办公室，我知道，我的下属们还在像我在那儿时一样努力工作。____________

对最后这个问题的答案反映了你的领导力作风——你离开办公室后留在那里的样子。如果你的回答是“对”，这个答案将胜过千言万语。首先，说明了你是常常教育员工的领导者，可以确保自己能随时抽身工作循环之外而不产生任何影响，团队会继续正常工作。你知道怎样去建设和实施一种领导力策略，去超越最初的那些约束。你知道怎样打造其他人持续的技能和胜任力。

第二，这意味着，你会亲身示范并培养下属去自动自发地独立工作，并在团队里彼此紧密相连。当员工们点燃了想要做正确事情的动机，而且这个动机是因为他们自身想做，并非因为你在身边装装样子，自动自发就实现了。这也意味着你是一个非常成功的驱动者，一直在灌输能量和激情去做他们要做的事。

最后一点，也说明你实际上可以离开办公室了，去参加培训，主持会议，甚至去度假！你可以那么做而不必有任何的负罪感——或者担心——当你在飞往夏威夷的毛伊岛（Maui）的时候。

西奥多·罗斯福（Theodore Roosevelt），美国的第 26 个总统（1901－1909）说过："最好的领导者就是有一批好用的下属去做他交代的事情，而他本人在下属们做事时有足够的自制力不去干涉。"

总而言之，当你用这本书的原则鼓励自己，力所能及地提升各项领导力时，你会慢慢发现，最佳领导力作风是不仅成为一个好的领导者，还要不断培养你身边的领导者！

【"等一下！还有！"】

当写就这本书的过程中，许多时间会花在研究、重新构思以及分享创意方面。许多个在电脑前的不眠之夜、半夜 2 点的电视广告构成了这本书的写作背景。

就像在这些陪伴你的凌晨广告里的一句话所说的："但是等一下！还有！"当你以为一切都结束的时候，话外音提示你还有一件事要做。我们习惯于沿着一个思路一直走下去。你买了这本书，已经迈出了第一步。谢谢你！现在你正在忙着填写各种工作表、练习题、各种清单，并在公司里激发各种讨论。加油！但是等一下！还有！

❖最后！领导力的一体化解决之道

我们希望你已经阅读过这本书，并和那些有同样兴趣和愿望来真正做出改变的人一同分享。

从智力角度来看，分享是一个真正了解这些方法和工具的好方法，但还不同于在真实世界里面去实际应用，并且最终使它成为公司的一部分。

我们想让你明白，你不是一个人在战斗。我们有两个网站，可以指导你在实际应用过程中使用这些资料，并带领你帮助员工发展和提升至更高水平。

❖你可以和我们持续互动的两件事

你可以通过访问 www. HumanResourcesSources. org 写信给斯丹弗妮·蒙塔内兹，加入获得免费信息、其他有益的人力资源信息、小贴士和工具，以及优先访问一个人力资源圈子的资格，在里面得到有效的教练资源、白皮书、课程相关的专家、播客视频、管理学硕士的培训专家、鼓舞人心的演讲者，还有许多许多你想不到的惊喜！创建这个网站就是用来帮你成为一个强有力的高端人才开发者。这个面向人力资源解决方案的网站为你提供：

- 近期大事和培训活动的激动人心的通告
- 大量真实有趣的视频
- 客座作家和专栏作家
- 从科罗拉多到开罗的音视频节目
- 在线研讨会/远程会议
- 各种评价资源入口
- 领导力博客
- 一对一世界各地电话教练平台的呼入号码
- 播客，即时的和过去录制的
- 最新研究报告和白皮书
- 推荐书籍和约见图书作者的机会
- 参与 www. HumanResoucesSources. org 最新项目的机会

> 别去那些有路引导的地方；要去那些没有路的地方，并留下自己的足迹
>
> ——拉尔夫·瓦尔多·艾默生

网站可以免费注册，注册后你会持续收到支持内容、领导力目标启动帮助文件和特殊爱好的内容。你同时会加入一个社区，有类似思想的人在这里聚集，传播最新领导力、先天智慧和新的哲学。

接下来访问 www. AnneBruce. com 来寻求一站式领导力解决方案，当你培训、教练和真正鼓励未来的领导者时，它将指导你最大化本书的影响。无论是会议、会议动员、亲自培训、能量激发工作坊、积极正向的客户关怀，或者更多——安妮都会帮你处理最令人头疼的领导力问题：团队建设挑战、定制化培训培训师或激发热情和调动潜力的个人成长发展会议。你会激发每个领导者，不断成长和进步，超越梦想。

【我们希望收到你的信件!】

我们很希望收到你的信件。当你采取这些主动措施，就会让本书的结果成为另一个伟大的开始。我们已修好路，该你迈开步伐走向成功了：去开发组织内的领导者或客户中的顾问吧!

❖密切关注：破译密码

领导力的密码已被破译。我们已将世界最先进的新想法和新创意集于一身，来改变商业、领导、沟通和关系建立，为我们的员工和家庭提供最具新意的指导。

请密切关注全球领导力领域发生的最新变化。它正以锐不可当的势头来袭，你一定已经感知到它的力量。来势汹汹的领导力浪潮已席卷一切。从明天起，领导者将谈论影响世界最重要的话题，我们所能做的就是帮助领导者带着强烈的社会意识和道德责任感去发现经营商业更好的方法和思想。

❖你不是一个人在战斗，我们一直和你在一起!

作为或成长为一个领导者是激动人心的过程。你不是一个人在战斗，我们一直和你在一起，并陪你凯旋！我们在沿途为你欢呼，渴望听到你勇敢前行后吹响胜利的号角。实际上我们非常开心看到你使用本书进行训练或培训的活动照片。安妮会把他们贴到网站的画册里。你只要简单描述照片里是谁，他们正在做什么。把 jpg 格式的照片发送到 Anne@ AnneBruce. com，并在主题行写上“有趣的领导力活动照片”即可。

既然你已用本书武装好自己，就该放下压力，满载希望，用新方法把团队成员培养成更强大的会激发别人的领导者，并随时准备把接力棒传给继任者，摆脱职场戏剧，排除任何借口，成为最佳绩效者。

我们的未来将是我们所培养、鼓励、培训、发展和激励的领导者的反映，以最大的可能触发他们的潜能。希望本书可以助你达到触发自己潜能的那一步。

附件 A　实现领导者人才品牌化

拥有在人力资源领域 30 多年丰富工作经验的利比·萨廷（Libby Sartain)，是活跃的商业顾问、董事会成员和美国杰出的人力资源权威专家。她是雅虎公司（Yahoo!）的前首席人力资源官（CHRO）和西南航空公司的前任人力副总裁，利比和安妮就是在那里首次相遇，并一起共事。利比现在在毕特咖啡（Peet' s Coffee & Tea）的董事会任要职，并被《人力资源经理》(Human Resources Executive）杂志誉为25 个最有影响力的女人力资源专家之一。我们有幸找到利比，请她谈了关于人才品牌化的看法。

我们强烈推荐大家访问 www. BrandforTalent. com，你可以在那里找到所有关于领导力人才品牌化的重要内容，包括免费的文章、小窍门和培养各级领导者的连续完整的观点。这是个你可以不断访问的资源库（参见第十三章）。

在萨廷最新版本的图书（与马克·舒曼（Mark Schumann）合著）《人才品牌化：让人才和品牌齐名的八要领》（*Brand for Talent*：*Eight Essentials to Make Your Talent as Famous as Your Brand*）中，有大量公司领导者之间的对话，讨论领导力开发品牌化和公司识别特征的重要性。如果你对企业高端人才品牌化感兴趣，这本书可帮你实现这一点。

访问 www. BrandforTalent. com

利比和马克邀你一起来参与！关于员工品牌化，当前最热门的热点话题有哪些，矛盾冲突的观点是什么？他们常使用的发人深思的讨论问题包括：

- 什么方法最有效：如何处理胶着状态
- 和什么保持联系：使用大众媒体来提升员工品牌
- 谁在说：来自源头的新点子
- 接下来做什么：来自水晶球的新思路

【让人才和品牌一样著名】

当代商界，员工正成为企业品牌不可分割的重要组成。“商业竞争包括了全球市场上的人才竞争，工作和员工的传统意义已过时。”萨廷说，“最直接的后果，就是人力资源领导者和经理们必须改变传统的工作方式，才能维持他们在公司未来的重要地位。”

为什么会有这种变迁呢？“很多影响导致了这种变化，但最重要的原因则是人们从事工作的方式发生了改变。员工利用与顾客的情感建立来完善工作经历，这不仅保证了与客户的连接和任务的履行，同时也是个人品牌的一部分。”萨廷补充道。这样一来，员工就会对工作的更大画面富有责任感——不仅要传递给客户忠诚，还要传送热情。

【在人才品牌化和优势扩展中，职业发展举足轻重】

职业发展是员工经验的基本部分。领导者正在努力找到天才雇员和客户间的重要纽带，并努力给客户传递品牌化的承诺。因此职业发展的一部分，就是领导者把员工和角色绑定在一起，传递给客户品牌化的承诺，创造企业人才品牌，从而在人才市场上具备竞争实力。

【世界级企业如何做到人才和优势品牌化】

贯穿本节始末的是成功开发员工品牌文化的公司案例。

波士顿咨询集团（Boston Consulting Group）：这个全球首席管理顾问集团在全世界拥有超过 60 个分公司，已经大幅提高了少数民族的招聘，这些少数民族目前大约占员工总数的 25%。该公司践行了以下这些特性：

- 深信没有任何两个职业路径是完全相同的
- 提供正式的培训来支持员工
- 提供弹性的非正式的培训来提升员工
- 用可预见的休假来平衡员工的工作和生活
- 公司采取更长远策略来提供员工发展机会
- 相信一个人的潜能仅受限于才能和野心
- 提供经验让员工在很多领域胜出
- 提供 100% 的生育保障

梅约诊所（Mayo Clinic）：员工习惯于免费的世界范围的梅约空中救助服务，终身不限的网络内服务以及免费的预防保健服务。

范德堡大学（Vanderbilt University）：提供 70% 的福利补贴给雇员和他们的家属。

圣裘德儿童研究医院（St. Jude Children's Research Hospital）：工人们可以享受到来自圣裘德场地花园里的有机蔬菜，有种植才能的员工可以获得最高达 3600 美元的福利补偿。

美泰尔（Mattell）：员工们周五享受半天的休息，高达 17 天带薪休假以及每年年底一周的假期。

美国运通（AMEX，American Express）：在 AMEX，女性享有超过 30% 的领导岗位。每人都有权享受现场医疗，可通过“健康导航礼宾”的使用来使利益最大化。

南俄亥俄医疗中心（Southern Ohio Medical Center）：该公司把“全国护士周”（National Nurses Week）变成了社区领导力活动。

德勤公司（Deloitte）：作为全美最大的会计公司，德勤聚焦于多样化、亲密团体、员工资源组织、文化胜任力举措以及更多方面。1/3 的德勤员工都不是白人——德勤是全世界四大会计公司中少数民族比例最高的。他们发展崭新多样的工作环境的承诺无异于睿智远见。

皮克斯（Pixar）：获得电脑动画奥斯卡奖的工作室，一直在寻找超级有趣、不知疲倦的人才！他们的优先级是把技术和世界级创意巧妙融合的天才莫属，比如《寻找尼莫》（*Finding Nemo*）、《玩具总动员》（*Toy Story*）和《汽车总动员》（*Cars*）等动画电影的创作者。皮克斯在公司主页上（使用了一个电影中的创造性旋转效果）这样公告：他们一直在寻找并扩展他们的天才员工团队，以保证“创造性机制”形态各异的呈现。

NetApp：这个数据存储管理公司会在潜在人才的价值受到挑战时，请他分享自己某个时期的特殊案例，这样做的目的是，发现此人是否具有工作所需的诚信品质。公司的态度或原则包含：

- 协同环境——不需要与别人合作的人不必适用
- 把自负留在门外
- 他们已经放弃了可笑的旅行政策，因为常识的最大化：“我们是节约型公司。但是别羞辱疲惫至极的人来节省那几美元。使用你的常识。”

谷歌（Google）：是的，在艰难时期它在削减财政，但是别担心。坚持工作的谷歌人仍然有这些特权：

- 免费按摩
- 上门的洗车服务和更换机油
- 美食般的员工餐

戴尔电脑（Dell Computer）：这个公司的个性化特质体现在以下几个方面：

- 员工致力于革命性创新
- 提供给你为了达到更高职业目标所需资源
- 团队成员彼此鼓励卓越成就
- 采取节约能源的绿色的举措
- 看好具有正直、团队精神和为科技而生的激情的员工前程

美国家庭人寿保险公司（AFLAC）：现场的日间看护包括两个中心和超

过500个孩子，提供给员工们平均一个月352美元的适当花销。第二次换班轮岗的员工也能享受这个政策。日间看护的时间延迟到晚上11点30分。为照顾生病的孩子、父母或配偶，员工可享有12周的带薪假期。同时也提供半天的“饕餮盛宴”来激励员工。

强生公司（S. C. Johnson & Son）：依然是家族企业，这个清洁用品制造商的新办公大楼里有宽大的展览走廊、企业内部商店、自助餐厅，甚至还有银行和门房。

诺德斯特龙百货公司（Nordstrom）：为庆祝公司成立111年，这家高档商品零售商回归它最初的店训来作为指导方针：使用卓越为标准，始终如一。

康泰纳零售连锁店（Container Store）：该公司采取如下行动：

- 作为解雇员工的替代方案，冻结他的薪金
- 通过销售竞赛来重整旗鼓
- 每年为每个员工提供大约100个小时的培训

扎珀斯（Zappos）：离奇的是企业文化的“品牌态度”。这家著名的电子运营商相信员工通过帮助别人可以获得“心理满足”。在呼叫中心，客户服务专员被赋予了非常大的自由，允许他们跟喜欢的客户想聊多久就聊多久；寄送感谢的小便签甚至是送鲜花给客户。什么是他们最高的优先级呢？制造感情连接！该公司雇佣积极正向的员工，把他们安排在需要加强积极思考的岗位上。首席执行官谢家华为员工提供一张包含所有细节的品牌清单：

- 制造愉悦和搞怪的气氛（与同事聚会、游行、剃头是这个文化的一部分）
- 致力于继续学习和成长（鼓励每个人去学习、读书，参加高级培训课程）

蒙特利尔银行（Bank of Montreal）：这是个非典型的金融机构。银行的文化是以创新和人为本：

- 数以万计的员工分布在全世界，是北美最大的银行之一
- 鼓励雇员去开发他们工作中所有权的灵敏感觉
- 银行很大程度地介入员工的继续教育
- 每个人都致力于培训和终身学习
- 在公司人力资源的庇护下，职业中心提供雇员访问银行的

“可能性中心”（这个名字本身就传达了公司为培养发展员工潜能而“无所不用其极”的思路和策略）

● 银行的价值观：

○我们力量的源泉是员工和商业的多样化；

○我们尊重每个人，并且鼓励每个人表达心声；

○我们分享信息，不断学习，努力创造持续改善的优质客户体验。

网飞视频（Netflix）：拥有超过 800 万的客户，这个电影租赁革新者给出 7 个为他们工作的最棒的理由：

- Netflix 让人们高兴
- 巨大的影响力
- 杰出的员工
- 高薪
- 有规则约束
- 清晰的价值观
- 不可估量的未来

利维·施特劳斯（Levi Strauss）和公司：

- 让员工在工作中以一种很酷的方式做项目
- 经理们迎合员工对令人兴奋和有挑战性的新项目的兴趣，激发他们对工作的激情
- 领导者提出要“关怀和培养人才”（意指员工不单单是被公司有形的东西所吸引）

盛美家（J. M. Smucker）：用持续轮岗来丰富环境，用不断变换平台和工作内容保持员工的动力和兴趣。

哈雷·戴维森（Harley – Davidson）：提供“简单的自主项目”来帮助员工购买他们自己的哈雷摩托车：

- 第一年员工零支付——没有利息，不用支付新车的钱
- 天生的狂野，天生的慷慨

Intuit 公司：这家超级绿色环保公司推动以下几个方法去改善环境：

- 取缔瓶装水
- 每个月给员工的大众运输补贴达到 100 美元

- 设置目标三年后减少碳排放15%
- 用电车替代卡车来运输

全食超市（Whole Foods）：热情而年轻的劳动力（25岁以下的人有28%），他们的职业生涯（路径）包括：

- 通过教育和在职体验辅导团队成员
- 鼓励参与公司各个层面的业务
- 培养有明确自我责任感和自我导向的团队协作
- 奖励对高生产率和高绩效予以奖励
- 提供员工成长的机会
- 了解应用于全国高端食品销售店的最佳员工创意

史考特证券（Scottrade）：股票市场的狂热使这个公司成为最大的受益者：

- 即便在动荡的年代也能拿到奖金
- 这个公司就是要吸引能够创造独一无二价值的员工
- 全年都有实习生岗位，不仅仅只有在暑假
- 22%的分公司经理是从实习生开始做起的
- 每个学期有50%的毕业实习生转正
- 周末打工族与想在周一至周五打工的工人轮班

沃特迪士尼公司：这个长期屹立不倒的公司秉承了以下的公司传统：

- D思维顾客培训项目，是迪士尼研究院冠名的
- 雇佣“演职人员”（迪士尼对员工的称谓）
- 所有的新员工培训都从建立自豪感和士气入手
- 所有的新员工都会参加一个“迪士尼传统课程”，在那里，他们学习迪士尼的历史、哲学观、价值观和高品质的客户服务
- “演职人员”接受在岗培训，并且参加分散的技巧课程
- 以一种充满能量和鼓励的方式学习，鼓励员工们不断学习开发自我
- 为了建立员工的胜任力和能力而设计的学习机会
- 迪士尼通过以下方式建立人才品牌和扩展才能：

○新员工培训

○迪士尼量身定制项目——一个执行发展项目

○迪士尼之路——展示多彩的迪士尼业务给经理和经理以上的领导层

○迪士尼伦理，诚实和多样化项目

○专业的个人发展

○管理或领导力发展

○电脑技能

补充一下，迪士尼公司还为全职员工和“演职人员”提供了教育补贴。同时令人激动的在线学习（E－learning）项目可以让全世界的所有员工和“演职人员”有机会在他们方便的时候去学习所需。

埃森哲公司（Accenture）：每一个员工都有一个职业顾问，每人每年大概有78小时的培训。埃森哲公司为员工发展提供几千个课程。

梦工厂动画片公司（DreamWorks Animation SKG）：大量的免费服务！

○他们举行有趣的庆功宴（影片完成之后的庆祝仪式）；

○提供精致免费的早餐和午餐；

○在格伦岱尔和加利福尼亚，校园里到处是电影广告和电影人物，如怪物公司的鲍勃、异形等。

【白金汉的品牌：聚焦领导者的优势！】

马库斯·白金汉（Marcus Buckingham）被《商业周刊》誉为“商业世界最需要的管理巨匠”。白金汉用他的优势革新理论在商业领域掀起了一场风暴——理论源自于来他近20年的盖洛普调查公司高级研究员经历。优势革新理论并不是关于如何修正劣势，而是关于如何识别和打造一个人的优势——正如我们在专业论坛或工作坊中常常提及的那样。白金汉屡次证明，那些培养员工优势、允许个人突破极限成长的公司，总会大幅度提高效率。白金汉挑战传统思维，显示了敬业的领导者、员工、生产率、利润、客户满意度和周转率之间的关系，为领导者提供了海量资源。访问Amazon. com检索所有白金汉的著作，这些作品可用来帮助开发领导者的领导力才能，因为基于优势的领导力对企业最终的绩效和成功会产生非常直接的影响。

【关于优势的三个关键领导力课程】

白金汉这样强调这几门领导力的重要课程：我们在优势领域里不仅学得很快，而且随着学习我们的优势还会数倍扩展。领导者在他们具有优势的领域会表现得更加协作，创意十足，同时充满智慧。总之，一个人的优势是他最好的增强剂。如果领导者在自己的优势领域里遭遇挫折或表现不佳，他会迅速反弹找到出路，因为他在自己的胜任力和才能足够强的地方是自信和安全的。

近期，白金汉发表了关于优势评估的最新力作《脱颖而出》（*StandOut*），由托马斯·纳尔逊出版。随着《现在，发现你的优势》（*Now，Follow Your Strengths*）（自由出版社）和《优势发现者》（*Strengths - Finder*）（盖洛普出版社）的成功，白金汉常常被问及："我该怎么对待这些优势呢？"所以他用这本书来帮助人们在职业成功之路上一往无前。

附录B “最佳绩效教练”反馈使用指南

教练（参见第十四章）不仅是不良行为的遏制者，更是积极行为的助推器。更重要的是，它会在恰当的时刻传递正确的反馈（见第十六章）。职业顾问思科特·卡尔博纳拉为我们准备了“最佳绩效教练”反馈工具，有助于我们判断在什么情况下使用什么类型的反馈，帮助员工高效工作，一路前行。我们已经在研讨会和工作坊中成功使用了这个工具——当然是在思科特的许可下。

正如卡尔博纳拉所述：“当你看到员工在做你赞成的事时，请不要忽视它！这是你强化这种行为和培养忠诚度的绝佳教练机会。”此时要传递“强化积极反馈”。

当遇到新员工或首次完成陌生任务的新手时，他们会在“温和校正反馈”的提示下达到最佳学习效果。这类反馈非常温和，绝大部分员工听起来觉得它更像是一个建议或有用的提醒。

如果一个员工在过去曾经取得成功，但当前绩效却低于预期水平，你可以使用“适度矫正反馈”。使用这类反馈时，你加入了关于问题和可能导致的后果的信息，相当于对需要避免的陷阱的提醒。

最后，如果员工持续表现不佳，就需要使用“加强矫正反馈”了。正如名字所指，这类反馈在问题很严重时发出。绝大多数情况下，如果你已经在发出这种反馈，该员工可能就要遭受纪律处分，甚至被解雇了。

【何时发出反馈】

强化积极反馈	温和校正反馈	适度校正反馈	加强矫正反馈
看到员工在以你赞成的方式做工作时	想给执行者合理建议时（无罪推定）	当大量温和矫正反馈发出而无效时	当大量温和与适度矫正反馈发出而无效时
有数据显示员工绩效取得一点点进步时	发现绩效偶然波动低于正常水平时	由于持续绩效不佳自然产生了负面结果时	有数据显示不佳绩效已持续了一段时间时
当员工采纳了之前的反馈并对不良行为开始改善时	当确定执行者是因为知识和经验不足无法完成所要求任务时	已分配责任给新手但数据显示绩效欠佳时	如果继续维持现有执行者在当前绩效水平下会比让他离职造成更大的损害时
每天从始至终坚持对良性行为的反馈方式	当你想强调方向调整并激励员工时	当你认为执行者需要额外信息才能把工作完成得更好时	当你确认执行者已经无法完成预期工作时

【反馈中应包含什么】

发送反馈的步骤	温和	适度	加强
同情：当执行者尝试执行某个相对有难度的任务时要表达同情。	×		
给出问题状况的具体描述：不责备，但要详述你看到的问题。		×	×
描述问题行为导致的后果：陈述问题行为可能带来的负面结果，包括对工作进程、个人或团队绩效，甚至是客户满意度。		×	×
指出持续不良绩效的后果：等同于一个威胁。持续不良绩效可能会影响该员工在公司的位置。			×
给出适当言行的具体描述：概述正确完成任务所采取的步骤。	×	×	×
给出采取适当言行的基本原理：说明积极言行带对员工和团队的正面结果	×	×	×
为积极实践创造机会：请执行者实践正确的言行。回顾正确的步骤，观察完成情况，并及时提供恰当反馈。询问是否有疑问，并确立跟进计划来继续观察执行者。在之前讨论过绩效问题后，看到任何绩效的进步都要马上给出肯定。	×	×	×

【强化积极反馈工作表】

在教练课程中使用反馈之前，记下笔记作为与员工讨论的指导。

问题的详细描述	
问题导致的结果描述	
持续不良绩效的结果描述	
适当言行的详细描述	
适当言行的基本原理	
创造机会去实践；随时鼓励赞扬	

【适度校正反馈工作表】

同上，在教练课程中使用反馈之前，记下笔记作为与员工讨论的指导。

问题的详细描述	
问题导致的结果描述	
适当言行的详细描述	
适当言行的基本原理	
创造机会去实践；随时鼓励赞扬	

【温和校正反馈工作表】

同上。使用前提前记笔记。

对挑战表达同情	
适当言行的详细描述	
适当言行的基本原理	
创造机会去实践；随时鼓励赞扬	

附件 C “马拉松边界”成功系统

在第十二章“希望和信任始于领导力授权”中，我们引入了“马拉松边界”这一概念——一套希望优化实现目标的过程和步骤的领导者的专有系统——由圣灵沟通公司的乔斯林·戈弗雷提出（关于更多团队教练或培训信息，请访问 www. SpiritusCommunications. com)，该公司是位于北卡莱罗纳州的沟通顾问公司。

这套工具将有助于你激发内在动力，帮助领导者达到“马拉松边界”。与领导者分享这套系统，在实施时要记得改编、删减、修正和扩展对培训对象最有效的部分。

“马拉松边界”这一概念源自马拉松训练。选手如果报名参加某项比赛，就要测量他的各项基础最大值。这指的是，要判断他们在一英里内的最快步数、最近一次所跑的最远距离，以及心率的最大值。然后为选手们开发了一套训练程序，在不造成伤害和让选手倦怠的前提下，每天将训练强度达到最大，以逐步提升毅力和耐力。这也包括每周增加一英里的距离。

一个选手不可能每天都按照他的极值来训练，尤其还要在不断增加距离的前提下；同样，一个领导者也不可能以他的最大产出去工作，尤其当他还要学习新技能来实现新目标的情况下。因此，领导者应该保持在“马拉松边界”之内——他的技能得以提升、距离目标越来越近的理想范围——避免能量耗尽或过量工作所导致的事与愿违。通过实施“马拉松边界”，领导者就会优化他们的努力以达到最佳投资回报率，也会保护自己免于懈怠。

这个“马拉松边界”也可应用于团队。你一定听说过，成功是一场马拉松比赛，而不是一场短跑比赛。你的团队不可能一夜成名，但可在通往成功之路上，每天进步一点点来逐步接近目标。

【优化成功领导力的8个“马拉松边界”英里标志牌】

标志1：确定并投入目标。或许你希望在一年之内自主领导一个销售团队。你的目标是什么呢？把它写下来。全力以赴去准备，就像一个马拉松选手准备一场比赛——一定要提前几个月甚至一年去报名参加。

标志2：确定你的当前状态。找出所有可能的参数。除非你知道自己在哪里，否则你永远也无法了解自己是否在某方面取得了进步。概括列出所有要使用的进程。哪些是和工作相关的工作流，哪些是中转的部分？在最佳状态时，你的团队每天能够达到的最大成功是什么？

____

____

判断一天能够产出的最大值，要承认这并不是每天都要达到的极值。这一步可帮助平抑期望值，设定合理现实的目标。

标志3：确立团队的“马拉松边界”。既然已了解团队所能实现的最大值，那么平均来说，在确保不造成负面影响的情况下，他们的合理目标应该是什么？此处目标是指团队在不产生倦怠但以尽可能大的幅度进步时成长和调整的步骤。对于一个销售团队来说，如果当前他们的任务是每天50个成交意向，就可以考虑将每天的目标提升为60；也可能意味着一个新的成交转换率。确定可以帮助团队实现整体目标的特殊技能和小的分段目标。和大家交流这些目标和期望值。它们是什么呢？

____

____

标志4：减掉不必要的负担。正如马拉松选手必须关注该吃什么一样，团队也需要设定边界来保护为实现目标所做的努力。如果一些工作过程不是为目标服务的，则需要删减。一些工作行为也如是处理。例如，你可能需要用有效沟通来替代闲聊，就好比运动员用高能量棒替代糖块一样。让系统减掉产生负面影响的因素，同时建立新的流程和实践来提供工作效率。奖励那些在边界范围内一直保持最大幅进步的员工。为了实施马拉松边界，你当前的系统或流程需要做哪些裁减工作？

标志 5：向精英学习。当发现需要培训才能实现目标时，不要为难。去研究，阅读，反馈，找到合适的导师。借用任何有益的信息来领导团队。你可以向谁学习，或模仿谁？在实现目标方面，需要哪些资源来提高认知？

向那些已经取得成功的人学习他们的最佳实践。这不仅可以让你避免重犯他们犯过的类似错误，同时可以鼓励你提升信心。

标志 6：测量进步。当团队成员在重新设定目标后取得进步时，要记录他们的提高程度，同时紧盯整体目标。你需要定期再评价团队的产出极值，因为它会随着团队的调整发生变化。如果你持续增加新的责任和机会，一定要确保是在马拉松边界之内——争取做到不多也不少，刚刚好。你会怎样询问团队成员来帮助动员他们向目标努力？

标志 7：赢得比赛。在竞赛的日子里，或者是冲刺的时刻，拼尽全力去赢得比赛。如果你已做好培训，团队应该能够实现既定目标，获得成功。千万不要在最后一刻让恐惧得逞，止步于终点线前。当完成这一切时，你的比赛会呈现什么局面？

标志 8：放松休息后，再作评估。培训的一个关键环节就是恢复。不会有人天天去跑马拉松的。团队一旦实现了目标或完成了阶段目标，要安排时间让他们去恢复、去庆祝和去休息。此时，要评价整个比赛，并开始设定新的目标。当团队实现了在标志 1 中确立的目标后，你还会设定什么样的长期目标？

“马拉松边界” 成功系统是强大而实用的工具，我们在研讨会以及全世界范围内都使用过，我们希望你也会受益于此。

推荐

把领导力的发展落实到日常行为层面

非常高兴地看到安妮·布鲁斯和斯蒂芬妮·M. 蒙坦内兹的新书即将出版，作为一名在企业人力资源领域工作多年，目前从事着领导力发展培训、教练工作的圈内人士，我很乐意与大家分享我读后的感悟，总的感觉是这本书既有理论高度，在操作上又能落地。

很多在企业内从事人力资源培训工作，或者组织发展、领导力培训工作的人员，都会有着类似的困惑：领导力体系如何打造？领导力到底是通过什么体现的？领导力发展工作如何接地气，让各级管理者能够看得见、摸得着、做得来？在移动互联时代，领导力发展有什么新的趋势，各级管理者如何与时俱进，引领大家创新并创造更好的绩效？诸如此类的问题，大多关注领导力发展体系和实际操作的层面。还好，这本《美国培训与发展协会领导力发展指南》为大家解决了很多实际的问题。

第一，本书在领导力体系的阐述上很系统，在领导力涉及的各个层面上很具体：它包括了领导力开发的基础——个人品德和影响力的塑造，也包括领导哲学问题，比如领导者价值观、诚信领导力的探讨，还包括了具体的战略和战术层面的领导力内容，比如愿景和目标、领导者和不同代际成员如何沟通的技术，虚拟团队的领导、教练技术、绩效提升等，非常完整，而且是有机连接，既在一定程度上让读者领悟到领导力“道”的层面，又学习到“术”的应用层面，是一本很实用、很靠谱的领导力发展指南。

第二，领导力重在方法，重在技术。在本书中，您在学习到领导力理论的同时，不仅能看到丰富的案例在诠释这些理论，更重要的是书中所附大量的工具，可帮助您在实际的工作中把这些领导力发展的理论落地。比如作者提到的“开发影响力五步法”：第一步是好好照照镜子；第二步是亲身示范言行；第三步是在情感层面沟通；第四步是提供持续的教练和反馈；第五步是复制更多的影响者。作者用简单易行的五步骤，把影响力开发做了总结，对每一步骤的做法进行详细描述，让您很快地掌握其精髓。而在其他章节又有一些专门的内容帮助读者更加全面地学习和了解这些做法，比如，在本书中的第三章讲“跨代领导力”，给出很多跨代沟通的技巧；第十四章就专门讲解如何做成功的教练的技术。因此，作者在内容的统一方面做得相当不错，这有助于读者在学习领导力时形成一个路径，并具备全景概念。

另外，作者这本书中没有纠结领导力的概念等抽象问题，而是把篇幅重点放在实际的应用和操作上，这也是我非常欣赏本书的一点。目前在市面上关于领导力的书籍林林总总，专家和学者给出的领导力的定义也是多达几百种，但其实最终评价企业领导力体系的发展程度，管理者领导力的水平高度，必定要归结到一点，那就是业绩的提升。美国领导力大师库则斯和波斯纳基于30多年来对数千位卓越领导者进行深入研究，通过全球超过500万领导者的领导力测评验证，提出：领导者的行为是影响员工敬业度、忠诚度和业绩的最主要因素。因此我强烈呼吁，大家在阅读本书，应用这些工具的时候，一定要最终体现在行为的改变上，行为的展现上，要把日常的行为与领导力建立关联并形成习惯，更多地展现卓越的领导行为，唯其如此，才能成为卓越的领导者，影响别人，让他人追随，为所在的团队和组织做出贡献！

领导力是每一个人的事，领导力最好的工具就是您自己。书中的所有理论、方法和工具，都很好，但只有当您亲自实践、率先垂范、以身作则、说到做到的时候，您才会拥有领导力。在此，祝愿每一位读到此书的朋友，在领导力的实践中不断取得“小小的”成功，也祝愿各位朋友所在的团队和组织，运用本书中的领导力体系和指南，助力企业的强劲发展！

苏进

领导力发展教练、领越领导力®认证导师。原亚商在线副总裁，欧迪办公亚太区代理人力资源总监。

联系方式：官方微信“苏进漫谈领导力”。

译者的话

这真是一个飞速变化的时代。去年七月我开始翻译这本书时，ASTD 还是美国培训与发展协会（American Society for Training & Development）的简称，在培训领域独树一帜，当仁不让地充当着全球业内最专业和最醒目的标杆。一年过去了，此书尚未出版，ASTD 已摇身变作 ATD（Association for Talent Development）——人才发展协会，其中只有代表“发展”（Development）的“D”含义没变，而“A”由“American（美国）”变成了“Association（协会）”，“T”由“Training（培训）”变成了“Talent（人才）”。很显然，这次更名不仅打破地域界限，突出了全球化，更从强调过程和手段变成了强调主体和结果。这似乎顺应了那句老话：唯一不变的只有“变化”本身。

果真如此吗？我们真的可以一味地追求发展变化而罔顾一切吗？书中已给出答案。作者从众多卓越、前卫的企业领袖身上提炼出成功领导者的共性，并花大量篇幅来论述这些最重要特质——诚信、正直和道德，以及这些特质在领导力发展中的基石作用。看来这些亘古不变的智慧，在东西方文化中不谋而合地得到了淋漓尽致的体现，不仅没有被丢弃，在返本开新的今天，更显得至关重要，醒目非常。

随着移动应用的攻城略地，我们还来不及惊呼，一个崭新的云时代已经矗立眼前。技术的发展让交流更便利，也让每个人可以更加彻底地回归到自我中去审视自己。作为人才的你，该如何去发展自身呢？你会发现，领导力这个过去高大上的能力，也可以和每个人都挂上关系。《论语》有云：君子务本，本立而道生。这个“君子”，不就是 ATD 中的 Talent（人才）吗？那么本又是什么呢？孝悌慎独，诚意正心。原来答案早就在那里了。让我们一起到传统文化、去西方哲学中寻找借鉴吧！

最后，特别感谢深圳海江私董学院院长 & 首席私董、国内领导力发展专家殷海江老师在整个翻译过程中提供的专业指导，他从领导力发展的专业角度就本书的专业方向提出中肯的翻译建议，同时结合国内领导力发展读者的阅读习惯，把原文的目录顺序做了结构化的调整，使整本书从逻辑上更严密和完整，使本书更具可读性和专业性。同时感恩以下亲人及朋友在翻译校对过程中所给予的大力支持：

郭补根　于　筠　杨晓珂　侯彩琳

柴京利　郭旺云　王　湉　夏李扬

译者：郭然（郭美云）

2018. 5